왜 여성주의 상담인가

Feminist Counseling in Korea : Herstory, Case Studies, Training 역사, 실제, 방법론

서울여성의전화 기획 | 김민예숙 · 김혜경 · 배인숙 · 이문자 · 이미혜 · 정춘숙 · 황경숙 지음

한울
아카데미

발간사

　여성의전화가 창립된 지 스물두 해, 스물두 해 동안 참으로 많은 여성이 다녀갔다. 1980년대 초 우리는 찾아온 여성들이 폭력에 얽혀 있으면서도 자신의 잘못으로 알고 떠나지 못하는 아픈 이야기를 들으면서 같이 아파했다. 아픈 곳을 찾아 깊이 들어가다 보면 안으로 겹겹이 접어져 상처가 되어버린 억압이 있었다. 억압으로 인한 증세들—우울, 변덕스러움, 수행에 대한 두려움, 힘 있는 사람 앞에서의 비굴한 태도, 혼자 있음에 대한 두려움, 외로움, 분노에 대한 무기력감, 독립과 의존의 혼란스러움, 책임의 회피, 알 수 없는 분노, 두통, 요통, 자기혐오—이 있는 여성들, 성폭력과 가정폭력에 노출된 여성들과의 만남은 그것이 그 여성만의 이야기가 아니고, 나의 이야기이고, 너의 이야기라는 일깨움을 주었다. 그 일깨움은 개인을 변화시켰고, 변화된 개인은 차이가 존중받는 사회를 만드는 참여의 행동을 만들어냈다.
　1983년에 창립된 여성의전화는 "여성들의 삶 자체가 인간의 삶"이라는 지극히 당연한 명제 속에 녹아 있는 '인권'의 개념을 현실에 심는 작업을 해왔다. 성폭력특별법, 가정폭력방지법, 최근의 성매매방지법의 제정은 이와 같은 참여의 결실이다. 개인의 변화와 사회의 변화를 위한 참여의 행동을 할 수 있는 여성주의 인식은 현장에서의 운동과 여성주의 상담의 실천으로 꽃피었다. 회원들이 지속적인 의식향상훈련의 시간을 거치면서 여성주의 인식은 향상되었고, 그것은 찾아온 여성들의 치유의 경험으로 이어졌다.

여성주의 상담의 궁극적인 목표는, 각 여성의 개인적 특성에 가치를 두면서, 여성들이 가지고 있는 힘을 깨닫고 스스로 자유로워지고 불평등한 사회구조를 변화시켜 인간을 존중하는 사회를 만들기 위함이다.

여성주의 인식, 치유의 상호 경험, 사회변화를 위한 참여의 행동, 이 세 가지는 유기적으로 연결되어 여성주의 상담자의 활동에서 실현된다. 그렇다면 여성주의 상담은 어떻게 하는 것인가, 다른 상담과 무엇이 다른가, 여성주의 상담은 어디에서 배울 수 있는가, 훈련은 어떻게 하는가 등의 의문점과 욕구가 회원들 사이에서 일어났다. 그리하여 여성주의 상담의 체계화, 기록 및 정리는 자연스럽게 우리의 사업이 되었고, 늦은 감이 있지만 2003년에는 여성의전화에서 오랜 상담활동을 해온 이문자, 황경숙, 배인숙, 정춘숙, 이미혜, 김혜경으로 구성된 '여성주의 상담 연구모임'이 결성되었다. 경험을 나누고 토론하며 글을 쓰고 내용의 올바른 방향과 깊이를 위한 피드백 과정을 거쳐 수정하는 등 2년여의 시간을 가졌다. 이 과정에 김민예숙 선생님이 흔쾌히 참여를 하셔서 우리의 여성주의 상담에 관한 연구작업을 풍부하게 해주셨다.

집필자들은 글 하나하나에 생명을 주면서 우리의 부족함을 통감했지만 동시에 이십여 년의 세월 동안 우리가 제대로 왔구나 하는 것을 느끼며 여성주의 상담 연구모임 자체가 하나의 의식향상집단의 경험이 되었다.

이 책은 여성의전화를 중심으로 본, 한국에서의 여성주의 상담 경험의 축적된 기록물이다. 여성의전화 창립 20주년을 맞아, 그 실질적 모태인 서울여성의전화에서 여성상담의 체계화를 시도했다는 면에서 의미가 있다.

1부에서는 여성주의 상담의 정의, 원리와 목표를 정확히 하였고, 이를 통해 여성의전화가 실천해온 여성주의 상담의 구체적인 역사를 볼 수 있을 것이다.

2부에서는 여성주의 상담을 실천하는 여성주의 상담자의 역할이 대단히 중요함을 보여주었고, 이를 통해 그러한 여성주의 상담자의 정체성과 특성을 볼 수 있을 것이다. 그리고 이 책의 백미라고 할 수 있는 이문자, 김민예숙의 여성주의 상담가로서의 성장에 관한 자전적 글쓰기는 우리에게 깊은 감동을 불러일으킨다.

3부에서는 상담사례를 서울여성의전화에서 적용해온 여성주의 상담 각 원리에 입각하여 분석해서 실제 상담에 도움이 되도록 하였다.

또한 여성주의 인식을 가지고 과정과 내용을 충실히 실천하고 있는지를 점검해볼 수 있는 슈퍼비전 사례를 여성주의 상담의 원리와 기법에 입각하여 분석했다. 여성주의 상담은 가치개입적인 접근이므로 여성주의 상담이 잘 되고 있는지의 여부는 슈퍼비전을 해보면 가장 정확하게 알 수 있으며, 이는 슈퍼바이저, 슈퍼바이지, 참가자들 모두에게 가장 교육적인 과정이다. 여기에는 실제적인 슈퍼비전의 전 과정이 소개된다.

그 다음으로 의식향상훈련이 여성들에게 끼친 영향이 대단함을 보여주었다. 여성주의 인식을 고양시켜주는 자조집단은 운동을 하든 상담을 하든 꼭 거쳐야 하며, 그곳에서 여성 공동의 억압을 풀어낼 때 여성은 자유로운 한 인간이 되고 힘을 얻는다.

그리고 생존자로서의 자존감을 회복하는 여성주의 집단을 소개하였다.

이제 여성주의 상담의 체계화를 위한 첫 단추를 끼웠다. 집필자들은 이 글이 여성주의 상담을 하려는 분들이 읽을 때 어떤 도움이 될 것인가를 늘 염두에 두고 글을 썼다. 『왜 여성주의 상담인가』, 이 책을 초석 삼아 지속적인 여성주의 상담연구가 이루어지기를 바란다.

마지막으로 이 책을 여성의전화를 거쳐간 모든 분들에게 바친다.

2005년 3월
서울여성의전화 회장 황경숙

차 례

발간사 ▪ 3

제1부 여성주의 상담이란 무엇인가

제1장 여성주의 상담의 정의 및 특성___12
　1. 여성주의 상담의 개념 및 태동 배경 ▪ 12
　2. 여성주의 상담의 특성 ▪ 20

제2장 여성주의 상담의 원리와 목표___28
　1. 엔스의 여성주의 상담원리와 목표 ▪ 29
　2. 워렐과 리머의 여성주의 상담원리와 목표 ▪ 35
　3. 엔스와 워렐의 원리 사용하기 ▪ 42

제3장 한국 여성주의 상담의 역사 : 여성의전화를 중심으로___46
　1. 여성주의 상담의 시작과 발달 ▪ 46
　2. 여성주의 상담가의 교육과 훈련 ▪ 56
　3. 여성의전화 상담에 나타난 여성주의 관점과 여성운동 ▪ 66
　4. 여성의전화 상담체계와 쉼터 ▪ 79
　5. 여성주의 상담의 현황과 과제 ▪ 91

제2부 여성주의 상담가는 누구인가

제4장 여성주의 상담자의 정체성과 특성_____98
　1. 여성주의 정체성 발달단계 ▪ 98
　2. 여성주의 상담자의 특성 ▪ 102

제5장 피해자에서 생존자로 세상을 보다_____117
　관심 밖의 넷째 ▪ 117
　어둠의 시간들 ▪ 120
　여성의전화와 만나다 ▪ 123
　개인적인 것은 정치적인 것이다 ▪ 126
　나의 삶과 여성주의 ▪ 127
　여성주의 상담과 만나다 ▪ 128
　생존자가 되다 ▪ 130
　여성에게 자식은? ▪ 131
　돌아보면서 ▪ 133

제6장 상처 입은 치유자로서의 여성주의 상담자_____134
　원가족 경험과 여성의식 ▪ 134
　여성학과의 만남 ▪ 137
　여성주의 상담과의 만남 ▪ 138
　실존적 문제의 인정과 치유의 시작 ▪ 139
　사랑과 영성과의 통합 ▪ 141
　여성주의 상담자 ▪ 143
　여성주의 상담 연구자 ▪ 146
　상처 입은 치유자 ▪ 147
　여성주의 상담자로서의 삶 ▪ 150

제3부 여성주의 상담은 어떻게 하는가

제7장 여성주의 상담원리와 사례 _____154
1. 개인적인 것은 정치적인 것이다 · 154
2. 상담자와 내담자는 평등하다 · 159
3. 역량강화 · 163
4. 여성의 시각으로 재조명한다 · 168

제8장 여성주의 슈퍼비전 _____172
1. 여성주의 슈퍼비전의 특성과 과정 · 172
2. 여성주의 슈퍼비전 사례 · 182
3. 축어록 · 187

제9장 의식향상집단 _____210
1. 배경과 발달 · 210
2. 의식향상(CR)집단이란 · 213
3. 서울여성의전화에서의 의식향상집단 · 223
4. 의식향상집단과 여성주의 집단상담의 차이 · 225

제10장 여성주의 집단상담 어떻게 하나 _____226
1. 여성주의 집단상담의 정의 · 226
2. 서울여성의전화에서의 여성주의 집단상담 · 231
3. 서울여성의전화에서의 여성주의 집단상담의 실제 · 241

서울여성의전화 소개 · 255

제1부
여성주의 상담이란 무엇인가

'여성주의 상담'을 이야기하다 보면 "왜 여성주의 상담인가?", "여성주의 상담이 있다면 남성주의 상담도 있는가?", "여성주의 상담은 여성만을 대상으로 하는가? 여성만을 대상으로 한다면 너무 편협하지 않은가? 인간 상담이 되어야 하지 않는가?", "여성주의 상담기관은 여성을 위한다며 오히려 가정을 파괴하는 곳이 아닌가?" 등등 혼란스러운 질문들을 접하게 된다. 또한 최근 우리 사회에서 가정폭력, 성폭력 등 여성문제를 상담하는 기관들이 늘어나면서 "여성주의 상담이란 무엇인가?", "여성을 대상으로 하는 상담과 여성주의 상담은 어떻게 다른가?", "여성문제에 대한 상담은 어떻게 접근해야 하는가?" 하는 원론적인 관심도 높아지고 있다. 이런 의문점들을 염두에 두고 '여성주의 상담이란 무엇인지' 개괄해보고자 한다.

1장은 여성주의 상담의 정의 및 특성에 대해 다루고 있다. 여성주의 상담의 개념적 정의와 여성주의 상담의 태동 배경, 여성주의 상담의 특성에 대해 다룬다.

2장은 여성주의 상담의 근본적인 원리와 상담목표에 대해 다루고 있다. 여기서는 여성주의 상담원리에 대한 이해를 돕기 위해 엔스(Enns)와 워렐(Worell)의 이론을 요약한다.

3장에서는 한국여성의전화를 중심으로 국내에서의 여성주의 상담의 역사와 앞으로의 전망에 대해 다루고 있다.

제1장
여성주의 상담의 정의 및 특성

김혜경*

1. 여성주의 상담의 개념 및 태동 배경

1) 여성주의 상담의 개념적 정의

서구에서는 1960년대부터 심리상담에서 여성주의적 접근이 이루어지기 시작했다. 그러나 30년의 역사에도 불구하고 여성주의 상담은 한마디로 정의하기 어려운 것으로 묘사된다. 그것은 여성주의 상담이 어떤 특정한 사람이나 하나의 이론 혹은 기술에 의존하지 않는다는 사실과 관계가 있다. 여성주의 상담은 여성들 스스로가 다른 여성들을 돕는 과정에서 시작된 방법이며, 많은 여성들의 다양한 노력과 경험이 녹아들어 있기 때문이다. 여성주의 상담은 다양한 양태를 띠며, 적용되는 상담의 기법 또한 다양하다. 그럼에도 여성주의 상담이라는 하나의 틀로 묶일 수 있는 것은 그들이 갖는 공통점 때문이다.

---

* 전 서울여성의전화 여성인권상담소 팀장.

여성주의 상담의 개념적 틀을 이해하기 위해 우선 용어를 살펴보자. '여성주의 상담'은 영어로 'feminist counseling'을 말한다. 'feminist counseling'은 맥락에 따라 'feminist theraphy(여성주의 치료)' 또는 'feminist psychotheraphy(여성주의 심리치료)'로 사용되기도 하며, 여성주의 상담자를 말하는 'feminist counselor'는 맥락에 따라 'feminist theraphist(여성주의 치료자)', 'feminist psychotheraphist(여성주의 심리치료자)'로 사용되기도 한다. 여기서 주목해야 할 단어가 바로 'feminist', 'feminism'이라는 단어이다.

'feminism'은 우리말로 여성주의로 번역되는데, 『웹스터 신세계사전』에서는 여성주의를 "여성이 남성과 동등한 정치적·경제적·사회적 권리를 가져야 한다는 원리", "여성을 위해 그러한 권리를 획득하려는 운동"으로 정의한다. 벨 혹스(Bell Hooks)는 여성주의에 대한 가장 포괄적인 정의는 인종주의, 성차별주의, 이성애주의, 계급주의를 포함하는 "모든 형태의 억압을 제거하려는 헌신"이라고 하였다.

'feminist'는 우리말로 여성주의자, 여성운동가 등으로 번역되는데, 일반적으로 '사회의 성차별 문제를 자각하고 그 철폐를 지향하는 사람', '여성주의를 실천하는 사람'을 말한다. '페미니스트'는 다음과 같이 묘사되기도 한다. "삶과 사회의 중심에 여성을 위치지우는 사람, 남성과 여성, 성적이거나 성차별적인 선호에 근거해 판단하지 않는 사람", "남성지배나 가부장적 사회에서 여성의 정치적·경제적·정신적·성적·사회적 평등을 실현하기 위해 일하는 사람(엔스, 1997, 재인용)." 즉, 여성주의자는 남성지배의 가부장적 사회에서 여성해방의 기치를 내걸고 다양한 사회적 실천을 경주하는 사람이다.

크로스비와 워렐(Crosby & Worell)은 여성주의 심리학 교수들과의 면담을 통해 여성주의자의 정체성[1]을 네 가지로 정리하였다. 첫째, 젠더의 사

---

1) 주디스 워렐·파멜라 리머, 『여성주의 상담의 이론과 실제』(김민예숙·강김문순 옮김), 한울, 2004, 47쪽.

회적 구성에 대한 관심, 둘째, 여성과 다른 종속적 집단을 불리하게 하는 사회의 권력구조에 대한 관심, 셋째, 모든 여성의 경험에 대한 가치 부여, 넷째, 사회변화의 주장이 그것이다. 그리고 이 집단에 가장 강하게 참여하는 사람은 사회변화를 위한 노력에 가장 적극적이라고 하였다.

이러한 용어들을 근거로 개념을 정의하면, 여성주의 상담은 사회의 성차별 문제를 자각하고 여성차별 철폐와 성 평등한 사회 건설을 위해 노력하는 '여성주의적' 가치체계에 근거한 상담이고, 여성주의 상담가는 이러한 '여성주의적' 가치체계에 부합하는 상담접근을 선택하는 사람이라고 할 수 있다. 여성주의 상담은 단순히 상담 이론이나 기법에 관한 것이 아니라 그간 남성중심의 가부장적 사회에서 소외되고 평가절하되었던 여성을 '여성의 눈으로' 새롭게 바라보는 전환된 가치관에 관한 문제이다. 여성주의 상담가들의 실천을 위한 구체적인 이론과 상담기법은 처해 있는 위치에 따라 저마다 다를지라도 여성주의 상담자로서 갖는 기본적인 가치관은 동일하다. 즉, 여성주의 상담은 세계를 어떻게 바라보고 해석하느냐 하는 상담자의 가치관, 철학을 말하는 것이다.

2) 여성주의 상담의 태동 배경

여성주의 상담이 이루어진 배경에는 1960년대 이후 활발해진 여성해방운동의 영향이 크다. 여성운동가들은 여성들에 대한 다양한 성차별 현상을 접하고 그에 대한 문제해결을 위해 노력하였다. 당시 여성운동의 유형은 여성억압을 바라보는 관점에 따라 자유주의적 여성주의, 급진주의적 여성주의, 사회주의적 여성주의 등 다양한 양태를 띠긴 했지만, 여성의 문제를 개인의 문제가 아니라 사회구조의 문제로 보고 성차별 철폐, 여성해방을 위한 법과 제도개혁 등 사회구조를 변화시키려는 시도들을 했다는 점에서 공통점을 갖는다.

여성운동가들이 세계를 바라보는 기본적인 관점은 '개인적인 것은 정치적인 것'이다. 이는 여성이 처한 개인의 문제가 그들이 사는 정치적·사회적 환경과 맞물려 있다는 것을 말한다. 여성의 문제는 한 개인의 잘못이나 부족함, '병' 때문이 아니라 사회구조의 문제이며, 성차별적이고 가부장적인 문화와 가치관, 사회체계가 여성의 현실을 전반적으로 지배하고 영향을 미치기 때문이라는 것이다. 그리고 이러한 여성문제의 해결을 위해서는 개인적인 적응이 아니라 사회구조를 바로 잡기 위한 운동과 제도개혁이 필수적이라고 본다.

여성주의 상담 발달의 초기인 1960년대에, 여성심리상담가들이 의식향상집단(Consciousness Raising Group: CR 집단)에 참여하고 스스로 변화하면서 심리상담과 치료에 변화가 일어나기 시작하였다. 이들은 전통적인 심리상담 치료와 치료의 기본 가정에 대해 의문을 제기하였다. 여성심리상담가들은 미국 사회에서 "왜 그렇게 많은 여성들이 우울증 진단을 받는지", "여성들이 정신건강시설을 이용하는 비율이 남성보다 왜 높은지", "서구 백인남성 중심의 이론들이 여성 내담자들의 요구를 적절하게 다룰 수 있는지" 등에 의문을 갖기 시작하였다.

여성심리상담가들은 전통상담이론이 사회의 중재자 역할을 자처하며 여성들이 전통적인 성역할에 적응하도록 촉진하고, 한편으로 여성들이 역할에 대한 적응을 지나치게 수행하였을 때는 '병든' 여성이라는 딱지를 붙이는 이중적 태도를 강력히 비판하였다. 전통상담은 어떠한 경우라도 여성이 가정을 지키는 것이 여성의 본분을 다하는 것임을 강조하면서도, 학대받는 여성이 학습된 성역할로 인해 남편을 떠나지 못하는 것을 '마조히즘'이라는 딱지를 붙여 병으로 진단한다. 이는 철저히 가부장적인 가치관에 근거한 것으로 여성들의 문제를 해결하기보다 여성들을 더욱 헤어날 수 없는 궁지로 몰아넣는다.

전통상담은 여성과 남성의 사회적 역할이 생물학적 성차에 의한 것으로 보았으며, 여성과 남성은 근본적으로 다른 특성을 가지므로 여성과 남성의 특성에 근거한 성역할 구분과 사회구조는 본질적이고 자연스러운 것으로 받아들여졌다. 이러한 구조를 벗어나는 행동이나 증상은 모두 병으로 간주되었고, 병은 개인 내적인 병리적 요인들로 설명되었다. 전통상담이론은 세 가지 신화에 근거하고 있는데, "문제는 모두 자신에서 비롯된다", "심리적 고통을 겪는 사람은 병에 걸린 것이고 병은 의학적인 수단으로 치료될 수 있다", "진단과 치료는 전문가만이 할 수 있다"는 것이 그것이다. 전통상담이론은 문제의 원인을 개인 내적인 병리적 요인으로 돌리므로 심리적 고통의 사회적 근거를 모호하게 만들고, 상담자와 내담자 관계를 모든 것을 알고 처방을 내리는 전문가와 정상에서 벗어나 전문가의 치료를 받아야만 하는 환자로 위계화한다.

이후 등장한 인본주의 상담은 전통상담과는 다른 차이를 보였는데, 문제를 가지고 온 사람을 환자가 아니라 내담자로 보고, 상담자는 진단을 내리기보다 친절한 안내자 역할을 하며, 병리적 측면이 아닌 인간의 잠재력을 중요시하였다. 아동기의 정신적 병리보다 현재의 문제에 관심을 갖고, 무의식적인 내적 갈등에 대한 통찰보다 개인의 의식성장에 초점을 두었다. 인본주의 상담에서 가장 중요한 것은 상담자가 내담자에게 무조건적인 긍정적 관심을 가지고 내담자의 성장을 최대한 이루기 위해 노력하는 것이다. 상담과정에서 무엇이 변화되어야 할지 결정하는 사람은 상담자가 아니라 내담자이며, 상담자의 역할은 내담자의 성장을 돕는 촉매역할을 하는 것이다.

인본주의 상담은 인간은 기본적으로 자기를 발전시키고 완성할 수 있는 힘을 가지고 있다는 매우 긍정적인 인간관에서 출발한다. 그러나 인본주의 상담에서 내담자는 자신의 성장에 대해 주도권을 가지고 있고, 모든 문제해결의 열쇠를 쥐고 있으며, 변화의 책임 또한 내담자에게 돌아간다. 이는 전통상담과 마찬가지로 "문제는 모두 자신에서 비롯된다"는 신화에 의지하고 있는 것으로 자신의 삶에 대해 전적으로 책임지지 못하는 내담자를 비난하게 만든다. 인본주의 상담은 긍정적인 인간관, 상담관계 등에서 여성심리상담가들에게 많은 영향을 미쳤으나 여성의 문제와 당면한 현실을 구조적인 시각으로 보지 못하고 전적인 책임을 개인에게 돌리기 때문에 여성의 문제를 근본적으로 해결하는 데는 한계를 갖는 것으로 간주되었다.

이들 상담에 대한 대안으로 여성심리상담가들은 여성들이 느끼는 막연한 불안감이나 개인적 불만 등에 대해 토론하는 모임(CR 집단)을 시작하였다. 그들은 의식향상집단을 통해 이런 불안감이 자신만의 문제가 아니라 여성들이 일상에서 보편적으로 겪는 문제임을 자각하였다. 그리고 여성들의 문제가 여성들의 잘못으로 인한 것이라기보다 여성이 가족과 사회에서 종속적 위치에 있음으로 인하여 생기는 사회구조적 문제임을 깨닫게 되었다. 그린스팬(Greenspan)은 자신이 의식향상집단에 참여하여 얻은 경험을 다음과 같이 표현하고 있다.[2]

"남성이든 여성이든 지도자도 안내자도 전문가도 없이 여성들이 둘러앉아 각자의 이야기를 주의 깊게 듣고 공통적으로 느껴왔던 고통과 힘을 함께 나누는 과정에서 매우 강력한 심리상담 효과가 나타날 수 있었다. 우리의 몸, 우리의 일, 우리의 성, 우리 삶 속의 남성, 여성, 아이들 등 우리와 관련된 모든 것이 완전히 새롭게 부각되었다. 우리는 함께 정치학, 유대관계, 성, 권력 등을 규정해온 묵은 용어들이 남성적 시각에서 나온 부산물임을 알게 되었고, 여성으로서 우리 자신의 시각으로 그 용어들을 새롭게 보아야 한다는 것을 깨닫게 되었다…… 이러한 과정을 거치면서 수많은 여성들이 이전에는 이름조차 없었던 삶에서의 고통스러운 측면들을 찾아보고 이해하고 변화시킬 수 있었다."

이처럼 의식향상집단은 초기에 많은 의식 있는 여성들, 여성운동가들, 그리고 여성심리상담가들이 스스로를 치유하는 장이었고, 성차별적이고 억압적인 사회구조의 변화를 요구하는 수단이기도 하였다. 성차별과 남녀 불평등에 대한 구조적인 자각은 곧 "개인적인 것은 정치적인 것이다"라는 결론으로 이어졌고, 여성운동 제1의 원리를 여성주의 상담의 기본 신념으

---

[2] 미리암 그린스팬, 『우리 속에 숨어 있는 힘』(고석주 옮김), 또 하나의 문화, 1995, 263쪽.

로 삼게 되었다. 여성심리상담가들은 여성들의 문제는 '문제를 느끼는' 여성들이 스스로 나서서 해결할 수밖에 없음을 확신하였다.

여성을 위한 새로운 심리상담에 대한 정의도 상담자들과 내담자들이 함께 규정함으로써 심리상담을 개인 내적인 병리에 대한 치유로 보는 전통주의적 시각과 심리상담을 개인적 성장의 수단으로 보는 인본주의적 시각 모두에서 벗어났다.[3] 전통상담자들은 병리의 진단과 해석에, 인본주의 상담자들은 자기인식과 자아성장에 주력하지만 여성주의 상담자들은 여성의 이야기에서 개인적인 것과 정치적인 것을 연관시키는 데 주력한다. 이들은 여성주의 심리상담을 "이 사회에 팽배해 있는 여성 종속에 도전하려고 분투하는 여성들이 서로 동등한 관계에서 부추겨주는 개인적이고도 정치적인 성장과정"(그린스팬, 1995: 27)으로 이해했다. 스스로 변화된 여성주의 상담자들은 의식향상모임 내에 여성주의 상담 치료집단을 만들고, 심리상담과 치료에서 여성주의 원리들을 적용할 수 있는 방법들을 고안해내었다.

사회가 남성중심적일 때 사회구조, 법률, 가치관, 학문 등 모든 것이 남성의 경험을 표준으로 삼게 되고 여성적인 것, 여성과 관련된 모든 것은 비정상적이며 부족한 것, 병으로 여겨지게 된다. 여성들이 남성지배의 사회에 적응함으로써 생겨나는 분노, 우울, 히스테리, 의존성 등은 모두 병으로 진단되고 가정폭력, 성폭력도 모두 여성의 잘못으로 귀결된다. 우리 사회도 얼마 전까지 남성이 여성에게 가하는 직접적인 폭력에 대해 "맞을 짓을 했다"거나 "그녀가 성폭력을 유발했다"는 말로 일축하고 모든 책임을 여성에게 돌리기를 주저하지 않았다. 이렇게 모든 것이 여성 개인의 문제로 귀결될 때 문제가 해결되기보다 여성들은 죄책감, 수치심 등으로 더

---

3) 그린스팬은 여성주의 상담은 무의식적 갈등을 해소하려는 전통적 치료 목적과 인간의 정서를 성장시키려는 인본주의의 목표를 무시하지 않는다고 말한다. 여성으로 하여금 개인적 힘과 정치적 힘에 대한 인식을 개발하도록 돕는다는 여성주의 상담의 목표 안에 이 목표들이 포함되어 있다고 말한다.

욱 어려운 지경에 빠지게 되고 만다.

억압적인 사회구조 내에 존재하는 여성의 문제가 단순히 개인적인 변화로만 해결될 수 없음은 명백하다. 예를 들어 가정폭력에 시달리고 있는 여성의 경우 혼자 변한다고 해서 남편의 폭력이 멈추지는 않는다. 남편의 폭력은 가부장사회에서 아내와 자녀는 가장의 통제권 안에 있고 가장은 아내와 자녀의 잘못(그것도 매우 주관적이다)을 '매'로 다스릴 수 있다는 남성우월적 태도, 가정폭력은 가정사이기 때문에 누구도 끼어들 일이 아니라는 사회적 통념, 아내와 자녀를 때려 불구가 되게 하거나 사망에 이르게 해도 계획적으로 의도한 일이 아니라는 이유로 처벌되지 않는 사법체계의 편향성 등이 총체적으로 만들어내는 사회적인 문제이다. 사회적 묵인과 방조 속에 폭력이 행해지므로 남편들은 폭력에 대한 죄의식이 거의 없고, 언제든지 자신의 기분에 따라 폭력을 행사하게 된다. 그러므로 아내가 아무리 개인적으로 남편의 비위를 맞추려고 해도 남편의 폭력은 멈추지 않으며, 폭력의 주기적인 반복 속에서 여성과 자녀들의 삶은 파괴되어간다.

여성주의 상담가들은 여성들이 보여주는 다양한 증세와 여성에 대한 구타나 성폭력 등이 여성 개인의 문제가 아니라 여성에 대한 사회적이고 구조적인 차별과 억압에서 비롯되는 것임을 확신하였다. 그리고 이런 여성들을 치유하고 회복시키기 위해서는 여성을 중심에 놓는 상담과 치료가 필요함을 역설하였다. 특히 급진적 여성운동 그룹에서 시작된 강간위기센터, 구타당하는 여성 프로젝트, 여성건강클리닉 등은 여성주의 상담이 발전하는 토대가 되었다. 여성주의 상담가들은 여성 폭력에 대한 구체적인 프로젝트를 통해 사회의 가부장적 가치에 대항하고, 여성들을 위해 안전한 피난처를 제공하며, 여성들이 스스로를 돕는 자조의 중요성과 자신의 몸에 대한 통제를 강조하는 프로그램들을 만들어냄으로써 여성주의 상담의 기초를 세워나갔다.

2. 여성주의 상담의 특성

1) 여성주의적 가치관을 가져야 한다

여성을 위한 상담은 두 가지 접근으로 정리할 수 있다(김민예숙, 1998). 여성주의에 동의하며 상담을 하는 '여성주의에서의 접근'과 여성들을 상담하는 데 여성심리에 대한 연구들이나 여성주의를 전략적으로 사용하는 '상담에서의 접근'이 그것이다.

여성주의에서의 접근은 여성 내담자들의 심리에 내면화된 가부장적 가치관을 인식시키고, 여성주의적 가치관이라는 새로운 지평을 열어주는 데 초점을 맞추는 상담이다. 이때 상담자에게 여성주의자라는 정체성은 필수적인 것이며, 상담자는 상담을 넓은 의미의 여성주의 활동의 하나로 인식한다. 반면 상담에서의 접근은 여러 종류의 내담자들 중 여성들을 상담하는 상담의 한 영역이다. 여성 내담자들을 더 잘 이해하고 상담하기 위해 여성심리나 성역할 연구, 남녀평등 같은 가치들을 활용하는 상담이다. 여기서는 상담자에게 여성주의자라는 정체성은 필수적인 것이 아니다.

여성주의 상담은 여성주의적 접근에서 정의되어야 하는데, 이는 여성해방의 가치를 추구하는 '여성주의' 철학이 여성주의 상담에 본질적이기 때문이다. 여성 내담자를 돕는다고 해서 모든 상담이 여성해방의 가치를 제공하는 것은 아니다. 전통상담의 내담자들은 대부분 여성들이었으나 여성주의 상담으로 이어지지는 않았다. 오히려 여성 내담자들을 가부장제에 적응시키는 가부장적 상담이 있었을 뿐이다. 이후 등장한 인본주의 상담도 내담자의 자아실현이라는 목표가 여성들을 치유하고 향상시키는 상담처럼 보이게 하지만, 내담자의 문제를 모두 개인의 책임으로 돌리고 사회구조의 문제로까지 확대시키지 못함으로써 결국 가부장제에 기여하게 된다. 따라서 여성문제의 궁극적인 해결을 위해서는 여성주의적 접근에 의한 여성주의 상담이 요청된다.

여성주의 이론들이 성차별을 넘어선 평등의 실현을 가장 중요시하고 있음에도 불구하고 어떻게 평등을 성취할 것인가에 대해서는 매우 다른 신념을 표명하고 있듯이, 여성주의 상담의 형태들은 개개인의 상담자가 여성주의적 가치기준과 접근방식을 어떻게 혼합하는가에 따라 다양한 방식으로 결정된다. 자유주의, 급진주의, 사회주의 등 다양한 여성주의 이론이 있으며, 이 이론에 근거한 개별 상담자의 견해에 따라 다양한 상담 과정과 방법들이 적용될 수 있다. 즉, 다양한 여성주의 상담이론과 방법이 있을 수 있다.

예를 들어 자유주의적 여성주의 상담자는 자유주의적 여성주의 관점에 따라 상담을 한다. 자유주의적 여성주의는 여성과 남성은 동등한 이성의 소유자인데, 남성만 이성적인 존재로 여기며 우대하는 제도와 관습으로 인해 여성이 불평등한 사회적 지위에 처하게 된다고 본다. 남성을 우대하는 제도와 관습이 원인이므로 여성에게 동등한 교육의 기회를 주고 제도와 관습에서 성차별적 요소들을 없애면 문제는 해결된다고 본다. 그러므로 자유주의적 여성주의 상담자는 내담자로 하여금 사회화가 어떻게 내담자의 삶에 영향을 미치고 있는지 자각하도록 하며, 내면화된 성역할에 도전하도록 촉진한다.

급진주의적 여성주의는 여성문제의 원인을 성역할과 가부장적 사회구조의 문제로 본다. 개개인이 성역할 고정관념을 가지는 것도 그것을 뒷받침하는 가부장제가 있기 때문이라는 것이다. 따라서 급진주의적 여성주의 상담자는 성역할과 가부장제와 그것을 떠받치고 있는 사회구조의 변화를 요구하게 된다. 그들은 여성들의 문제에 대해 사회·정치적으로 이해하고, 성차별주의가 여성들의 삶에 어떻게 영향을 미치는지 분석하며, 여성들이 자신들을 억압하는 환경에 적극적으로 대처하도록 촉구한다. 이들은 1970년대에 미국에서 여성에게 가해지는 폭력에 대한 상담과 위기센터운동을 가장 활발히 전개하였다. 1980년대에 우리나라에서 여성의전화가 상담을 시작한 것도 이러한 상담이 적용된 결과라고 볼 수 있다.

　1970년대에 등장한 유색여성 여성주의는 서구 백인중산층 중심의 여성운동을 강력히 비판하며 인종차별을 여성억압의 주요한 원천으로 본다. 여기서는 남성지배체제인 가부장제가 억압의 유일한 원천이 아니다. 백인여성과 유색남성은 백인남성에 대해서는 억압받는 자일 수 있지만 유색여성에 대해서는 그들이 억압자가 될 수도 있다. 따라서 사회적 변화는 억압받는 소수집단의 가치와 문화를 존중하고, 제도적인 인종차별과 성차별 모두를 제거하는 데 초점을 두어야 한다고 본다. 유색여성 여성주의 상담자는 다양한 집단의 여성의 삶에 대한 이해와 연구의 중요성을 강조한다.

　유색여성 여성주의는 여성문제의 다양성에 대한 지평을 넓혔다는 데서 의의를 찾을 수 있다. 근래 여성의전화에도 국내에 들어와 있는 중국 교포, 베트남 여성, 러시아 여성 등의 가정폭력, 성폭력 상담이 잇따르고 있다. 이 여성들의 문제는 단지 남성, 여성의 구조로만 보기에는 풀리지 않는 어려움들이 있으며, 불법체류라는 신분의 불안정성이 이 여성들을 더욱 힘겨운 상황으로 몰아넣고 있다. 이런 때에, 최근 우리나라에 이주여성 인권문제를 전문으로 상담하는 기관이 생긴 것은 매우 고무적인 일이라 할 수 있다. 이 외에도 서구에서는 여성 성적 소수자인 레즈비언 여성주의도 등장한 바, 그에 따른 상담이론도 곧 대두하게 될 것이다.

　이처럼 상담자의 여성주의에 대한 개인적 견해는 여성주의 상담이 어떻게 해석되고 적용되는가에 중요한 영향을 준다. 즉, 상담자의 여성주의적 입장에 따라 다양한 상담방법이 적용될 수 있다. 그러나 다양한 형태의 여성주의 상담방법이 있을지라도 '개인적인 것은 정치적인 것'이라는 문제를 보는 기본 관점과 성평등, 인간존중사회의 건설이라는 기본 목표는 변함이 없다. 전 지구적인 상황에서 다양한 여성소수집단에 대한 관심이 더욱 늘어나는 것은 역사의 진보에 따라 사회구조를 보는 시야가 더욱 넓어지는 것이라고 할 수 있으며, 사회의 변화를 추구하는 여성주의 상담자들에게 끊임없는 자기성찰과 사회구조분석에 대한 경각심을 일깨우는 것이라고 할 수 있다.

실제 상담과정에서도 여성주의 상담이 하나의 여성주의 이론에 의해서만 실천된다고 볼 수는 없다. 여성주의 상담자는 자신이 가장 중요하다고 생각하는 여성주의 이론으로 이론적 입장을 가질 수 있으나, 구체적인 상담장면에서는 한 이론의 절대성을 강조하기보다 다양한 이론들과 실천들을 절충시킬 필요가 있다. 여성주의와 그것의 실천으로서 여성주의 상담의 관계는 여성주의 이론의 다양성으로 인해 한마디로 정리하기 어려우며, 무엇보다 중요한 것은 여성주의 상담가가 여성주의자로서 자신의 정체성을 잃지 않는 것이다.

2) 개인의 변화를 넘어 사회적인 변화를 추구한다

여성주의 상담은 여성의 문제들이 개인의 문제가 아니라 성역할과 사회화로 인한 구조의 문제라고 본다. 따라서 문제의 근본적인 해결을 위해서는 개인의 변화뿐 아니라 사회구조의 변화가 반드시 수반되어야 한다고 본다.

여성주의 상담에서는 사회구조 및 남성과 여성의 힘의 관계를 이해하기 위해 여성을 억압하는 사회에 대한 의식화가 필수적이다. 이러한 의식화는 자신의 문제의 내부적, 외부적 원인을 파악할 수 있는 능력을 키울 수 있도록 돕는 것을 말한다. 많은 여성들이 자신의 문제를 단지 자신만의 문제로 파악하는 경우가 많은데, 이는 자신의 문제와 사회와의 연관성을 깨닫지 못하기 때문이다. 여성의 문제가 여성 한 개인의 문제가 아니라 많은 여성들이 공통적으로 경험하는 문제라는 것을 인식할 때 여성들은 문제의 모든 원인을 자기에게 돌리는 자기파괴적인 사슬에서 벗어날 수 있다.

사회제도로 인해 피해를 입은 피해자 심리의 특성을 '은폐된 저항'(그린스팬, 1995)이라고 한다. 많은 여성들은 직접적인 형태로 분노와 힘을 나타내는 것을 두려워하기 때문에 사회에서 여성다운 행동이라고 허용하는 기준에 맞춰 수동적이고 간접적인 방법으로 저항한다는 것이다. 가장 흔하고도 여성다운 증상이 바로 우울증이다. 여성의전화를 찾는 많은 내담자들도 우울증에 시달린다. 남편으로부터 늘 듣는 비하적인 욕설, 잘못에 대한 비난, 신체적 폭력 등으로 인해 그녀들은 자신이 못났고 문제가 많다고 생각한다. 남편의 기분만 잘 맞추면 모든 문제가 해결될 텐데 그렇게 하지 못하기 때문에 결국 자기의 잘못이라고 스스로를 비난한다. 자신이 남편의 화를 돋우었다고, 자신이 남편에게 말대꾸했다고, 자신이 자식들을 제대로 교육시키지 못했기 때문이라고 모든 탓을 자신에게 돌린다. 이러한 자기비난이 그들을 우울과 무력감으로 몰아넣고, 우울과 무력감으로 생활의 활력을 잃으면 그것이 또다시 폭력을 만들어내는 악순환이 되기도 한다.

이러한 악순환적인 관계의 단절을 위해서는 문제의 원인을 개인 내적인 원인과 사회적인 원인으로 구분해보고, 내적인 자기변화와 사회변화 사이에 얽혀 있는 총체적 관계를 볼 수 있도록 도와야 한다. 순수하게 개인적인 것처럼 보이는 문제들이 실상은 깊숙이 내면화되어 있는 사회적인 조건에 의한 것임을 볼 수 있게 해야 한다. 그리고 무엇보다 모든 여성을 '인간'으로 보는 눈이 필요하다. 남성이 우월하다거나 남성적인 것이 여성적인 것보다 위대하다는 가부장제 신화에서 벗어나야 한다.

그린스팬은 내담자의 의식화를 위하여 상담자에게 중요한 것은 내담자의 모든 사고과정에 들어가 사회적으로 조건화된 신념들을 내담자 스스로 다시 생각해보도록 돕는 것이라고 하였다. 이것은 피해를 당하고 무력한 여성으로 하여금 남성의 시각에서 벗어나 자신의 시각에서 자신을 보도록 하는 것이다. 여성들은 남성중심사회의 억압으로 인해 무기력하게 되었고, 자신들의 힘을 적절히 평가받지 못했다. 여성들이 가지고 있는 힘을 깨닫고 스스로 자유로워지도록 하는 것, 그것이 의식화이고 심리상담의 목표이다. 이러한 작업은 단시간에 이루어지는 것이 아니고, 후퇴와 전진을 반복하며 오랜 시간을 필요로 한다.

심리상담의 일반적인 목표는 증상의 제거, 자존감 향상, 인간관계 개선, 문제해결능력 향상, 긍정적 자아상 형성 등으로 말할 수 있다. 이러한 목표는 여성주의 상담에서도 추구되는 현실적인 목표이나 여성주의 상담은 그것만으로 끝나지 않는다. 이러한 현실적인 목표도 자신의 삶에서 자율성을 증가시켜 궁극적으로 사회변화를 이끌어갈 수 있는 힘을 키우는 과정이 된다. 여성주의 상담에서는 개인의 힘을 강화하는 것뿐 아니라 개인의 변화를 통하여 궁극적으로 사회구조의 변화를 추구한다. 사회구조의 변화 없이 개인의 변화는 완전할 수 없기 때문이다.

여성주의 상담과 여성운동의 관계는 둘 다 여성주의 철학이라는 같은 뿌리에서 나온 것으로 유기적인 관계(김민예숙, 1998)에 있다. 예를 들어 구타당하는 여성에 대한 상담을 통해 구타 상황이 여성 개인의 문제가 아니라 사회구조의 문제임을 확신하고 운동을 통해 법 제정 등 제도개혁을 이루어간다. 법 제정 이후에도 법의 미비한 점 등을 상담을 통해 확인하고 다시금 법개정운동과 그 밖의 사회개혁을 이루어나간다. 여성의전화도 상담을 통해 가정폭력, 성폭력 문제의 심각성을 사회화하고, 1993년 성폭력특별법, 1997년 가정폭력특별법 제정에 기여하였으며, 이후에도 상담을 통해 법의 미비한 점을 파악하고 법의 내용을 보완하도록 개정운동을 벌이고 있다. 법의 제정이나 개정을 통해 사회제도가 변화되면 내담자를 지지하는 상담자의 상담과정도 힘을 얻게 된다.

3) 상담자와 내담자는 평등하다

전통상담에서 상담자는 전문가로서 문제를 진단하고 해석하는 우월한 위치에 있었으며, 유일하게 답을 알고 있는 전문가로서 자신의 권위에 복종하도록 내담자에게 요구했다. 그러나 여성주의 상담에서 상담자와 내담자는 함께 작업하는 평등한 관계로 나아간다. 경직되고 위계적인 거리감을 두기보다 보살펴주고 협조하는 사이임을 강조한다.

상담에서 내담자로 하여금 자신이 힘이 있다는 생각을 갖게 하려면 상담자에 대한 탈신비화 과정을 거쳐야 한다. 내담자들은 무기력하고 힘이 없는 상태에서 상담자를 찾게 되고 상담자가 요술 같은 위력으로 자신의 '병'을 낫게 해줄 것이라고 기대한다. 그러나 내담자를 변화시킬 수 있는 힘은 내담자 자신에게 있다는 것을 깨닫지 않고서는 어떤 변화도 일어날 수 없다.

여성단체나 상담소를 찾아오는 내담자들도 마찬가지이다. 무력해진 내담자들은 여성단체에 오면 모든 도움을 받게 될 것이라는 막연한 기대를 가지고 온다. 그래서 이것저것 요구하게 되고, 단체의 힘에 기대어 고소든 이혼이든 빨리 일을 처리하고 싶어 한다. 그러나 빨리 된 밥이 설익듯이 시간이 지날수록 불안감은 커져가고, 스스로 고소나 이혼을 취하하고 다시 집으로 들어가 똑같은 상황을 되풀이하는 일이 허다하다. 이 내담자들은 의존성을 가지고, 마치 단체의 힘이 자신의 힘인 양 오해하는 것이다. 내담자를 변화시킬 수 있는 힘은 오직 자신에게 있다. 어떤 전문가도 운동단체도 그것을 대신해줄 수는 없다.

여성주의 상담자는 지지자이자 동료로서 여성문제에 대한 내담자의 지식과 체험을 존중한다. 여성주의 상담에서는 상담자 스스로가 의식화된 여성이어야 하며, 상담과정에서 내담자에게 여성과 사회의 관계를 구조의 눈으로 볼 수 있도록 도와주어야 한다. 의식화를 통하여 내담자는 상담자를 한 인간으로 보게 되고, 자신의 문제가 결코 병이 아님을 인식하게 된다. 그리고 여성들이 흔히 갖는 우울증, 히스테리, 분노 등이 억압적인 사회에 적응함으로써 생기게 된 증세들임을 자각하게 된다. 이때 상담자가 자기개방을 통해 자신도 이 사회에서 피해를 입은 피해자임을 밝히게 되면 내담자는 상담자를 더욱 신뢰하고 평등하게 느끼게 된다.

우리는 여성의전화를 찾아온 내담자의 자발성을 높이 평가한다. 그리고 내담자의 이야기에 대해 동시대를 살아가는 여성으로서 같이 아파하고 공감한다. 그녀의 문제가 결코 '그녀의 탓이 아님'을 강조하고, 그녀가 가정폭력이나 성폭력에 처하게 되는 사회적 상황에 대해 이야기를 나눈다. 그리고 우리 단체의 입장이나 상담방향, 우리가 도와줄 수 있는 한계 등에 대해 이야기한다. 이때 우리를 받아들이고 상담을 계속할 것인가는 그녀의 선택이다. 어떤 강제나 처방도 내리지 않는다. 그녀에 대한 지지와 존중이 있을 뿐이다. 지지와 존중을 통해 내담자들은 서서히 힘을 얻게 되고 자신을 변화시키게 된다. 아무런 결정도 해주지 않는 자율성이 초기에 내담자들을 어렵게 할 수도 있으나 상담자나 여성단체가 그들의 일방적인 해결사가 아니며 의존적이어서는 결코 문제가 해결되지 않음을 스스로 자각하게 됨으로써 내담자는 더욱 굳건히 서게 된다.

또한 여성주의 상담자는 의식화된 여성으로서 여성들을 위한 사회활동에 참여한다. 여성주의 상담자는 내담자들이 사회에 한발을 내디디려 할 때 새로운 세계를 앞서 살아기는 삶의 모델이 되어야 한다. 의식화를 통해 내담자가 자신의 문제를 구조적인 눈으로 보고 스스로 변화를 이루어내며 자신의 자유로운 삶을 위하여 사회구조의 변화를 추구하게 될 때, 여성주의 상담자는 기꺼이 내담자의 역할 모델이 된다. 이때 상담자와 내담자는 여성을 억압하는 사회에서 같이 문제를 느끼고 아파하며 서로를 감싸주는 자매이자 사회문제를 함께 해결해가는 동료로서 자리하게 된다.

이제까지 살펴본 여성주의 상담의 특성들은 2장의 여성주의 상담의 원리와 목표를 살펴봄으로써 더욱 분명해질 것이다.

제2장
여성주의 상담의 원리와 목표

김혜경*

앞에서 우리는 다양한 여성주의 이론과 그에 따른 다양한 상담방법들이 있음을 보았다. 여성주의 상담자들의 모습은 다양할 수 있으나 그들이 공유하는 기본적인 원리는 동일하다. 최근에는 여성주의 상담과 다른 상담이론 및 방법들을 통합하려는 시도들도 이루어지고 있다. 이 경우에도 여성주의 상담의 기본 원리를 전제로 이론의 통합이 시도될 때 여성주의 상담으로 받아들여질 수 있다. 이 장은 여성주의 상담자들이 공유하는 기본적 원리에 대해 다루고자 한다.

여성주의 상담의 원리에 대해 엔스(Enns, 1997)는 6가지 원리와 그것을 구체화시킨 6가지 상담목표를 제시하고 있고, 워렐과 리머(Worell & Remer, 2004)는 여성주의 상담을 '역량강화상담'이라고 명명하며 엔스의 이념들과 보스턴대회[1]의 주제들을 통합하여 4가지 원리와 그에 따른 목표들을

---
* 전 서울여성의전화 여성인권상담소 팀장.
1) 1993년에는 보스턴에서 다양한 여성주의 관점을 가진 77명의 심리학자들이 모여 '여성주의 치료에서의 교육과 훈련에 관한 제1차 전국대회'를 개최하였다. 이들은 여성주의 상담치료의 원리를 논의하고 여성주의 상담치료의 기저에 있는 기본 주제와 전제들에 대한 합의를 이루었으며, 여성주의 심리학적 실천의 공통주제에 만장일치로 동의

제시하고 있다. 여기서는 여성주의 상담의 원리에 대한 이해를 돕기 위하여 두 가지 이론을 소개한다.2)

1. 엔스의 여성주의 상담원리와 목표

1) 여성문제를 이해하는 관점

(1) 개인적인 것은 정치적인 것이다

"개인적인 것은 정치적인 것이다"라는 말은 여성이 당면한 개인적인 문제가 그들이 살고 있는 정치적·사회적 환경과 맞닿아 있다는 믿음을 나타낸다. 많은 여성주의 상담가들이 '병적 증상'이라는 표현보다 '삶 속에서의 문제'라는 표현을 더 즐겨 사용하는데, 이는 상담의 문제들이 사회적·정치적·경제적·구조적 요인들과 관련되어 있다는 여성주의적 견해를 나타내는 것이다. 문제에 대한 심리학적인 설명과 치료적인 진단은 문제를 상황에서 분리하고, 성적 편견을 지지하며, 피해자 비난을 야기한다. 그러나 여성주의 치료자들은 외적 환경과 내적 요인들을 구분해서 보도록 하며, 여성들이 환경에 적응하도록 하기보다 환경을 변화시키도록 유도한다. 이 변화에는 개인의 변화뿐 아니라 법적·제도적 변화를 이끌어내기 위한 사회적인 참여도 포함된다.

(2) 증상은 의사소통 혹은 적응의 도구이다

여성주의 치료자들은 증상을 억압적이거나 제한적인 상황에 영향을 미치기 위한 노력에서 나온 행동으로 정의한다. 여성들이 표현하는 증상들

하였다.
2) 엔스의 원리는 그의 책 *Feminist Theories and Feminist Psychotherapies*(1997)를 번역하여 요약하였으며, 워렐과 리머의 원리는 그의 책을 번역한 『여성주의 상담의 이론과 실제』(김민예숙·강김문순 옮김, 한울, 2004)의 내용을 발췌, 요약하였다.

은 그들의 제한된 상황에서 나타나는 '정상적인' 반응이고 의사소통의 도구라는 것이다. 증상들은 다양한 역할들에 대한 전통적 요구와 비전통적 요구가 충돌하면서 발생하는 것으로 사회가 가르치거나 역할 규정해온 것에 대한 전략적 선택일 수 있다. 그러므로 여성의 문제나 증상들은 역기능적 신호라기보다는 가부장제의 성차별 사회를 극복하고 생존하기 위한 방법이다. 전통적 접근방식에서 증상은 교정되어야 할 문제이나 여성주의 치료에서 증상은 사회적 현상이며, 건전하지 못한 사회에 대항하는 전략이다.

2) 상담관계에서의 원리

(1) 여성주의적 가치와 태도를 설명해야 한다

모든 심리치료는 치료자의 가치관에 영향을 받는다. 여성주의 치료자들은 가치중립적인 상담을 하는 것이 불가능하다고 믿는다. 따라서 여성주의 치료자들은 개인적인 가치관을 명료화하기 위한 자기훈련에 늘 깨어 있어야 한다. 여성의 다양한 삶에 주목하고, 여성과 남성의 삶에 영향을 미치는 정치, 이데올로기, 사회학적·심리학적 주제들에 대한 광범위한 독서를 통해 세계관을 확장해야 한다. 여성주의 치료자들이 여성주의 가치관을 말하지 않아도 치료자의 기술, 역할, 비언어적 행동, 태도들은 상담자의 관점을 드러낸다. 엔스는 이처럼 상담자와 내담자가 상호호혜적으로 교류하는 한 상담자의 가치관에 대해 개방적으로 말하는 것이 바람직하다고 말한다.

(2) 내담자를 유능하게 본다

여성주의 치료자는 내담자가 자신의 경험에서 최고의 전문가라고 본다. 자신의 삶이 혼란에 빠졌을 때라도 내담자들은 그 문제를 풀고 살아남기 위해 엄청난 전문성을 키워왔다는 것이다. 그러므로 문제를 어떻게 정의해야 할지, 어떤 대안이 유용한지, 변화를 위해 어떤 전략이 효과적인지 찾아내는 데 내담자를 공동협력자로 참여시켜야 한다. 그렇게 함으로써 내담자는 무기력이나 의존성 같은 증상들을 재명명하고, 내담자에게 보이지 않게 영향을 주었던 힘들을 새롭게 발견하게 된다.

(3) 상담자와 내담자는 평등하다
 여성주의 상담자는 내담자와 평등한 관계를 만들려고 시도한다. 상담자는 솔직성이나 직면하기, 자기개방, 공감, 지지 등 평등한 관계를 만드는 방법들을 모범적으로 보여준다. 상담자는 내담자와 힘을 공유하며, 상담자가 내담자를 위해 결정하는 것을 피하고, 평등하게 교류하며, 내담자의 자기결정기술에 신뢰를 보낸다. 상담자와 내담자는 상담의 목표와 방향에 대해 피드백을 서로 주고받는다. 상담자는 내담자가 자조적인 문제해결력을 키우고, 미래에는 내담자 스스로가 자신을 위한 치료자의 역할을 할 수 있도록 조력자로 참여해야 한다. 여기서 평등은 상담자와 내담자 간 경계가 모호해지고 부적절한 역할전도가 일어나는 '획일적인 평등'을 의미하지 않는다. 상담자가 전문성은 잃지 않되 내담자와 상담자 간에 위계적인 경계를 없애고, 내담자가 자신의 삶의 전문가임을 인식하고 조력하는 상호적인 관계를 의미한다.

(4) 내담자와 계약을 맺고 상담목표를 합의한다
 내담자들에게 여성주의 상담에 대한 정보를 주어 내담자들이 상담을 선택할 수 있도록 한다. 여성주의 치료자들은 그들의 이론적 지향과 접근방식, 그들이 사용하는 기술의 의도, 변화를 바라보는 시각과 관련된 정보를 준다. 또한 상담에서 얻어지는 이익, 내담자에 대한 상담자의 책임성, 내담자가 상담자에게 가져야 하는 기대감 등에 대해 정보를 준다. 이렇게 함으로써 내담자가 적극적이고 협력적인 역할로 의사결정과정에 참여하게 되고, 자신의 변화에 대해 보다 큰 책임을 질 수 있게 된다. 또한 상담의 목표에 대해 합의하고 구체화해야 하며, 상담과정 중에도 상담의 목표와 방향에 대해 정기적으로 질문할 수 있도록 환경을 조성해야 한다. 합의는 '이것 아니면 저것' 식의 일회적인 것이 아니라 협상과 토의를 통한 조율을 의미한다.

3) 여성주의 상담의 목표

(1) 적응이 아닌 변화를 위한 상담

심리치료의 전통적 접근방식은 내담자의 고통을 제거하고, 내담자들이 그들의 삶에 적응하도록 돕는 데 초점을 맞추었다. 여성주의 치료에서는 내담자가 그들에게 유용한 선택을 찾아내도록 돕고, 현재 상황의 적응이 아니라 변화를 추구한다. 개인적으로 경험된 문제들은 오직 사회적 변화를 통해서만 개선 가능하므로 변화의 궁극적인 목적은 사회운동에의 참여이다. 의식향상집단과 여성운동단체에의 참여를 통해 여성들은 변화된 행동들을 이끌어갈 경험과 자신감을 얻는다.

(2) 평등성의 강화

여성주의 치료자는 내담자들이 사회에서 개인적인 평등을 이룰 수 있도록 격려한다. 특히 경제적 능력을 강조하는 이유는 경제력이 평등을 획득하는 가장 강력한 방법 중 하나이기 때문이다. 직업을 가진 여성들은 직업을 갖지 못한 여성들보다 정신적·신체적으로 더 건강함을 보인다. 고용은 경제력과 더불어 자존감, 사회적 관계, 통제와 도전에 대해 긍정적인 경험을 준다. 그러나 고용과 경제력이 평등에 기여할지라도 가정에서 혹은 자원봉사로서 돌보는 자로서 대가 없는 일을 선택하는 여성들의 일을 하찮게 여겨서는 안 된다. 돌보는 일에 대한 가치평가가 제대로 이루어지도록 여성들이 힘을 발휘해야 하며, 남성과 여성이 사회적 평등을 이룰 수 있도록 집단적인 노력을 강구해야 한다.

(3) 수행성과 친교성의 균형

여성주의 치료의 초기에는 양성성의 추구, 즉 정신건강의 이상적인 모델로서 전통적인 남성적 특성들과 여성적 특성들의 체계적인 통합을 장려하였다. 1980년대에는 여성의 심리적 건강에 대해 그간 인정받지 못했던 여성의 관계적 기술을 재평가하는 것에 초점을 두었다. 그러나 최근 여성주의 상담가들은 양성성이나 관계적 기술의 상대적인 중요성에 동의하지 않는다. 남성적 특성인 수행성과 여성적 특성인 친교성이 개인에게 의미 있는 방법으로 유연하고 적절하게 균형을 이루어야 하고, 전통적인 남성적, 여성적 특성에 의해 제한되어서는 안 된다고 본다.

(4) 역량강화

여성주의 치료의 중요한 목표 중 하나는 개인들이 자신의 이익과 다른 사람의 이익을 위하여 적극적으로 행위하도록 하는 것이다. 여성주의 치료에서 역량강화는 다음과 같은 것을 포함한다.

1. 사회 권력구조의 분석: 여성들이 경험하는 많은 문제들(강간, 근친강간, 가정폭력 등)은 사회에서 여성의 제한된 권력으로부터 나온다. 권력에 대한 사회적인 분석은 여성 또는 남성의 문제를 지지하고 재강화하는 상황적 구조에 대해 내담자를 교육하는 결정적인 측면이다.
2. 여성들이 무력감을 느끼도록 어떻게 사회화되었는지에 대한 토론과 인식: 여성들의 성역할 사회화, 폭력과 억압에 순응해온 과정을 깨닫는 것은 여성들의 삶을 억압했던 힘에 대한 대응력을 발전시킨다. 대응력을 발전시키기 위해 여성들은 그간 부정되고 왜곡되었던 감정들을 깨달을 필요가 있다. 특히 분노는 여성들에게 큰 힘이 된다.
3. 여성들이 개인적·관계적·제도적 영역에서 어떻게 힘을 성취하는지에 대한 발견: 여성주의 상담자는 내담자가 현재 어떤 힘을 사용하고 그것을 새로운 방향으로 어떻게 사용할 수 있을지 탐구하도록 돕는

다. 역량강화는 내담자에게 힘을 재정의하고 옳은 것을 선택하도록 하며, 선택의 대가와 이익을 시험하고 스스로의 선택에 책임을 지도록 하는 네 가지 요소를 포함한다. 역량강화는 여성들이 자신을 새로운 방식으로 보도록 하는 복잡한 재사회화과정을 거친다.

4. 여성들의 이익을 옹호하는 기술의 사용 : 역량강화는 개인적인 변화만을 의미하지 않으며, 사회구조에 대해 대항이 필요할 때 적극적으로 참여하는 것을 포함한다. 여성주의 상담자는 외상 후 스트레스 장애나 매 맞는 여성 증후군에 대해 전문적으로 도울 수 있고, 내담자가 지역사회 서비스 망이나 정신건강체계의 도움을 받을 수 있도록 하며, 제도개혁을 위한 운동에 참여해 내담자를 변호할 수 있다. 또한 내담자가 자신감을 얻을 때 지역사회운동에 참여하도록 권유할 수 있다.

(5) 자기양육

여성들의 사회화는 다른 사람들을 효과적으로 돌보도록 격려하나 자신을 돌보는 행동은 이기적인 것으로 본다. 그 결과 많은 여성들은 자신의 감정, 욕구, 정체성, 목표에 도달하는 것을 잃어버렸다. '착한 여자'는 주위에서 다른 사람들의 사랑과 용인을 얻지만 진정한 자아는 잃게 된다. 자기양육은 자신을 가치 있는 개인으로 보고, 개인의 행복에 기여하는 것을 우선순위에 두는 것이다. 자기양육은 즐거움과 지배의 느낌을 경험하도록 한다. 이러한 자기양육은 내담자들이 자신을 발견하도록 돕는 데 유용할 뿐 아니라 미래의 스트레스가 많은 사건들에 대비하도록 한다.

(6) 다양성 인정하기

다원적이고 다문화적인 사회에서 여성주의 치료자들은 성이 다른 기능들과 무수하게 교차하는 지점들을 파악해야 한다. 여성주의는 초기에 중산층 백인여성들의 문제에 주목했으나 1990년대 이후 유색인, 레즈비언

등 다양한 그룹의 여성들로부터 이에 대해 비판받았다. 미국의 중산층 백인여성의 경험을 모든 여성들의 경험으로 일반화시킬 수는 없다. 여성주의 치료자는 인간 경험의 다양성을 깨닫는 것을 당연한 것으로 여겨야 하며, 개인적인 다름이 문화, 인종, 계급, 종교, 성적 취향을 어떻게 변화시키는지를 인식해야만 한다. 다양한 배경을 가진 여성들을 안다는 것은 여성의 삶에 대한 이해를 풍부히 하고 편견 없이 대하도록 한다.

2. 워렐과 리머의 여성주의 상담원리와 목표

1) 상담의 목표 : 역량강화

워렐과 리머는 여성주의 상담가들이 가지고 있는 공통된 신념의 핵심이 역량강화라고 보고 있으며, 여성주의 상담의 궁극적인 목표는 역량강화라고 말한다. 그들은 여성주의 상담이론을 '여성주의 역량강화 상담'이라고 명명하고, 그에 따른 네 가지 원리를 제시하고 있다. 역량강화는 내담자가 과거, 현재, 미래의 외상과 스트레스에 대처하는 힘과 탄력성을 갖게 되는 것이다. 내담자의 역량강화는 다음과 같은 성취를 준다.

1. 역량강화를 통해 내담자는 문제해결에서 유연성을 갖고 대인관계와 삶에서의 기술을 발전시킴으로써 삶의 상황에 대처하는 힘을 갖게 된다.
2. 변화에 대한 자신의 책임을 인식할 뿐 아니라 개인의 힘과 자원을 인정하고 소중히 하는 것을 배운다.
3. 여성이나 소수집단 구성원을 평가절하하고 종속시키며, 그들이 동등한 기회와 사회·경제·제도적 자원들에 접근하는 것을 막는 삶의 외부적 조건을 인식하고 그에 도전하도록 격려된다.

여성주의 상담은 내담자의 역량강화를 위해 개인적인 고통과 안녕에 대한 내적, 외적 영향을 통합하고 이들을 식별하도록 돕는다. 내적, 외적 영향을 식별함으로써 내담자는 '모자라거나' '미친' 것 같은 느낌에서 벗어나게 되고, 현재와 미래의 도전에 대하여 무력감 대신에 힘과 자긍심이 자리 잡게 된다. 또한 이러한 새로운 느낌과 기술은 스트레스와 역경에 대처하는 탄력성을 증가시킨다.

탄력성은 여성주의 상담의 정신건강 성과를 보는 새로운 방식이다. 탄력적인 사람은 자신의 안녕과 효과적인 기능에 대한 감각을 유지하므로 늘어나는 스트레스와 부정적인 삶의 사건에 대응할 수 있게 된다. 워렐은 역량강화를 평가하는 개인진보척도를 제시하였는데, 역량강화와 탄력성에 기여하는 열 개의 변수는 다음과 같다.

1. 긍정적인 자기평가와 자아존중감
2. 편안함과 고통의 알맞은 균형
3. 성역할과 문화적 정체성 자각
4. 개인적 통제력과 자기효능감
5. 자기양육과 자기돌봄
6. 효과적인 문제해결능력
7. 자기주장기술의 능숙한 사용
8. 사회적·경제적·지역사회적 자원에 대한 효과적인 접근
9. 젠더와 다문화적 유연성을 가진 행동
10. 사회운동과 제도적 변화에의 참여

건강한 환경에 있는 건강한 여성은 평가척도에서 높은 점수를 보인다. 건강한 여성은 자신 있고 강하며, 지지적인 공동체와 연결되어 있고 탄력적이다. 역량강화의 경험은 현재와 미래의 안녕에 대한 내적, 외적 위협에 직면하고 대처하도록 개인을 준비시킨다. 따라서 단지 증상완화만을 평가

하는 상담성과의 표준척도는 여성주의 치료 목표에 부합되지 않는다. 이제 내담자의 역량강화를 궁극적인 목표로 하는 여성주의 역량강화상담의 기본적인 원리와 그에 따른 세부적인 목표를 살펴보자.

2) 여성주의 역량강화상담의 원리

(1) 원리 I: 개인적·사회적 정체성은 상호의존적이다

여성주의 상담자들은 내담자를 그들의 사회문화적 맥락에서 이해한다. 모든 개인은 젠더, 민족, 사회계층, 성적 취향, 나이, 신체적 능력과 특성 등 몇 개의 사회적 위치에 속하고, 이 위치들은 개인적 정체성에 기여하는 지배적이거나 종속적인 문화의 관계망을 통해 사회적으로 구성된다. 이러한 위치들 중 일부는 특권적 자리(남자, 백인, 이성애, 신체적 능력 등)이며, 다른 것들은 억압받는 자리(여자, 유색인, 레즈비언, 신체적 장애 등)이다.

여성주의 상담자들은 내담자와 협조하여 내담자와 관련된 사회적 위치를 모두 찾아보는 것으로 상담을 시작한다. 상담자는 이들 각 위치에 대한 내담자의 정체성 발달수준[3]을 평가하고, 이 위치들의 상호작용에 대해 내담자의 각성을 촉진한다. 또한 상담자는 내담자의 정체성 중 어느 것이 두드러지며 우선적인지 평가한다. 여성주의 상담자들은 내담자를 그들 자신의 문제에 관한 전문가로 대우하며, 내담자에게 가장 우선되는 사회적 위치에 대한 상담에 초점을 맞춘다. 예를 들어 아프리카계 미국인 여성은 젠더에 대해서는 자각의 수준이 높지 않으나 민족문제에서는 자각이 매우 높을 수도 있다. 이러한 작업을 통해 억압의 다양한 원천을 알아보고, 내담자의 문제에 대한 영향을 쌍 방향으로 탐색하게 된다. 여성주의 상담자는 모든 사회적 정체성에 대한 내담자의 각성을 촉진한다.

원리 I을 위한 상담의 목표는 다음과 같다.

---

[3] 주디스 워렐·파멜라 리머, 앞의 책, 2004, 65쪽.

1. 자신의 사회적 위치와 이들 위치 내의 정체성 발달에 대한 자각을 증진시킨다.
2. 자신의 사회적 위치의 외적 표현으로부터 내적인 것을 분리한다.
3. 사회적 위치 속의 자신을 받아들이고 인정한다.
4. 자신의 사회적 위치의 상호의존성 내에서 편안하게 대처한다.
5. 자신과 자신이 속한 집단을 소중히 여긴다.

(2) 원리 Ⅱ : 개인적인 것은 정치적인 것이다

'개인적인 것은 정치적인 것'이라는 원리는 성역할 고정화, 제도화된 성차별, 억압의 모든 형태에 관한 여성주의 신념을 나타낸다. 이는 내담자 문제의 근원은 심리 내적이거나 개인적인 것이 아니라 사회적이고 정치적인 것임을 의미한다. 여성주의 상담은 내담자가 사회규칙, 성역할 사회화, 제도화된 성차별과 개인의 경험에 따른 억압을 분류하도록 하며, 내담자가 자기 문제의 외적 원인과 내적 원인을 분리할 수 있도록 돕는 데 집중한다. 그리고 심리 내적 요인만이 아니라 역기능적인 외적 요인을 찾는 것을 우선한다. 나아가 내담자가 역기능적인 환경에 적응하도록 돕기보다는 건강하지 못한 외부적 상황과 외부적 상황의 내면화된 효과를 변화시키는 데 초점을 둔다.

억압적인 사회에서의 삶에 적응하지 못한다고 해서 개인의 사고, 느낌, 행위가 비난받거나 병리화되지는 않는다. 그들의 '증상'은 건강하지 못한 환경에 대처하는 전략으로 평가되고, 내담자의 반응이 '정상'이라는 인식은 내담자가 자신과 환경을 변화시키는 데 힘을 준다. 많은 여성문제가 외적 환경에 기인한다는 인식, 이런 의식향상의 결과 내담자는 억압자와 그들의 불공정한 대우에 분노하게 된다. 여성주의 상담자는 내담자가 자신의 분노를 표출하는 것을 배우는 것이 중요하다고 보며, 그 분노를 자신과 환경을 변화시키기 위한 에너지로 사용하도록 촉구한다. 개인은 문제 때문에 비난받는 것이 아니라 변화를 향한 노력에 책임을 갖는다.

변화의 초점은 내담자가 해로운 환경으로부터 내면화한 신념들을 교정하도록 돕는 데 있다. 즉, 문화적으로 구성된 성역할 메시지를 찾아내고, 그 사회화의 손익을 따져보며, 자신에게 손해를 끼쳤던 메시지에 도전하고 그 메시지를 재구성한다. 그러나 사회적 메시지를 재구성하는 것만으로는 충분하지 않다. 여성주의 상담의 궁극적인 목표는 성차별과 소수집단에 대한 억압이 존재하지 않는 사회를 만드는 것이다. 즉, 제도의 변화가 핵심이다. 제도가 변하지 않고서는 근본적인 변화가 불가능하기 때문이다.

여성주의 상담에서의 변화는 주로 개인의 태도를 변화시키는 미시적 수준에서 일어나기 쉬우나 개인에 의한 미시적 수준의 변화는 종종 거시적 수준의 사회변화를 가져오게 된다. 이러한 사회변화 수준의 연속성이 여성주의 상담의 사회변화 목표와 개인상담의 개인적 변화를 통합하게 된다. 또한 여성주의 상담자는 스스로 사회변화를 위한 노력에 참여하고, 직접적으로 제도적 변화를 추구하는 기술을 본 보인다. 이런 참여는 환경을 변화시켜 여성문제가 발생하지 않게 하는 예방전략으로도 중요하다.

'개인적인 것은 정치적인 것'이라는 원리의 중요한 함의는 사회문화적 실천이 여성주의와 다양성의 렌즈를 통해 분석된다는 것이다. 제한적이고 억압적인 행위와 가치는 도전받았다. 여성주의 상담접근은 불평등에 관한 의식향상과 불평등을 유지하는 내면화된 메시지, 외적 구조 모두의 변화를 위한 노력을 필요로 한다. 여성주의 상담의 초점은 한마디로 여성의 역량강화와 억압적인 사회구조의 변화이다.

원리 II를 위한 상담목표는 다음과 같다.

1. 내담자 자신의 성역할 사회화과정을 자각한다.
2. 내면화된 억압 메시지와 신념을 알아본다.
3. 내면화된 고정관념적 신념을 좀더 자기향상적인 자기대화로 대체한다.
4. 지배적인 백인, 이성애주의 문화에 의해 지시된 것이 아니라 자유롭

게 선택된 행동의 전 범위를 발전시킨다.
5. 개인적 경험에 대한 사회적 요인의 영향을 평가한다.
6. 사회가 여성과 다른 소수집단을 어떻게 억압하는지 이해한다.
7. 그들에게 부정적인 영향을 미치는 성차별적이고 억압적인 사회적 실천을 찾아본다.
8. 환경의 변화를 가져오는 기술을 획득한다.
9. 차별적 실천을 제거하기 위해 제도를 재구성한다.
10. 개인적·사회적 권력감을 발달시킨다.

(3) 원리 III : 상담자와 내담자의 관계는 평등하다

여성운동의 주요 비판 중 하나는 전통적인 상담자들이 여성이 건강하지 못한 환경에 적응하도록 격려하고 위협하는 데 자신의 권력을 사용하고, 가부장적 사회통제의 매개체가 되었다는 것이다. 여성주의 상담에서 내담자와 상담자는 동등한 가치를 지니는 것으로 간주된다. 한 사람은 '전문가'이고 한 사람은 '환자'인 것이 아니다. 상담은 내담자가 자신에 관한 전문가로 대우되는 협력적 과정이다. 상담자의 전문성은 그들의 전문적 훈련(인간행동, 상담, 제도화된 억압에 대한 지식)과 그들 자신의 삶의 경험에 기초한다.

여성주의 상담자는 사회에 대한 그들의 신념을 나누고, 내담자에게 여성주의 상담의 이론과 과정에 대한 정보를 제공한다. 내담자는 여러 상담자를 둘러보도록 격려되며, 정보를 가지고 스스로 상담을 선택할 수 있다. 또한 여성주의 상담자는 내담자의 문제와 관련이 있다면 자신에 대해 노출하고, 내담자에 대한 자기참여반응을 한다. 전통상담의 전문상담자 모델은 공감, 양육, 상호존중을 강조하는 모델로 대체된다.

여성주의 상담자는 평등한 상담관계를 더 증진시키기 위해 문제의 탐색과 함께 내담자의 힘을 찾는 것을 강조한다. 힘 찾기는 남성중심적 관점에서 부정적으로 가치평가되었던 특성들의 재평가를 포함한다. 이 문제는

원리 IV에서 더 자세히 다루어진다.
원리 III을 위한 상담목표는 다음과 같다.

1. 상담관계와 내담자의 일상적인 삶에서 평등한 관계를 발전시킨다.
2. 경제적으로 자율적일 수 있는 능력을 발달시킨다(대부분의 여성주의 상담자들은 여성이 재정적 독립을 이룰 수 있는 능력을 유지해야 하며, 그렇게 함으로써 그들이 한번 빠진 종속적 위치에 머무르지 않을 수 있다고 믿는다).
3. 관계에서 독립과 상호의존의 균형을 이룬다.
4. 대인관계와 삶의 기술을 발달시킨다.
5. 적절하게 주장한다.
6. 억압적인 환경에서 맞이하게 되는 대인관계적 갈등에 대처하는 기술을 발달시킨다.
7. 건설적인 변화를 수행하기 위해 분노를 표출하고 이용한다.
8. 개인적 힘과 자산을 찾아보고 가치를 인정한다.

(4) 원리 IV : 여성의 시각은 가치 있다

여성주의 상담에 대한 잘못된 개념 중 하나는 여성을 더 남성처럼 만드는 것이 목적이라는 것이다. 여성주의 상담의 중요한 전제는 여성적 가치체계에 여성의 시각을 더 많이 적용할 필요가 있다는 것이다. 사회적으로 구성된 젠더 관념은 전통적으로 여성적인 특성들을 평가절하해왔다. 여성과 관련된 특성들의 평가절하는 여성에 대한 이중구속을 낳는다. 즉, 그것은 사회적으로 적합한 여자가 되도록 강제하는 동시에 그렇게 되는 것을 평가절하한다. 여성들은 자신의 삶의 에너지를 가족을 돌보는 데 사용하도록 사회화되나 여성은 가족중심적이라고, 경제적으로 남성에게 의존한다고 비난받는다.

여성주의 상담자는 여성에 대한 남성중심적인 정의를 거부하고, 그들의 개인적 특성에 가치를 두는 것을 배우며, 그들 자신의 여성중심적 세계관을 정당화할 필요가 있다고 믿는다. 여성의 전형적인 특성과 개인적인 특성은 여성주의 상담에서 '힘'으로 재평가된다. 따라서 공감, 양육, 협력, 직관, 상호의존, 관계성이 가치와 우선권을 갖는다. 내담자의 욕구를 충족시키고, 내담자를 양육하며, 공감적이고 협력적인 평등한 관계를 만드는 것은 여성주의 상담의 중요한 측면이다.

원리 IV를 위한 상담목표는 다음과 같다.

1. 여성으로서 그들 자신의 경험을 신뢰한다.
2. 여성의 시각으로 여성성을 재규정한다.
3. 여성과 관련된 가치를 평가한다.
4. 자신의 직관을 자신의 정당한 지식의 원천으로 신뢰한다.
5. 개인의 힘을 찾는다.
6. 자신의 요구를 찾고 돌보며 자신을 양육한다.
7. 여성으로서 자신에게 가치를 둔다.
8. 다른 여성 그리고 그들과의 관계에 가치를 둔다.
9. 남성중심적이고 민족중심적으로 규정된 신체적 매력을 중시하지 않는다.
10. 자신의 몸을 수용하고 좋아한다.
11. 다른 사람의 성적 욕구가 아니라 자신의 성적 욕구에 따라 결정하고 행동한다.

3. 엔스와 워렐의 원리 사용하기

여성주의 상담의 원리를 개관한바, 엔스에 의해 정리된 원리들이 워렐에 와서 더욱 풍부해지고 그 의미가 확장되고 있음을 알 수 있다. 엔스와 워렐의 원리를 표로 정리하면 다음과 같다.

<표 2-1>

	엔스		워렌(여성주의 역량강화상담)
문제를 이해하는 관점	1. 개인적인 것은 정치적인 것이다. 2. 증상을 의사소통이나 적응의 도구로 본다.	원리 I	개인적·사회적 정체성은 상호의존적이다. 1. 사회적 위치 찾기 2. 두드러진 사회적 정체성에 대한 평가
			5가지 상담목표
		원리 II	개인적인 것은 정치적인 것이다. 1. 내적인 것에서 외적인 것 분리하기 2. 병리를 다시 구성하기 3. 사회변화 주도하기
			10가지 상담목표
상담 관계의 원리	1. 상담자의 여성주의적 가치와 태도를 설명해야 한다. 2. 내담자를 유능하게 본다. 3. 상담자와 내담자는 평등하다. 4. 상담자는 내담자와 계약을 맺고 상담목표를 합의한다.	원리 III	관계는 평등하다. 1. 내담자 역량 강화하기 2. 상담과정의 탈신비화 3. 힘의 균형 4. 너싱을 인정하기
			8가지 상담목표
상담의 목표	1. 적응이 아니라 변화를 위한 상담 2. 평등성의 강화 3. 수행성과 친교성의 균형 4. 역량강화 5. 자기양육 6. 다양성 인정하기	원리 IV	여성의 시각은 가치 있다. 1. 여성을 재평가하기 2. 재평가한 결과들
			11가지 상담목표

엔스의 문제를 이해하는 기본 원리인 "개인적인 것은 정치적인 것이다", "증상을 의사소통이나 적응의 도구로 본다"라는 원리는 워렌에 와서는 원리 I "개인적·사회적 정체성은 상호의존적이다", 원리 II "개인적인 것은 정치적인 것이다"로 정리되고 있다. 이는 구조화를 통해 내담자를 사회문화적 맥락에서 이해하고, 내담자가 자기 문제의 내적 원인과 외적 원인을 분리해서 보도록 하며, 사회적으로 내면화된 신념, 고정된 성역할 이미지들을 변화시키도록 돕는 것을 의미한다. 또한 이 원리에는 개인의 문제에 대한 이해를 넘어 사회구조의 변화를 추구하는 것까지 포함된다. 이는 여성운동 제1의 원리를 여성주의 상담의 원리로 설명하는 것으로 여성주의

상담의 가장 기본이라고 할 수 있다.

엔스의 상담관계의 원리는 워렐의 원리 III "관계는 평등하다"에서 거의 그대로 재현되고 있다. 상담자의 탈신비화를 통해 상담자와 내담자는 전문가와 환자의 관계가 아니라 평등하게 상호교류하며, 내담자 스스로 여성이라는 자신의 가치를 자각한다. 워렐에 와서 이 점은 더욱더 강조되어 원리 IV "여성의 시각은 가치 있다"는 원리로 나타나고 있다. 여성주의 상담의 중요한 전제는 여성을 남성처럼 만드는 것이 아니라 여성적 특성들에 대한 재평가를 통해 여성적 가치를 새롭게 인정하는 것이다.

엔스에 따르면 여성주의 상담의 목표는 '적응이 아니라 변화를 위한 상담', '평등성의 강화', '수행성과 친교성의 균형', '역량강화', '자기양육', '다양성 인정하기' 6가지로 되어 있다. 상담의 궁극적인 목표는 현재의 억압적인 상황에 대한 적응이 아니라 개인적·사회적 변화의 추구이며, 변화를 이루어내기 위한 전제로 평등성, 역량강화, 자기양육을 구체적인 목표로 삼고 있다. 또한 일반여성들뿐 아니라 다양한 소수집단여성까지 아우르는 시각의 확대를 상담의 목표로 삼고 있다. 워렐은 여성주의 상담을 여성주의 역량강화상담이라고 명명하고 있으며, 내적인 역량강화를 통한 사회변화의 추구를 상담의 네 가지 원리에 녹여내고 있다. 역량강화는 과거, 현재, 미래의 외상과 스트레스에 대처하는 힘과 탄력성을 갖게 되는 것이며, 그것은 여성의 삶을 억압하는 외부적 조건을 인식하고 그에 도전하도록 한다. 워렐에 있어 다양한 소수집단에 대한 이해는 원리 I과 원리 II에 이미 포함되어 있는데, 다양한 집단에 대한 이해는 상담의 목표가 아니라 상담이 이루어지는 전제조건이다. 워렐은 여성주의 상담의 궁극적인 목표 외에도 각각의 원리에 따른 구체적인 상담목표를 설정하고 있다.

"개인적인 것은 정치적인 것이다"라는 여성운동의 대전제로부터 출발한 여성주의 상담의 궁극적인 목표는 개인의 변화와 사회구조의 변화이다. 여성주의 상담자는 내담자 개인의 수준에서 내담자가 자신의 문제원인을 파악하고 자신의 힘을 인식하도록 도우며, 스스로 자율적으로 선택하고 자신과 타인을 신뢰하는 긍정적 자아관을 가질 수 있도록 돕는다. 외적 수준에서 여성주의 상담자는 내담자의 의식화를 통해 사회문제에 대한 구조적 인식을 일깨우며, 성에 근거해 차별을 하는 모든 형태의 제도적 정책이 변화하도록 촉구한다. 한편 내담자는 상담과정을 통한 개인적 역량강화로 성역할 사회화에 따른 제약으로부터 자유롭게 되고, 나아가 여성을 억압하는 가부장적 사회구조의 변화를 추구하게 된다. 이러한 여성주의 상담의 원리와 목표는 '여성주의'의 개념에 대한 사전적 정의를 더욱 심화하고 있으며, 전통상담이론과는 전혀 다른 상담접근을 구체화하고 있다.

여성주의 상담의 원리는 여성주의 상담과정에서 반드시 참고되어야 할 기본 원리이다. 그러나 이 모든 원리들이 모든 상담과정마다 기계적으로 적용됨을 의미하지는 않는다. 여성주의 상담의 원리들은 사회적 상황과 상담의 장면에 맞게 직절히 적용되어야 한다고 본다. 필자들은 논의를 통하여 엔스와 워렐의 여성주의 상담의 원리를 우리의 현실에 맞고 상담과정에서 자주 사용되는 네 가지 원리 — 개인적인 것은 정치적인 것이다, 상담자와 내담자는 평등하다, 역량강화, 여성의 시각으로 재조명한다 — 로 압축하였다. 3부 1장에서는 필자들이 선택한 원리에 따른 상담사례분석을 다루고 있다.

제3장
한국 여성주의 상담의 역사
여성의전화를 중심으로

정춘숙*

1. 여성주의 상담의 시작과 발달

이 글에서는 한국 여성주의 상담의 역사를 여성의전화 활동을 중심으로 살펴보고자 한다. 여성의전화는 한국사회에서 최초로 상담을 매개로 여성운동을 펼쳐나간 기관이며, 가장 오랜 기간 지속적으로 여성주의 상담을 연구하고 실천해온 곳이기 때문이다. 여성의전화는 여성주의 상담의 기본 원리 중 하나인 "개인적인 것은 정치적인 것이다"라는 대명제를 실현해낸 곳이기도 하다. 이 글에서는 먼저 여성주의 상담을 심화하기 위한 요소들을 알아보고자 여성의전화의 여성주의 상담의 심화과정을 기술했다. 다음으로 여성주의 상담가가 되고자 하거나 여성주의 상담가를 양성하고자 하는 기관들을 위해 여성의전화의 여성주의 상담가 훈련과정을 상세히 기술하였다. 마지막으로 그동안 여성의전화가 다루어온 상담내용을 정리하여 여성의전화의 여성주의 상담 실현과정을 역사적으로 보여주고자 하였다.

---

* 서울여성의전화 부회장.

1) 여성의전화에서 여성운동과 여성주의 상담

서구의 여성주의 상담이 1960년대 제2의 여성운동의 물결 속에서 탄생한 것과 같이 한국에서 여성주의 상담의 시작 역시 여성운동의 맥락 속에서 잉태되고 성장했다. 한국사회에서 여성주의 상담을 최초로 시작한 곳은 여성의전화였다.

여성의전화는 1983년 6월 11일 '여성의전화'로 창립하였다. '여성의전화'는 1991년 여러 지역에 여성의전화라는 동일한 이름의 단체들과의 차별성을 꾀하면서 한국을 대표한다는 의미에서 '한국여성의전화'로 명칭을 변경하였다.[1] 1997년 '한국여성의전화'는 전국 지부조직을 총괄하고 정책사업을 중심으로 하는 '한국여성의전화연합'과 상담과 인권, 서울지역사업을 중심으로 하는 '서울여성의전화'로 분리하였다. 이 글에서는 1983~1990년까지는 '여성의전화', 1991~1997년까지는 한국여성의전화, 1998년부터 현재까지는 한국여성의전화연합과 서울여성의전화, 전체를 통칭할 때는 여성의전화로 부르도록 하겠다. 각 관련인의 표기는 이름과 당시 직책으로 표시하고 필요한 경우만 현직을 표시하도록 하겠다.

'여성의전화'의 창립회원인 한우섭(현 한국여성의전화연합 공동대표)에 따르면 '여성의전화'의 창립회원들은 당시 '크리스천아카데미'의 주부아카데미과정을 수료한 사람들과 이화여자대학교 사회사업학과 졸업생들을 중심으로 한 '청년여성회' 여성들이었다. 중심인물은 김희선(현 국회의원), 이계경(현 국회의원), 이현숙(현 대한적십자사 부총재) 등이었다(2004.10.14. 인터뷰). 이들은 여성운동을 하려는 목표를 가지고 있었으며 여성문제가 한국 사회의 구조적 문제로부터 출발한다는 인식을 갖고 있었다.

이현숙은 『한국여성인권운동사』에서 "이들은 1975년 유엔의 '세계 여성의 해' 선포를 계기로 크리스천아카데미가 실시한 여성문제 의식화교육

---

[1] ≪베틀≫ 51호. 1991년 2월 2일 정기총회.

을 받은 사람들로 새로운 여성운동을 꿈꾸던 사람들이었다"고 설명하였다.

'여성의전화' 창립회원들이 상담을 여성운동의 한 방법으로 선택한 것은 당시 엄혹한 군부독재 치하에서 대중성을 가지고 여성운동을 할 수 있는 방법을 모색한 결과였다. 당시 대중적인 여성운동을 할 수 있는 길은 여성노동운동 외에 별다른 대안이 없었다.

또한 '아내구타'라는 주제가 많은 여성들이 겪고 있는 대중적인 문제라고 판단했기 때문이었다. 이는 당시 '크리스천아카데미' 부원장이었던 이화수(아주대학교 교수) 선생의 제안에 힘입은 것이었다. 당시 미국에서 주요한 사회문제로 대두되고 있던 '아내구타' 문제가 가부장적인 우리 사회에도 심각할 것이며, 이를 중심으로 대중적으로 여성운동을 풀어갈 수 있을 것이라고 생각했기 때문이었다. '여성의전화' 창립 멤버들은 여성 개인의 치유와 성차별적 사회구조의 변화라는 여성주의 상담의 기본 목표를 창립 초기부터 실천하고자 노력하였다.

이러한 여성의전화의 입장은 1983년에 만들어진 창립취지문(안)에도 잘 나타난다. 창립취지문(안)에는 여성의전화의 활동을 폭력의 희생자들을 돕고, 가정에서 폭력을 추방하는 동시에 사회 전체의 심리적 건강에 기여하고자 하는 상담사업으로 여성운동의 일환이라고 정의하고 있다. 또한 폭력피해 여성들에게 그들의 문제가 결코 개인의 책임이 아니고 사회구조적인 문제임을 일깨워줌으로써 폭력에서 해방될 수 있는 길을 스스로 찾아나설 용기를 주며, 이를 위해 여성들의 경제적 독립을 기를 수 있도록 해야 한다고 적고 있다.

그러나 여성의전화 창립 초기에는 여성의전화의 여성운동적 관점을 실현할 만한 상담이론이 없어 어려움을 겪었다. 이를 보완하기 위해 '여성의전화'는 상담원교육시 여성학이론을 집중적으로 배치하였다. '여성의전화' 창립 초기에 '여성의전화'의 상담이론이 없었음은 상담원수칙을 실은 ≪베틀≫[2) 1호에서 3호까지를 보아도 알 수 있다. 상담원수칙은 상담의 명료화, 개방적인 대화, 상담대화의 주도 등 일반상담의 원리를 중심으로 다루고 있다.

'여성의전화'의 집중적인 여성학교육은 상담원들에게 여성들이 겪는 차별과 사회구조적인 원인 분석을 통한 여성차별에 대한 성찰을 가능하게 했다. 결국 집중적인 여성학교육은 여성주의 상담의 원리인 "개인의 정체성과 사회적 정체성은 상호소통한다"는 원리를 충족시키며 '여성주의 상담'을 가능하게 만들었다. 즉, 정교화된 상담이론은 없었으나, 상담의 주체인 상담원들의 인식은 이미 여성주의 상담의 기초인 '여성 개인의 문제가 사회적 문제'라는 여성주의 상담의 기본 원리를 인식하고 있었다.

1984년 5월 16일에 발행된 ≪베틀≫ 3호의 상담원 좌담을 보면 이러한 인식을 잘 알 수 있다. 좌담회에 참석한 상담원들은 자신들이 살고 있는 사회를 여성이 비하되고 인권 자체가 보장되지 않으며, 아직도 남아선호사상이 짙은 사회라고 규정하고 있다. 이런 사회에서는 남성에게는 허락되는 것이 여성에게는 불법이 된다며 성차별의 구체적인 사실들을 나열하고 있다. 상담원 간담회에 참석한 상담원들의 내용을 통해 상담원들이 여성주의 상담의 개인에 대한 치유와 사회구조의 변화에 대한 관점을 갖고 있음을 알 수 있다. 이들은 좌담회에서 여성의전화가 앞으로 할 일은 ① 전화상담을 통해 문제를 알아내고, ② 현재 여성들에게 시급히 해결해야 할 것이 무엇인가를 파악하며, ③ 이후 피해여성들을 위한 피난처를 만들고, ④ 사회 여러 단체와 함께 협력하여 사회여론을 환기시켜 법의 불평등을 개정하기 위해 노력하는 것이라고 정리하고 있다.

이는 '여성의전화' 개원 1주년 기념 ≪베틀≫ 7호에 게재되고 명문화된 여성의전화의 목적에서도 잘 나타나 있다. " '여성의전화'는 인간의 존엄성을 바탕으로 하여 여성들에게 비인간적인 삶을 강요하는 모든 제도나 관습, 인습을 없애고 남녀의 평등한 인간관계 수립으로 정의롭고 평화로운 가정과 사회를 이루는 데 기여함을 목적으로 한다"고 자신의 정체성을

---

2) 1983년 10월부터 1995년 6월까지 87호가 발행된 '여성의전화'의 소식지.

밝히고 있다. 이것은 '여성의전화'가 상담을 매개로 여성운동의 목표를 가지고 활동하고 있음을 보여준다.

그러나 현실적으로 상담사업과 여성운동은 한정된 재화를 나누고 사업의 우선순위를 정하는 문제 등 현실적인 선택에서는 많은 갈등을 일으키게 된다. 이러한 갈등이 표면화된 것은 1986년 7월 김희선 여성의전화 원장이 당시 민주화운동의 핵심인물인 장기표 씨를 숨겨주었다는 이유로 구속되면서부터였다.

1986년 12월 5일 발간된 ≪베틀≫ 16호에는 여성의전화가 '상담소'인가 '여성운동단체'인가라는 정체성 논란에 관한 글이 "상담원 사업"이라는 제목으로 실려 있다. 당시 이사로 활동했던 이현숙 선생은 이 글에서 여성의전화의 정체성 논란은 '여성의전화'의 외형적 존재양식에서 비롯되는 것이라고 했다. 그는 '여성의전화'에서 상담사업과 운동의 경중 혹은 선후를 견주는 일은 부질없는 일이고 '여성의전화'에서 차지하는 상담과 운동의 비중은 같은 것으로 보아야 한다고 했다. 달리 말하면 상담과 운동은 '여성의전화'가 갖는 기능이란 점에서는 동전의 양면과도 같은 것이라고 정의하였다. 이현숙 선생은 이 글에서 상담과 운동의 관계를 "…… 그동안 여성의전화는 짧은 연륜에도 불구하고 몇 차례의 경험을 통해 상담활동(현상적 치유)와 여성운동(근원적 치유)이 별개의 것이 아닌 동전의 양면임을 확인한 바 있다. 따라서 상담활동과 함께 여성운동을 균형 있게 촉진시킬 때 여성의전화가 지향하는 여성의 인간화와 평화로운 공동사회 건설은 그만큼 앞당겨질 것이다"라고 정리하고 있다.

상담과 운동에 대한 입장은 1988년 개원 5주년 기념 자료집인 『여성상담사례집』에서 다시 한번 구체적으로 정리된다. '여성의전화'는 이 사례집의 '여성상담론 모색'에서 여성의전화의 상담에 대한 입장은 상담=운동이라고 밝히고 있다. 이는 아내구타문제가 일부 여성들만이 겪는 특수한 문제가 아니라 우리 사회에 만연된 성차별구조와 밀접하게 관련되어 있으며 강간, 직장 내 성폭력, 각종 성차별의 원인도 역시 사회의 여성차별에 기인하기 때문이라는 것이다. 상담과 운동에 관한 여성의전화의 입장은 이러한 역사적 과정을 거치며, 여성주의 상담의 목표인 사회변화의 맥을 이어갔고, 여성운동체로서 자기정체성을 갖게 되었다.

2) 여성주의 상담의 심화

여성의전화 창립 초기에는 여성의전화의 창립정신인 '여성의 인간화'나 '가정의 평화는 사회의 평화'를 실천적으로 담아낼 수 있는 상담이론이 없었다. 이로 인해 상담을 담당하는 실무담당자나 상담원들은 전통상담의 이론과 여성학적 관점의 차이로 인한 답답함으로 어려움을 겪었다. 여성의전화는 여성운동에 걸맞는 여성 고유의 혹은 여성들의 심리를 대변할 수 있는 상담이론의 정립이 절실했다.

여성의전화에서 '여성주의 상담'이라는 용어가 처음 등장한 것은 1986년이었다. 1986년 2월 28일 발행된 ≪베틀≫ 12호는 상담원 재교육을 실시하는 이유를 "여성상담에 대한 질적 향상을 기하기 위함"이라고 하였고, 같은 해 5월 상담원 재교육을 실시하면서 "여성상담의 이론적 배경 및 실제"에 관한 정소영 교수(이화여자대학교 강사)의 강의를 들었다.

상담현장에서 상담원들은 여성학적 이론에 기초하여 여성주의 상담을 실천하고 있었지만 체계화된 여성의전화의 운동방향에 걸맞는 상담이론의 필요성은 계속 제기되었다. 1987년 10월 5일자 ≪베틀≫ 23호는 여성의전화가 회원 중심의 운동체로 조직개편을 단행한 것과 각 부서활동에 대해 소개하였다. 활동소개에서 상담부는 내담자들이 개인의 문제해결과 함께 구조적 해결을 위한 여성운동에 참여할 수 있도록 하기 위하여 면접상담에 보다 주력하기로 했다. 또한 여성의전화의 운동이념에 맞는 상담론 정립을 주요 목표로 정하였다. 이러한 노력은 1988년『여성상담사례집』의 여성상담론 모색이라는 성과를 낳게 된다. 1988년 3월 5일자 ≪베틀≫ 25호는 "여성의전화 조사연구부에서는 여성의전화 운동방향 속에서의 가정 및 직장 상담의 이론 모색을 위해 '여성의전화 상담론 연구토론회'를 열었다"고 전하고 있다. 1988년 2월 19일에 처음 열린 이 연구토론회에서는 ① 여성운동론(홍승희, 여성의전화 교육부장), ② 여성운동에서 상담의 의의(한우섭, 여성의전화 조사부장), ③ 전통상담 비판(정진경, 충북대학교 심리학과 교수), ④ Feminist Therapy(정소영, 이화여자대학교 강사), ⑤ 노동상담(최영희, 석탑출판사), ⑥ 민중교육에서의 상담(김성재, 한신대학교 교수) 등에 대한 발제와 토론이 있었다.

이현숙은 『한국여성인권 운동사』에서 이 토론회에 대해 "…… 그동안 제기되었던 질문들을 본격적으로 다루었다. 기존의 상담이론이 개인이 변화해 사회에 적응할 것을 요구하는 데 비해 여성상담은 개인들이 함께 사회를 변화시키도록 노력할 것을 권유하게 된다는 점, 상담자와 내담자와의 관계도 자매애에 기초한 수평적·동료적 관계를 유지한다는 점 등을 지적, 여성상담의 초보적인 기본 방향을 정리했다 ……"고 평가하고 있다.

이 사례집은 여성의전화의 여성주의 상담의 기초를 마련한 것이었다. 사례집의 머리말을 보면 여성의전화가 왜 그토록 간절히 여성주의 상담론을 필요로 했는지 잘 드러나 있다. "…… 우리는 모두가 상담에는 초보자들이었지만 상담활동이 계속 확장되면서 여성상담의 기본 전제나 상담방법 등이 전통상담과는 구별되어야 한다는 요구가 늘어났으며, 상담이 가정문제로부터 사회적인 것으로 확장되면서 전통상담, 여성상담 간의 갈등은 더욱 심화되었다 ……"고 밝히고 있다.

머리말에서 여성의전화는 전통상담과 여성상담의 차이를 '적응'과 '변화'로 요약하고 있다. 이 자료집은 1부 여성상담론의 모색과 2부 여성상담 사례로 이루어져 있다. 1부 여성상담론의 모색은 기존 상담의 한계, 구미의 페미니스트 쎄라피의 대두, 한국사회와 여성상담으로 구성되어 있다. 1부 여성상담론의 모색에서 여성의전화는 여성의전화 상담에 대한 정의를 내리고 있다.

상담의 정의는 "여성의전화는 개별화된 여성들의 문제를 상담을 통해

하나의 틀로 묶어내고자 하는 입장을 지니고 있다. 이는 여성의전화가 당초 구타당하는 아내들의 문제를 상담하면서 이 문제가 결코 일부 여성들만 당하는 특수한 사례가 아니라 우리 사회에 만연된 성차별적 구조와 밀접하게 관련되어 있음을 발견하게 되었고, 또한 상담의 범위가 확대되면서 강간, 직장 내 폭력, 각종 성차별 등이 하나의 원인으로 집중되고 있음을 확인하게 되었기 때문이다. 이에 따라 여성의전화 상담 입장은 당연히 상담=운동의 입장을 지니게 되었다. 이는 여성의전화가 어떤 이론의 외피를 입었기 때문이 아니며 여성의전화 스스로의 체험과 자기운동논리로 확립된 것이다"라고 입장을 밝히고 있다.

당시 이 사례집을 함께 만든 한우섭에 따르면, '여성상담'이라고 이름 붙인 것은 '여성주의'는 서구의 Feminist Therapy를 그대로 번역한 것으로 학문적인 느낌을 주어 운동적이지 못하고, 서구의 여성주의 상담보다 훨씬 더 사회변혁적이었던 여성의전화 상담을 반영하는 용어가 아니라고 생각했기 때문이었다.

여성의전화의 여성주의 상담의 구체화와 체계화에 대한 관심은 계속되어 1991년 8월 20일에 발행된 ≪베틀≫ 55호에는 "여성중심(Feminist Therapy)이란 무엇인가?"라는 제목으로 미국의 여성주의 상담을 소개하고 있다. 이것은 루시아 길버트(Lucia Albino Gilbert)가 쓴 글을 당시 국제협력부장이며 미국에서 여성주의 상담을 공부하던 2기 상담원인 김명희가 번역한 글이었다. 이 글에서는 Feminist Therapy를 여성중심이라고 번역하였고 여성중심 치료의 두 개의 중요한 기본원리, 즉 ① "개인적인 것은 정치적인 것이다(The personal is political)", ② "치료가와 내담자와의 관계는 동등한 것으로 본다"를 소개하였다.

1994년 6월 3일 개최된 여성상담 심포지엄은 여성주의 상담의 구체적인 내용이 없던 한국사회에서 매우 중요한 의미를 가진다. 토론회 인사말에서 당시 '한국여성의전화' 대표였던 이문우 선생은 여성의전화는 여성의 인간화를 위한 올곧은 상담을 위해 1년에 2회씩 교육을 실시하였으며,

이 교육은 여성상담원을 배출하기 위한 여성중심상담(Feminist counseling) 이었다고 밝히고 있다. 또한 '여성상담 심포지엄'의 의의를 "그동안 여성중심상담의 이론이나 방법론이 명쾌하게 정리되지 못했고 기존 상담학의 이론을 여성상담학자들이 여성의 관점에서 적용, 활용해왔고 …… 여성중심 상담학자들이 전개해온 이론과 여성의전화 현장에서 상담을 하고 있는 상담가의 경험을 정리한다 ……"고 밝히고 있다.

심포지엄에서 김영애(서강대학교 강사)는 여성상담에 대한 이론적 배경과 방법론에서, 여성들이 남성중심사회에서 겪는 우울증, 히스테리, 의존성, 사회적 성공에 대한 두려움, 상호의존성 등 여성의 특징들을 다루었다. 특히 효 사상과 고부관계 등에 대해 언급하면서 한국적인 상황 속에서의 여성의 지위를 염두에 두었고, 여성주의적 입장에서 여성 내담자에 대한 이해에 관해 다루었다. 여성주의 상담과 여성주의 정체성 발달에 관한 일 연구에서 박애선(숙명여자대학교 강사)은 여성주의 상담의 원리와 함께 성역할 분석, 힘의 분석, 주장훈련, 의식향상집단, 계몽적 전략, 독서요법, 재구성, 재명명 등 여성주의 상담기법을 소개하고 있다.

특히 여성주의 정체성 발달에 대한 모델은 한국여성의전화가 여성주의 상담을 더욱 실체적으로 이해하는 데 도움을 주었다. 성차별의 문화와 종교적 관점에서 본 여성상담은 성공회대학교 신학대학 교수인 윤종모 교수가 발표했다. 윤종모 교수는 성폭력에 나타난 사회문화적 요소를 분석하고 유교, 불교, 기독교 등 종교에서의 성차별을 다루었다. 김명희(한국여성의전화 전문상담원)는 "여성성과 남성성 원리에 의한 쉼터 상담"이라는 제목으로, 여성성과 남성성 원리에 관한 설리번(Barbara Steven Sullivan)의 이론에 쉼터에서의 실제 사례를 적용하여 여성주의 상담을 설명하고 있다. 특히 우울증은 극복해야 할 증세가 아니라 성장과 진실된 자아를 가지고 오는 것이라고 보며, 병리를 다시 구성하도록 촉구하고 있다.

1997년 당시 인천여성의전화 회장이었던 김민예숙(현 춘해대학 교수)과 활동가들은 여성주의 상담을 연습할 수 있는 교재가 필요하다는 생각에

『여성주의 상담연습 교본』을 발간하였다. 『여성주의 상담연습 교본』은 공감, 경청, 명료화, 요약, 질문, 직면, 자기공개, 감정이해 등 상담의 기본원리를, 여성의전화 상담회원들이 실제 상담에서 만나는 문제들을 가지고 상담연습을 할 수 있도록 만들어진 것이다. 『여성주의 상담연습 교본』을 토대로 대구여성의전화는 2004년 『여성주의 상담 워크북』을 만들었다. 이 워크북은 여성주의 정체성의 발달척도와 여성주의 심리상담의 사례를 연극대본 형식으로 만들어 실제 사용할 수 있도록 만들어진 것이다.

여성주의 상담론을 심화하기 위한 한국여성의전화의 노력은 국제적인 활동으로도 이어졌다. 1998년 12월 10일 발간된 ≪여성의 눈으로≫[3] 12월호는 "여성주의 상담이론의 심화"라는 제목으로 여성주의 상담 국제회의를 다루고 있다. "한국사회에서 여성주의 상담이론의 논의와 이론적 연구의 토대를 제공했던 여성의전화는 15주년을 맞아 보다 심화된 여성주의 상담이론과 방법론을 체계화하려 하고 있다. 그에 따른 프로그램 기획을 모색하기 위해 아시아태평양지역 여성들과 함께 APWLD(Asia Pacific Forum on Women, Law and Development)를 개최하고, 한국여성의전화연합이 주관한 '페미니스트 카운슬링 워크숍'을 개최하였다"고 보고하고 있다. 이 워크숍에서 여성주의 상담의 현재, 아시아에서의 이론 적용시의 한계와 문제점, 여성주의 상담과 여성인권운동 등을 주제로 각국의 상담 현황과 문제점을 살펴보았다.

여성주의 상담에 관한 깊이 있는 연구는 서울여성의전화에서 더욱 심화된다. 서울여성의전화는 1998년에 여성주의 상담의 심화를 위해 슈퍼바이저를 여성주의적 의식이 강한 내부 인력으로 교체한다. 또한 같은 해 집단상담가 훈련 프로그램을 진행하기도 한다. 2003년에 만들어진 여성주의 상담 연구모임은 최소 8년에서 최대 20년까지 여성의전화에서 상담활동을 해온 핵심회원들로 구성되어 있으며, 여성주의 상담의 내용을 채우려고 노력하고 있다.

---

[3] 1995년 7월부터 현재까지 한국여성의전화, 한국여성의전화연합 소식지.

2. 여성주의 상담가의 교육과 훈련

여성의전화는 여성주의 상담의 원리를 실현하기 위해서 상담가들의 여성학적 인식과 여성주의 상담가로서의 교육과 훈련을 매우 중시하였다. 그것은 대부분의 여성들이 가부장적이고 성차별적인 우리 사회의 전통적인 성역할을 내면화하고 있기 때문이었다.

가부장적이고 성차별적인 현실에서 상담가가 여성주의적 자기정체성을 확장하고 실현하기는 매우 어려운 일이다. 여성주의자들은 성평등을 지향하는 자신의 내면과 성차별적인 사회 사이에서 치열한 투쟁을 계속한다. 그들은 사회적 인정을 기반으로 하는 전통적인 전제를 의심하고, 일상에 통용되는 통념에 도전하며, 비판적으로 독서한다.

현재 서울여성의전화의 여성주의 상담가를 키워내는 '여성상담 전문교육'은 34기째 교육생을 배출하였다. 이들은 서울여성의전화에서 여성주의 상담을 실천하여 개별 여성에 대한 지원과 성차별적 사회구조에 대한 다양한 방식의 도전을 시도하고 있다. 여기에서는 여성주의 상담가를 만들어내기 위한 상담원교육과 훈련과정, 슈퍼비전의 역사와 발전과정을 살펴보도록 하겠다.

1) 교육

(1) 상담원교육

1983년 3월 10일 여성의전화 준비위원회 회의록에 따르면 '상담준비요원 훈련과정'에 대한 보고가 있다. '상담준비요원 훈련과정' 강의는 1월 19일부터 2월 9일까지 네 차례에 걸쳐 이화수 박사의 강의로 이루어졌다. 교육내용은 "아내 학대의 임상학적 의미와 현실, 매 맞는 여성의 심리적 상태 및 삶에 미치는 영향, 때리는 자의 배경과 성격구조, 제도적·교육적 문제와 해결의 모색"이었다. 참가자 선정에서는 여성문제에 관한 의식 있는 30명을 추천하였다. 당시 회의록을 보면 상담원교육을 1차 여성문제,

2차 상담문제, 3차 재교육으로 나누어 여성의식화 교육, 상담에 관한 학습, 상담실습 등으로 진행하여 현재 이루어지고 있는 상담교육과 매우 비슷한 형태를 가지고 있었다.

1기 상담원교육은 1983년 4월 18일부터 6월 1일까지 경동교회 교육관에서 진행되었다. 교육은 4월 18일부터 5월 4일까지 이루어진 '상담원교육'과 5월 18일부터 6월 1일까지 진행된 '상담원 계속 교육'으로 진행되었다. 1기 상담원 교육생은 당시 '크리스천아카데미'의 사회교육을 받은 사람들이었다. 이들은 크리스천아카데미 사회교육의 교육생들로 이미 여성문제와 사회문제에 대한 기본적인 인식을 가지고 있었다. '크리스천아카데미'는 공문을 통해 크리스천아카데미 사회교육을 받은 이수생들에게 후속활동의 하나로 여성의전화 상담사업을 위한 상담원교육에 참여할 것을 제안하였다. 공문은 여성의전화는 여성이라는 이유로 차별받거나 가정에서 학대받는 여성들의 호소를 들어주고 문제해결을 도와주는 사업이며, 1983년 5월 말경에 개원을 앞두고 있는데, '크리스천아카데미' 교육생들이 이러한 여성의 인간화 운동에 참여할 것을 요청하고 있다.

1기 상담원 교육내용으로 여성운동의 실제와 여성의전화(손덕수, 여성의전화 이사), 상담원리 1·2(박성수, 서울대학교 교수), 공격, 폭행심리 및 행동의 이해(이화수, 크리스천아카데미), 정신건강 1·2(정동철, 신경정신과 의사), 상담의 실제 1·2(김호식), 상담사례 발표(정은복, 주부아카데미협의회 회장, 생명의전화 상담원), 자원봉사활동의 사회적 의미(김은경, YWCA), 여성의전화 운영의 실제(이계경, 여성의전화 총무)가 진행되었다. 후속으로 진행된 상담원 계속 교육 역시 '크리스천아카데미' 여성사회 이름으로 진행되었다. 상담원 계속 교육의 내용으로 가정폭행 일반에 관한 오리엔테이션(이화수 박사), 구타당하는 여성의 정신과적 문제(김광일, 한양대학교 교수), 경청의 기술(윤호균, 성심여자대학교 심리학과 교수), 알콜상습에 대한 이해와 예방(안성도 신부), 인간성장의 발달과정(한혜빈, 현 서울신학대학교 교수) 등 상담에 중점을 둔 교육이 이루어졌다.

2기 상담원교육은 1983년 8월 29일부터 10월 31일까지 매주 월·수요일 오후 1시에서 5시까지 진행되었다. 교육내용은 1기 교육과 비슷하였으나 강의가 1시간 30분, 참가자들의 토론이 2시간가량 진행되었다. 토론시간을 통해 교육생들의 강의내용에 대한 의견 개진과 자기 것으로 소화하기 위한 노력이 많았고, 가치관의 혼란 때문에 괴로워하는 교육생들도 많았다고 한다. 1984년 봄에 진행된 3기 상담원교육에서는 상담원들을 위한 자아인식표와 성격검사를 진행하여 상담원들의 자기인식을 강화하려고 했고, 숙박교육을 처음 실시하여 집단 프로그램과 분반토의로 집중적인 여성의식향상을 꾀하였다.

1984년 10월에 진행된 4기 상담원교육은 여성학을 중심으로 한 '여성학당' 강좌를 이수한 교육생과 관심 있는 사람들을 모아 교육을 진행하였다. 1기 여성학당은 1984년 9월 5일부터 11월 28일까지 매주 수요일에 진행되었으며, 4기 상담원 소양교육으로 여성학당을 수료한 교육생들은 상담참관 등 실제 상담을 할 수 있는 과정을 밟았다.

1기 여성학당 교육목표 및 운영방안 교과과정을 보면 교육목적은 "여성들로 하여금 가정과 사회 및 여성문제에 관한 인식과 자원봉사활동에 대한 이해를 통해 여성의 자기실현의 기회를 부여하여 사회에 참여케 한다"였다. 목표는 ① 여성의 자기개발과 자기실현, ② 민주적 인간관계와 인간이해, ③ 사회발전과 자원활동자의 역할, ④ 새로운 인간문화 창출이었다. 여성학당 교육의 목적과 목표는 상담원교육의 목표로 계속 채택되었다.

1987년 3월 17일부터 시작된 9기 여성학당 교육에서는 1기 여성학당의 교육목표들이 좀더 구체화되어 정리되었다. 9기 여성학당의 교육목적은 "자원활동을 통하여 사회에 참여하고자 하는 여성들에게 가정과 사회 및 여성문제에 대한 구체적인 인식과 상담에 필요한 제반 교육을 실시하여 자원활동자로서 개인은 물론 가정과 사회의 민주적 발전에 기여하도록 한다"였다. 교육의 기본 목표로는 ① 여성의 자기개발과 자아실현, ② 여성문제 및 사회 제반 문제에 대한 인식, ③ 민주적인 인간관계와 인간이해,

④ 여성문제 상담에 필요한 이론과 실제 학습, ⑤ 자원활동자로서의 의식 강화 등이 제시되었다.

여성의전화가 현재와 거의 비슷한 교육과정을 갖추게 된 것은 1984년 5기 상담원교육부터였다. 여성학적 관점과 상담이론이 접목된 상담원교육과 상담모의 실습과 참관을 중심으로 하는 전문교육으로 분화되었고, 이러한 맥락 속에서 여성상담가 교육이 진행되었다. 1985년 3월 30일 ≪베틀≫ 8호는 5기 상담원교육이 1차 과정(3월 18일~5월 22일)과 2차 과정(5월 31일~7월 8일), 숙박교육으로 나뉘어 진행되었다고 기록하고 있다. 3월 18일부터 5월 1일까지 7주간 진행된 1차 과정은 여성학적 인식을 중심으로 구성되었다.

과목은 여성과 자기개발(이화수, 크리스천아카데미), 여성문제의 본질(이미경, 현 국회의원), 민주적인 토의신행(김희선, 여성의전화 원장), 세계여성운동의 흐름(장필화, 이화여자대학교 교수), 여성심리(한명숙, 현 국회의원), 현대 사회와 가족(김주숙, 한신대학교 교수) 등으로 이루어져 있다. 5월 13일부터 6월 19일까지의 2차 과정은 5주의 과정으로 성격심리(안덕자), 가족심리(이장호), 부부갈등(정동철), 상담원리(박성수, 서울대학교 교수), 알콜중독·의처증(정동철 박사), 법과 여성(차명희), 위기상담(정태기 교수), 성장상담(이종헌 목사), 학대받는 여성의 정신과적 문제(김광일, 한양대학교 교수), 자원봉사활동의 사회적 의미(김희선, 여성의전화 원장) 등으로 이루어져 실제 상담에서 만날 수 있는 다양한 문제를 다루는 것을 중심으로 하였으며, 중간에 1박 2일의 숙박교육도 포함되어 있었다. 마지막 3차 과정은 6월 24일에서 7월 8일까지의 3주간으로 폭력, 외도 등 상담유형별 상담모의 실습과 상담참관 그리고 상담원 오리엔테이션과 자치회 구성들이 포함되어 있었다. 상담원교육 후 자치모임결성까지를 상담원교육의 내용에 포함시켰다.

2004년에 진행된 서울여성의전화 34기 '여성상담 전문교육'의 내용을 보면 여성과 인권, 한국 가족의 특성과 가족문제, 여성의 삶과 여성정책, 여성과 노동 현실, 우리 사회의 성과 성문화, 여성의전화와 여성운동, 가정폭력 실태와 대책, 성매매의 실태와 현황, 대책 등의 여성학적 부분과 여성주의 상담의 원리와 기법, 여성주의 가족치료, 외도 및 부부갈등 상담, 인간관계와 자기표현훈련 등 상담적 부분이 함께 구성되어 있다. 또한 법원 참관과 정대협 수요시위 참가, 여성관련 공청회 참가 등 구체적인 여성운동에의 참여가 교육과정에 포함되어 있다. 교육 후에 상담참관과 자치회구성 등도 이루어지고 있다.

(2) 학습모임

여성의전화는 상담원의 일상적인 여성의식향상을 위해 여성상담교육이 끝나면 기별 소모임을 결성토록 하였다. 최초의 기별 소모임은 1984년부터 시작되었다. 1984년 7월 30일 발행된 ≪베틀≫ 4호에는 소그룹 공부모임에 대한 소개글이 있다. 당시 소모임은 전문가들이 상담원들의 상담능력향상을 위해 만들었다고 볼 수 있다. ≪베틀≫은 상담원들의 자질향상을 위해 세 개의 공부모임이 만들어졌고, 각 그룹은 정동철 이사와 박성수 이사가 맡아 사례발표를 중심으로 진행되었다고 전하고 있다. 이렇게 전문가와 함께 하는 소모임은 이후 상담원 재교육과 자치모임으로 분화되어갔다.

기별 소모임은 자치적으로 운영되는 지지그룹으로서 여성학과 상담이론, 법률 등을 학습했다. 각 기별 소모임은 의식향상그룹으로 구성원들은 학습과 함께 각자가 경험한 성차별을 사회구조적 차원에서 분석하고 공유한다. 구성원들은 자신들이 겪는 현실의 여러 가지 문제의 해결을 위해 모임에서 함께 지혜를 모아 대책을 마련하기도 한다.

이 기별 학습소모임들을 통해 서울여성의전화 상담원들은 여성주의 상담가로의 자기정체성을 확인해간다. 소모임이라는 조직을 운영하면서 평등주의의 실현이라는 여성주의 상담의 기본 원리를 스스로 실현해보기도 하고, 여러 가지 학습을 통해 독서요법을 경험하기도 한다.

여성의전화의 소모임들은 창립 초기부터 강력한 여성학적 인식을 갖고 있었다. 1986년에 실시한 7기 여성학당 상담원교육의 권장도서목록을 보면『매 맞는 아내』(델 마틴 지음, 곽선숙 옮김),『여성의 사회의식』(이효재),『제2의 성』(시몬 드 보부아르),『성의 정치학』(케이트 밀레트),『신데렐라 콤플렉스』(코렛트 다우링) 등으로 현재 진행되고 있는 학습소모임과 매우 비슷한 교재를 선택했음을 알 수 있다. 최근 서울여성의전화 소모임에서 학습하는 교재들도『새 여성학 강의』(신경아 외),『나의 몸 나의 길』(린다 레드레이),『한국여성인권운동사』(한국여성의전화연합 엮음),『그 사랑은 자유가 아니었다』(르노 워커),『우리 속에 숨어 있는 힘』(미리암 그린스팬) 등으로 여성학, 여성운동, 아내폭력, 성폭력에 관련된 내용으로 채워져 있다.

(3) 상담원 재교육
여성의전화는 각 기별 학습모임뿐 아니라 상담원 재교육을 통해 지속적인 여성주의 의식의 향상과 여성주의 상담가의 자기정체성을 강화하고 있다.
재교육은 여성주의적 관점을 강화, 상담자 각자의 가치관에 대한 점검, 상담기법학습 등을 목표로 1년에 1~2회 진행되고 있다. 상담원 재교육의 내용은 사회인식, 여성운동, 법률, 상담이론 등 상담에 필요한 실질적인 지식과 여성의식화의 강화 등이 중심을 이룬다.
최초의 상담원 재교육은 '전문상담원훈련'이라는 이름으로, 1984년 10월 22~23일에 주부와 사회, 상담원의 사명감, 법률문제 등 상담에 직접 필요한 내용을 중심으로 강의가 이루어졌다. 1986년 2월 28일 발행된 ≪베틀≫ 12호는 상담원 장기 재교육 및 숙박교육, 상담원들에게 정기적으로 실시하는 재교육이 강화되었다고 전하고 있다. 특별히 이 재교육 실시의 이유를 "상담원들에게 여성문제에 대한 의식을 심화하게 하고, 상담이론을 체계적으로 보강토록 하여 여성상담에 대한 질적 향상을 기하기 위함"이라고 정리하고 있다. 또한 같은 해 6월 10일 발간된 ≪베틀≫ 14호에는 1986년 2차 상담원 재교육이 5월 23일, 24일에 2층 강당에서 실시되어 상담원 60여 명이 참석했으며, 교육내용은 여성상담의 이론적 배경 및 실제에 관한 정소영 교수(이화여자대학교)의 강의 등으로 이루어졌다고 보고하고 있다. 여성의전화는 이 두 차례의 상담원 재교육을 진행하면서 자기상담의 정체성을 '여성상담'이라고 칭하기 시작한 것으로 보인다.

여성의전화의 상담원 재교육은 매해 꾸준히 이루어졌으며, 이를 통해 상담가들은 여성주의 상담가라는 자기정체성을 강화하고 상담에 필요한 기술을 습득했다. 여성의전화는 여성문제의 본질을 성별화된 사회구조로 보았으며, 이에 대한 인식을 높이는 작업을 재교육을 통해 진행했다. 2004년 9월에 실시된 서울여성의전화의 상담원 재교육 내용을 보면 "여성주의 상담가의 자기정체성(이문자, 서울여성의전화 여성인권상담소 소장), 상담일지 작성(김혜경, 서울여성의전화 여성인권상담소 팀장), 제도화와 여성운동(윤정숙, 한국여성민우회 공동대표), 갈등중재훈련(박수선, 평화여성회)"으로 여성주의 상담의 강화와 현 시기 여성운동의 당면 문제를 다루어, 개인적인 문제를 정치적으로 해석하는 여성주의적 관점의 강화와 여성문제를 사회적으로 해결하기 위한 여성운동과제를 위해 재교육을 진행하였음을 알 수 있다.

2) 훈련

(1) 슈퍼비전

'여성의전화'는 창립 초기부터 상담가의 여성주의적 관점을 매우 중요시하였다. 따라서 여성의전화는 창립 초기부터 다양한 방식의 슈퍼비전을 진행하였는데, 어떤 방식의 슈퍼비전이든 슈퍼비전의 핵심내용은 성역할 고정관념에 대한 도전, 내담자를 지지하고 비난하지 않기, 문제를 내담자 개인의 내적인 문제로 바라보지 않고 문제의 본질인 성차별적인 사회구조를 보도록 하는 것에 초점을 두었다. 이는 일반상담에서 상담자는 가치중립적이어야 한다는 신념과는 상반되는 것으로, 전통상담 역시 여성들을 기존의 사회구조와 현실에 적응하도록 돕는데 그것이 어떻게 중립적인가 하는 의문과 맥을 같이 한다.

현재 서울여성의전화는 여성주의 상담가가 여성주의 상담의 원리에 입각한 상담을 할 수 있도록 하기 위해 한 달에 한 번씩 축어록 슈퍼비전을 실시하고 있다.

'여성의전화'는 창립시 이미 훈련된 상담원을 확보하고 있었고 상담관련 전문가가 이사로 포진되어 있어 전통상담방식의 슈퍼비전이 가능했다. 초기 활동한 상담원들의 말을 빌리면, 사례연구의 경우 법률적인 내용을 다룰 때는 상담원이 자기가 상담받은 내담자의 인적사항, 호소내용 등을 간단히 기록하여 슈퍼비전을 받았다고 한다. 상담내용은 축어록으로 슈퍼비전을 받았는데, 상남내용 중 상담원의 상담내용이 문제가 된 경우도 있었다. 당시 여성의전화를 도와준 교수들은 모두 상담의 전문가였고 전통상담으로 훈련받았으나 성역할 고정관념이나 성차별적 인식은 적었다고 한다. 이처럼 전통상담의 전문가들이었기 때문에 슈퍼비전 역시 전통상담의 방식을 차용하였다.

최초의 슈퍼비전에 관한 내용은 1983년 10월 1일 발행된 ≪베틀≫ 창간호에 나타난다. 창간호에 따르면 6월 23일과 7월 5일 두 번에 걸쳐 경동교회에서 이은영 교수(외국어대학교 법대 교수)와 차명희 선생(가정법률상담소 간사)과 함께 이혼문의에 대한 상담요령, 이혼법에 대한 구체적인 지식 등이 토의되었다고 기록되어 있다. 1983년 12월 10일 발행된 ≪베틀≫ 2호는 10월 21일, 11월 1일, 11월 15일 세 번에 걸친 사례발표회를 가졌고 이화수 박사, 정동철 박사(정신신경과), 차명희 씨(가정법률사무소 간사)의 논평이 있었다고 전하고 있다.

사례연구 소모임은 이후 상담원 자체 소모임인 학습모임으로 변화해 여성학적 인식을 높이는 학습 중심으로 운영되었다. 이러한 사례연구모임과 사례발표회는 계속 이어지지 못했고, 1988년에 와서는 상담일지를 상담

실무자가 보고 문제점을 지적해주는 상담일지 슈퍼비전 방식으로 슈퍼비전을 대신했다.

상담회원이 다른 상담회원들과 함께 정기적으로 상담내용을 모두 녹음하여 축어록으로 푼 것을 슈퍼바이저에게 슈퍼비전을 받는 방식으로 진행한 것은 1995년부터였다. 슈퍼바이저는 심흥섭(서강대학교 강사), 윤종모(성공회대학교 신학대 교수), 박애선(숙명여자대학교 강사), 문은희(연세대학교 강사), 김영애(현 가족상담연구소 소장) 등이었다. 같은 해 12월 한국여성의전화는 '슈퍼바이저 간담회'를 열어 상담내용을 평가하고 상담의 질적 강화를 위해 슈퍼바이저들에게 부족한 부분에 대한 조언을 들었다. 이렇게 외부 전문가들을 통한 상담 슈퍼비전은 1998년까지 계속되다가 내부 상담회원들의 상담역량의 축적과 여성학에 기초한 강력한 여성주의적 관점에 의한 문제제기로 인해 슈퍼바이저가 교체된다. 서울여성의전화는 서울여성의전화에서 교육받고 훈련받았을 뿐 아니라 외부에서 전문적 과정을 쌓아 여성주의적 슈퍼비전이 가능한 김계정, 황경숙, 김명희, 이문자, 배인숙, 이미혜 등을 슈퍼바이저로 위촉한다.

한국여성의전화연합은 각 지부의 여성주의 상담을 강화하기 위해 1999년 전국 지부를 대상으로 '여성주의 상담 워크숍'을 진행하였다. 1999년 6월 30일부터 7월 2일까지 2박 3일간 진행된 워크숍에서는 여성주의 상담이론의 개념, 원리와 과정, 내담자와 상담자에 대한 강의를 김민예숙 선생이 진행했다. 여성주의 상담 방법론으로 박애선 선생이 현실요법에 대해 소개했고, 가정폭력과 성폭력 상담에 대한 슈퍼비전을 강의했다. 이 워크숍의 성과를 2000년 「총회보고서」는 "…… 피상적으로만 인식하고 있던 여성주의 상담에 관해서 명확히 정리하는 시간이 되었고 …… 참가자들의 여성주의 상담 능력을 배양하는 데 실질적인 도움이 되었다"고 평가하고 있다. 한국여성의전화연합은 여성주의 상담의 이론을 각 지부에 전파할 뿐 아니라 여성주의적 관점의 슈퍼비전을 위해 2001년 '지역 여성주의 상담 지도자 워크숍'을 개최한다. 2001년 ≪여성의 눈으로≫ 9, 10월

호는 "지역여성주의 상담지도자 워크숍이 9월 19일부터 21일까지 2박 3일간 진행되었다. 워크숍은 각 지부의 상담경력이 3년 이상 되는 전문상담원을 대상으로, 여성주의 철학을 토대로, 여성주의 상담의 원리를 체화시켜낼 수 있는 훈련을 목적으로 하고 있다. 교육내용은 여성주의 상담이란 무엇인가(황경숙, 서울여성의전화 전문상담원), 슈퍼비전이란 무엇인가(배인숙, 한국여성의전화연합 가정폭력추방운동센터장), 여성운동과 여성주의 상담(구훈모, 한국여성의전화연합 이사)과 쿤달리니 명상무(이영이, 성신여자대학교 강사), 여성주의 사이코드라마(이경희, 창원여성의전화 회장)와 상담사례 슈퍼비전 등이며 참가자들은 지부에 돌아가 전달교육을 해야 한다"고 전하고 있다.

(2) 사회참여

여성의전화는 여성억압의 원인을 성차별적인 가부장제 사회구조에서 찾았고, 개인의 적응이 아닌 사회구조의 변화가 상담의 기본 입장이었다. 이러한 여성주의 상담의 입장은 여성의전화 창립 초기부터 회원들에게 사회에 대한 관심과 참여를 독려했다. 이는 여성주의 상담가의 자기정체성에서 최고의 수준인 '참여'를 요청하는 것이기도 했다.

여성의전화 여성주의 상담가들은 창립 초기부터 '사회민주화'라는 시대적 사명에 복무하였다. 1987년 여성의전화 상담원들은 최루탄추방운동과 민주화운동에 참여하였다. 당시 이 활동에 참여했던 6기 상담원 은희주 서울여성의전화 상담회원은 다음과 같이 술회하고 있다. "그때는 누구든지 민주화운동에 참여했어. 우리는 전경들에게 꽃을 달아줬지. 애들이 무척 쑥스러워 하드만." 이렇게 여성의전화는 일반회원까지 사회민주화라는 문제에 참여하였다. 또한 여성의전화는 공연단을 조직해 여러 대학에 초청공연을 가기도 했는데, 그 내용은 여성차별의 현실과 사회민주화를 위한 것이었다. 또한 회원들은 각종 인권사안 지원을 위해 전국을 돌아다녔다. 결혼퇴직을 강요당한 주소녀 씨 사건 해결을 위해 대전까지 가 선전활동을 하기도 하고, 강간범의 혀를 깨물어 과잉방어로 구속된 변월수 씨 사건 해결을 위해 대구를 수시로 내려가기도 했다.

여성의전화의 이러한 강한 운동성은 때로는 상담의 전문성과 부딪히면서 조직 내에 여성의전화 정체성에 대한 논란을 일으키기도 하였다. 1990년 이후 사회운동의 다양화 전문화 경향과 함께 여성의전화의 사회참여 역시 여성운동에 집중하는 방식으로 전환된다. 1991년부터 시작된 '세계 여성폭력추방주간'에 문화행사를 개최한 것과 성폭력특별법과 가정폭력방지법에 대한 적극적인 참여가 그 한 예이다. 최근 서울여성의전화는 한국여성의전화연합과 분리하면서 화두로 삼았던 지역운동을 활성화하기 위해 회원들과 함께 지역여성정책 모니터링과 성문화축제, 지역여성들에 대한 재산권교육 등 여성의 재산권확보를 위한 운동 등으로 여성주의적 실천을 더욱 확대해나가고 있다.

3. 여성의전화 상담에 나타난 여성주의 관점과 여성운동

여성의전화는 한국사회에서 최초로 여성에 대한 폭력 문제를 사회에 제기하였다. 여성의전화의 상담 흐름에 대해 서울여성의전화 관계자들은 "여성의전화는 시대의 문제를 다루었다"고 회고했다. 여성의전화는 아내구타 상담으로부터 출발하여 성폭력, 외도, 시집갈등, 미혼여성문제, 여성노동권, 여성의 재산권 문제 등 가부장제사회의 성차별로 인해 발생하는 여성에 대한 신체적·심리적·성적 폭력 등을 다루었다.

여성의전화는 각 상담에 대한 지침을 만들어 여성주의 상담의 구체적인 내용을 채워갔다. 1992년 이전부터 갖추었던 아내구타, 외도, 시집갈등 등의 상담지침에 여성주의적 관점이 잘 나타나 있다. 각 상담유형에 대한 지침들은 단일한 체계로 정리되지는 않았지만 상담지침을 통해 어떤 유형의 상담에 대해서도 여성주의적 상담을 가능케 했다. 각 상담지침들은 각 문제에 대한 사회구조분석에 입각한 '개인적인 것은 정치적인 것이다'와 '여성적 연대', '여성의 독립적 인격체화'라는 여성주의적 관점으로 각 문제를 해결해가는 과정에서 정립되었다.

≪베틀≫, ≪여성의 눈으로≫, ≪여성 그 당당한 이름으로≫[4] 등 여성의전화 소식지에 나타난 상담실 소식과 발간된 자료집을 중심으로 상담내용과 여성의전화의 여성주의적 입장을 살펴보겠다.

1) 상담에 나타난 여성주의적 관점

(1) 아내에 대한 폭력

'여성의전화'는 1983년 6월에 창립하면서부터 남편의 아내에 대한 폭력 문제로 상담을 시작했다. 여성의전화는 아내구타는 가부장사회에서 남성에 의한 여성에 대한 폭력이며, 나의 잘못이 아니라 상대의 잘못이고, 참아서 해결되지 않으며, 위급한 경우에 피할 수 있도록 비상꾸러미를 준비할 것과 비상연락처를 마련할 것을 알리고 있다.

여성의전화는 아내에 대한 폭력에 대해 1983년 10월 5일에 열린 "제1회 공개토론회 아내구타의 현황과 그 영향"에서 아내폭력에 대한 입장을 밝히고 있다. 여성의전화는 아내폭력의 광범위한 발생과 심각성을 기술하며, 아내폭력의 원인을 ① 전통적인 가부장제도가 남편들로 하여금 아내에 대한 소유의식을 갖게 하고 마음대로 해도 괜찮다는 식으로 생각하기 때문이며, ② 남의 집안싸움은 간섭하지 않는다는 금기, ③ 사회 전반에 만연되어 있는 성차별의식으로 여자니까 무조건 참아야 한다는 잘못된 의식 때문이라고 규정하고 있다.

아내폭력에 대한 이러한 입장은 상담에도 그대로 나타나 있다. 1985년과 1986년에 발간된 『상담원 사례집』 1권과 2권을 보면, 아내에 대한 폭력의 본질과 그 대처방법을 제시하고 있다. 또한 내담자를 지지하여 여성

---

4) ≪여성 그 당당한 이름으로≫. 1998년 1월부터 현재까지 서울여성의전화 소식지.

에게 힘을 갖도록 하고 있다.

『상담원 사례집 1』을 보면, 사우디아라비아에서 돌아온 남편이 갑자기 아이들을 때리기 시작하고 난폭해지자 상담을 요청해온 내담자에게, 절대로 폭력을 인정해서는 안 되고 당신은 잘할 수 있다고 격려하고 있다. 또 다른 상담에서는 폭력피해여성이 자녀들을 위해 참고 살았는데 자녀들이 자신을 무시하며 반항한다고 하소연하자, 폭행을 고칠 수 없다면 자녀교육상 오히려 이혼하는 것이 더 바람직하다는 의견을 개진하고 있다.

1986년에 발간된 『상담원 사례집 2』에는 『상담원 사례집 1』이 상담사례만을 다룬 것에 비해 1985년 5월부터 1986년 4월까지의 상담통계가 실려 있다. 전체 상담건수는 3,244건이고, 구타상담은 843건으로 전체의 25.99%, 외도상담은 29.23%를 차지했다. 상담내용은 성격차이, 시부모와의 갈등, 배우자의 경제적 무능력, 과음, 도박, 미혼여성의 결혼문제, 직장상사의 성폭력, 강간, 주부들의 취업상담 등 전반적인 여성문제를 다루었다. 이 통계는 "1985년 4월부터 면접상담을 실시한 결과 면접상담을 통해 피해자들의 피해사실을 직접 확인할 수 있었고, 여성들의 90% 이상이 여성휴식처를 원한다는 사실을 확인하였다"고 보고하고 있다.

남편의 폭력 사례로는, 남편이 집주인과 간통했다고 고백할 것을 강요해 극심한 폭력 때문에 거짓 진술을 한 내담자의 경우를 소개하며 "구타에서 벗어나기 위해 무엇을 해야 하나"라는 질문을 던지고 있다. 상담자는 "① 내담자가 당하는 일은 결코 내담자 혼자만이 당하는 일이 아니며, 그런 처지에 있는 사람이 많이 있다는 것을 알려주고, ② 부당한 것은 자신이 참음으로써 해결되는 것이 아니고 주위의 도움을 받아 적극 대처해야 하며, ③ 그러한 가정생활에서 자란 자녀들 때문이라면 더욱 과감히 남편과의 문제를 해결해야 한다. ④ 남편과 자식에게만 자기의 모든 생의 목표를 두는 것을 지양해야 하며, ⑤ 무엇보다 중요한 것은 진정한 자존심을 갖는 것이다 …… 화목과 가정의 평화를 단순히 조용한 가정으로 오해하는 일은 없어야 한다. 가족구성원들이 평등한 인격으로 각자 소임은 다르더라도 대등한 만족감을 누리는 것이 화목과 평화의 조건이 된다 …… 가정과 사회의 모든 측면에서 민주적인 상호존중 사조가 형성되지 않고서는 평화와 화목은 희생을 먹고 사는 야수만의 것이 될 수밖에 없다"며 아내폭력에 대한 확실한 여성주의적 관점과 방법을 제시하고 있다.

1987년 6월에 발간된 개원 4주년 기념보고서 「남녀결합의 불평등구조: 1986년도 상담사례를 중심으로」에는 구타와 외도 등 가족관련 상담을 중심으로 여성의전화의 상담을 통계분석하였다. 이 자료집에서는 폭력의 실태와 결혼의 배경을 다음과 같이 네 가지로 정리하였다.

① 결혼의 동기로서의 '사랑'은, 중매 등의 경우보다 '사랑'해서 한 결혼의 경우 오히려 구타와 외도가 높게 나타나고 있다. 이것은 ㉠ 여성과 남성의 비대칭적 사랑의 개념이 그대로 결혼으로 이어진 것이며, ㉡ 결혼이라는 사회적 행위를 충족시킬 수 있는 자질과 의지를 갖추어야 한다. ② 여성의 생존수단으로서의 결혼은, 여성에게 결혼 이외의 다른 삶의 대안이 주어지지 않은 성역할 고정관념이 여성들을 어떤 형태로든 결혼의 테두리로 몰아넣는 결혼관 때문이다. ③ 외도와 미혼여성의 혼전 성관계에 대한 것은, 남성에게는 혼외의 성적 자유가 용인되는 반면 여성에게는 순결유지를 요구하는 이중 성윤리 때문이다. ④ 폭력남편의 성장배경을 보면 폭력남편은 폭력가정에서 배출되며, 실업 및 성역할 고정관념과 같은 사회적 요인도 남편의 폭력화에 영향을 미친다.

여성의전화의 아내폭력에 대한 여성주의적 관점은 가정폭력에 관한 소책자에 그대로 녹아들어 가정폭력에 대한 통념과 원인과 대책으로 정리되어 가정폭력방지법 운동의 내용을 제공했다.

(2) 강간과 직장 내 성폭력

'여성의전화'는 창립 초기부터 직장 내 성폭력문제와 강간문제를 다루었다. 민경자는 『한국여성인권운동사』의 성폭력 여성운동사에서 "여성의전화는 당시 성폭력이란 용어가 일반인에게 생소할 때, 일상생활에서 여성에게 가해지는 각종 폭력을 성폭력으로 개념화하면서 스스로를 성폭력 추방운동단체로 규정하고 여성에 대한 각종 폭력에 저항하였다"고 밝히고 있다. 1985년 5월 발행된 ≪베틀≫ 9호에는 "성폭력, 누구의 문제인가?"라는 제목으로 성폭력문제에 대한 여성의전화의 입장이 실려 있다. 당시 김희선 원장은 성폭력이 계속 증가되는 원인을 ① 가부장제 문화 속에서의 뿌리 깊은 여성의 비인간화, ② 성의 상품화로 보았다. 이 칼럼은 이중적 성윤리로는 어쩔 수 없이 강간당한 여성이 자살하는 것이 정조관념이 투철한 것으로 치부되는 현상이 사라지지 않을 뿐 아니라 이른바 가정파괴범에 의한 절도도 더 늘어날 수밖에 없다며 '여성의전화'가 성폭력 해결을 위해 노력할 것을 다짐하고 있다.

1985년에 발간된 『상담원 사례집 1』에는 직장상사에게 성폭력을 당한 내담자가 상대의 협박과 직장을 다녀야만 하는 가정형편 때문에 계속적으로 성폭력을 당하게 되는 것을 호소하는 상담, 아는 청년에게 강간당한 후 성관계 지속으로 괴로워하는 여성들의 문제가 실려 있다. 1985년 8월 30일 ≪베틀≫ 10호의 상담실 소식에는 통금위반에 걸린 남자친구의 문제로 광명2동 광복 파출소를 찾아간 한 소녀에게 50대의 파출소소장이 "남자관계는 몇 살 때부터 했느냐?", "유방이 짝짝이인데 그 남자가 물어뜯더냐?", "작은 왼쪽 젖을 손가락으로 눌러봐라"며 언어적 성희롱을 한 것을 다루고 있다.

여성의전화는 계속되는 성폭력문제와 만나며 성폭력 간담회를 개최한다. 1985년 9월 26일에 여성의전화 사무실에서 사무직·생산직 여성, 학생 등 30여 명이 참석한 가운데 '성폭력 간담회'를 개최했다. 간담회에서 여성의전화는 성폭력을 "여성에 대한 차별이 폭력적으로 나타난 것으로, 즉 여성을 경시하는 말, 여성에 대한 희롱, 강제적 성관계, 물리적 구타"로 정의하였다. 민경자는 성폭력 여성운동사에서 이 간담회에 대해 "공식적으로 성폭력문제를 거론한 우리 사회 최초의 회의였을 뿐 아니라 처음으로 성폭력에 대한 개념정의를 다루었다는 점에서 역사적으로 의미 있는 회의였다"고 평가하고 있다.

1986년 2월 28일 ≪베틀≫ 12호는 여성에게 가해지는 성폭력과 직장 내 문제 등에 대한 해결을 위해 '여성문제 고발창구'가 개설되었음을 보도하고 있다. ≪베틀≫은 '여성문제 고발창구'의 목적을 "…… 사회 각 부문에서 여성들에게 가해지는 성폭력과 직장 내 문제들을 사회에 고발하고 여론화시켜 여성들의 비인간화를 강요하는 사회구조적 원인들을 제거함으로 여성운동의 일익을 담당하는 데 있다"고 밝히고 있다. 여성문제 고발창구가 설치되면서 여성의전화는 직장 내 여성차별과 성폭력문제를 집중적으로 다루게 되었다.

1986년에 발행된 『상담원 사례집 2』에서는 성폭력문제에 대해 "미혼여성들의 성폭력문제는 상담도 중요하지만 성폭력이 발생하지 않는 사회적 분위기를 만드는 것이 더욱 본질적이라고 하겠다"라며 성폭력 발생원인을 사회적 차원으로 두고 있음을 알 수 있다. 이러한 맥락에서 여성의전화는 성폭력에 대한 대책으로 "…… 공개토론회와 대중홍보 등을 통해 사회적 여론을 환기시켜야 하며, 예방적 차원에서의 미혼여성교육, 호신술교육 등이 필요하겠다"고 제안하고 있다. 1987년에 발간된 『성폭력자료집』은 강간 등 성폭력문제에 대한 상담이 증가하고 있다고 밝히고 있다. 사례집은 강간의 원인을 ① 여성을 남성의 소유물로 보는 전통적 관념, ② 사회적으로 불평등한 남녀관계와 성역할 고정관념, ③ 이중적 성윤리로 보고 있다. 또한 강간의 문제점으로 피해사실이 은폐된다는 것을 들고 있고, 강간은 성적 행위가 아니라 폭력이라고 정의하고 있다.

1988년 여성의전화는 영생애육원 사건과 변월수 씨 사건을 통해 성폭력에 대한 새로운 문제제기를 시작한다. 복지시설인 영생애육원에서 수년간 지속되어온 전도사와 목사에 의한 원생들에 대한 집단성추행과 강간은 한국 최초로 복지기관에 대한 성폭력문제로 기록되고 있다. 이 사건을 통해 여성의전화는 어린이 성폭력 문제를 드러냈으며, 이를 통해 여아의 인권에 대한 관심이 시작되었다. 또한 피해자의 고소가 없어 어린 피해자를 강간한 원장을 처벌하지 못하면서 법률의 한계점이 드러나기도 했다. 강간범의 혀를 깨물어 과잉방어로 구속되었다가 2심에서 무죄를 선고받은 변월수 씨 사건은 성폭력에 대한 재판부의 통념을 드러내며 성폭력 피해여성의 정당방위에 대한 사회적 관심과 논쟁을 이끌어냈다.

1989년 9월 발행된 ≪베틀≫ 41호와 1989년 10월에 발행된 ≪베틀≫ 42호의 상담실 소식에는 "상담을 통해 본 강간"이라는 제목으로 강간의 유형분석과 실태, 원인, 대책 등을 싣고 있다.

여성의전화는 강간의 유형을 ① 남성의 결혼수단으로의 강간, ② 직장여성의 상사나 동료에 의한 강간, ③ 친인척에 의한 강간, ④ 급작스러운 강간으로 나누었다. 강간의 특성으로는 ① 아는 사람에 의한 강간이 많다, ② 뿌리 깊은 순결의식으로 인해 신체적 손상뿐 아니라 심리적 손상이 심각하다, ③ 강간으로 결혼한 경우 결혼 후 남편의 구타나 외도 및 남편의 폭력에 적극적으로 대응을 하지 못하는 모습을 보인다로 정리하였다. 또한 강간의 성격에 대해 "…… 강간은 도덕에 관한 범죄, 성적 범죄가 아닌 인간의 존엄성을 파괴하고 생명을 파괴할 수도 있는 폭력이다 …… 흔히 강간은 피해자가 가해자의 성적 충동을 유발하여 낯선 사람에게 급작스레 당하는 것이라는 강간에 대한 신화는 오히려 피해자가 죄인이 되는 사회통념을 강화시켰다 …… 재판과정에서 다른 범죄의 심리와는 달리 강간범죄에서는 가해자가 어떻게 범죄를 저질렀나보다는 피해여성의 저항 정도가 어떠했는가 ……"라는 요즘 일반적으로 통용되는 강간에 대한 정의를 담고 있다.

1990년대 후반에 들어서면서부터 인터넷의 광범위한 활용이 시작되었다. 이와 함께 인터넷의 특성 중 하나인 익명성을 이용한 언어폭력과 성폭력 등 사이버 성폭력의 문제가 주요한 사회문제로 대두되었다. 한국여성의전화연합은 사이버 성폭력을 여성의 정보접근권에 대한 침해이며, 이는 곧 정보화사회에서 여성소외를 불러오는 인권침해라고 규정하였다. 한국여성의전화연합은 사이버 성폭력에 대한 대책으로 2000년부터 사이버 성폭력 상담원교육을 진행하기도 하였다.

(3) 남편의 외도

여성의전화는 남편의 외도에 대해 "남편의 잘못이지 나의 잘못이 아니며 상대 여자의 잘못도 아니니 상대 여자를 만나지 말 것"을 강조하며 외도가 이중적 성윤리에 의해 발생하고 있다고 밝히고 있다. 외도에 대한 대책으로는 남편이 돌아오도록 하는 것에 집중할 것이 아니라 자신에게 관심을 집중하도록 하였다. 1984년 5월 발행된 ≪베틀≫ 3호에는 "한국 여성을 괴롭히는 것 — 외도"라는 제목의 칼럼이 실려 있다. 이 글에서 손덕수(중앙대학교 강사, 여성의전화 이사)는 외도는 정신적 학대의 변종이라고 말하고 있다. 손덕수는 몇 가지 처방에서 ① 여성교육은 자율성과 독립성을 지향토록 해야 하며, ② 여성의 가사노동과 육아임금노동에 대한 법적·경제적 대가가 어떤 식으로든 보장, 지불되어야 하고, ③ 여성과 인간적으로 대등하게 교제할 수 있는 다원적 인간관계의 풍조가 이루어져야 하며, ④ 일부일처제 결혼의 제도적 모순점이 근본적으로 연구되어야 한다는 당시로서는 급진적인 의견을 피력하였다.

1986년에 발간된 『상담원 사례집 2』에서는 장사를 하는 남편이 종업원과 외도를 해서 집을 얻어주고 살림까지 차린 것에 의한 정신적 고통과 경제적 곤란을 호소하는 여성에 대해, 상담자는 여성 자신이 보다 능동적인 처신을 할 수 있는 경제적 평등권의 획득과 정신적 자립을 위해 의식강화를 해나가야 한다는 의견을 제시하고 있다. 이러한 입장은 서울여성의전화의 남편의 외도 문제에 대한 기본 입장으로 정리되어 있다.

(4) 직장 내 여성 폭력과 차별

1987년 6월 발간된 『성폭력자료집』은 1986년부터 운영해온 '여성문제 고발창구'를 통해 들어온 강간과 직장 내 여성 폭력과 차별 사례 등을 다루고 있다. 사례집은 ① 결혼퇴직 강요, ② 강간, ③ 생존권 탄압으로서의 성폭력, ④ 직장 내 성차별, ⑤ 공권력에 의한 성폭력, ⑥ '여성의전화 여

'성문제 고발창구' 상담현황 등으로 이루어져 있다.

결혼퇴직문제를 최초로 제기한 대한투자신탁의 주소녀 씨 사건은 1986년 1월 31일 주소녀 씨가 여성의전화에 결혼퇴직강요 문제를 상담하면서 시작됐다. 주소녀 씨가 부당 전직된 대전까지 쫓아 내려가 항의전단을 돌리는 등 여성의전화의 끈질긴 투쟁 끝에 결국 이 사건은 1년여 만에 여성의전화와 여성단체연합의 승리로 끝났다.

여성의전화는 1985년 발생한 KBS 박성혜 씨 사건을 시작으로 직장 내 폭력문제를 다루었다. 박성혜 씨는 1985년 12월 21일 호소문을 가지고 여성의전화에 상담했다. 이에 여성의전화는 1985년 12월 23일과 27일 KBS 본사에 박성혜 씨에 대한 올바른 처리를 촉구하는 공문을 발송했다. 이 사건은 KBS 시청료 징수원인 박성혜 씨가 부정을 저지른 동료의 문제를 제기하자 소장과 직원들이 박성혜 씨에게 욕설과 폭행을 한 사건이었다. 이 사건은 당시 언론에 대한 불신을 타고 KBS 시청료 거부운동으로 이어졌다. 1986년 1월 13일 각 인권단체와 여성단체는 "이래도 시청료를 내야 합니까"라는 전단을 뿌리며 KBS 시청료 거부운동을 본격화하였다. 그 후 박성혜 씨 사건은 1986년 2월 6일과 10일에 관리본부장과 징수부장이 '여성의전화'에 찾아와 박성혜 씨와 여성단체의 요구가 관철되면서 해결되었다. 이후로도 여성의전화는 계속해서 직장 내 여성폭력 문제를 지원하였다. 이 외에도 여성의전화는 1990년에 발생한 파리바은행 박현옥 씨 폭행사건 등 직장 내 여성폭력문제를 지속적으로 다루어왔다. 2000년 한국여성의전화연합은 한국여성민우회, 한국여성노동자협의회와 함께 '직장 내 여성에 대한 폭언·폭행 실태와 대책마련을 위한 토론회'를 개최하기도 했다.

(5) 시집갈등과 다양한 여성문제

결혼이 당사자간의 결합이 아닌 집안간의 결합이 되는 우리 사회의 특수한 결혼관계가 가져오는 시집갈등이 여성의전화의 또 하나의 상담유형으로 자리 잡고 있다. 최근 들어 시집갈등 사례가 많이 줄어들고 있지만 전통적인 효 사상과 가부장적인 가족관은 여전히 시집갈등을 초래하고 있다. 여성의전화는 혼수나 시어머니와의 갈등 등을 기존의 고부(姑婦)갈등이라고 부르던 것에서 시집갈등으로 바꾸어야 한다고 주장하고 있다. 시집갈등은 시어머니와 며느리가 개인적으로 문제가 있어서 발생하는 갈등이 아니라, 가부장적 가족구조 안에 여성이 편입되면서 발생하는 것이라고 정리하고 있다.

서울여성의전화의 상담사례에 따르면 갈등의 대상도 시어머니에 한정되어 있지 않고 시아버지나 시동생과 시누이 등 시집의 가족구성원 모두인 것으로 나타나 있다. 시어머니가 시집식구의 대표로 며느리와의 갈등을 겪는 것은 시어머니의 개인적인 인간성의 문제가 아니라는 것이다. 시어머니의 문제는 가부장적인 가족구조에서 아들, 남성을 중심으로 가계를 잇도록 하는 것 때문이다. 또한 여성의 존재가치이며 생존조건으로 이야기된 아들의 존재에 대한 사회학적 분석을 하고 있다.

여성의전화는 여성에 대한 폭력문제뿐 아니라 여성의 경제적 독립, 여성의 가사노동, 부부간의 성문제, 재산분할청구권 등 다양한 여성문제를 다루어왔다. 따라서 그 모든 상담을 망라하는 여성학적인 인식과 각 상담에 대한 여성주의적 관점이 필수적이었다.

1986년에 발간된 『상담원 사례집 2』에는 딸의 결혼을 반대하는 어머니를 상담한 사례가 실려 있다. 내담자는 서울대학교를 졸업한 딸이 가난하고 학벌도 볼 게 없고 직장도 변변치 않은 홀어머니의 맏아들인 남자와 결혼하려는 것을 결사적으로 반대하고 있는데, 이 어머니를 상담한 상담자의 자기성찰은 매우 냉철하다. 상담자는 내담자가 딸의 결혼을 마치 자신의 결혼으로 생각하고, 젊어서 수절하며 훌륭히 키운 자녀들에 대한 보상심리를 갖고 있다는 것을 알고 있었다. 상담자는 내담자의 의견에 일면 동조했던 자신을 여성주의적 입장에서 적나라하게 평가하고 있다. 상담자는 자신의 상담을 객관화시키며 내담자에 동조하고 여성주의적 관점의 상담을 이루지 못한 원인을 분석하고 있다.

① 나도 딸 가진 기성세대라 사회의 그릇된 결혼가치관에 물들어 있음을 미처 깨닫지 못한 점이 있었다. ② 경우는 다르지만 나도 홀시아버지와 함께 사는 맏며느리라는 점에서 은미 씨(내담자의 딸 이름)가 맏아들을 택한 것에 연민의 정을 느낀 점이 있었다. ③ 맞벌이하며 아기를 낳아 가정부에게 키우게 하겠다는 은미 씨 생각에 공감할 수 없었다. 왜냐하면 나도 평생 교직생활을 꿈꾸다가 육아문제로 사표를 낼 수밖에 없었던 경험이 되살아났기 때문이다. ④ 내가 가부장적 가치관에 길들여져 있어 남성이 여성보다 우월해야만 집안이 질서 있고 편하다는 생각을 버리지 못했다는 점이 있었다. ⑤ 친척 중에 은미 씨와 아주 흡사한 케이스로 결혼해서 불행하게 살고 있는 사람을 알고 있기에 그로 인해 내가 편견을 갖게 되었다는 점이 있었다.

이 상담자의 자신에 대한 용기 있는 고백은 여성주의 상담가가 실천해야 하는 자기성찰의 한 부분을 보여주는 것이다.

1987년 6월에 『상담원 사례집 3』과 『성폭력자료집』이 발간되었다. 『상담원 사례집 3』의 머리말은 "…… 상담을 요청해오는 그들만의 문제가 아니라 바로 상담자 자신의 문제일 수도 또한 모든 여성들의 문제이기도 하다는 생각, 따라서 각각의 여성들의 이러한 문제들은 우리 사회가 안고 있는 사회구조적 문제란 인식들이 모여서 지금까지 상담이 이루어지고 있습니다……"라며 '여성의전화'의 상담 성격을 규명하고 있다.

2) 여성주의 상담과 여성운동의 상보성

여성의전화는 상담을 통해 여성운동의 새로운 과제들을 발굴하고, 구체적인 내용을 채워가고 있다. 상담은 여성의전화로 하여금 강력한 현장성을 갖게 하였고, 동시대 여성들이 겪고 있는 다양한 문제들에 대해 구체적인 대안을 만들도록 하였다.

여성의전화는 창립시 아내구타문제를 상담하면서 이미 개인 여성의 문제를 사회적 문제로 보았고 이에 대한 사회의 대책을 요구하였다. 상담을 통해 드러난 개별 여성에 대한 폭력의 심각성과 그 영향을 성차별적인 사회구조 속에서 여성운동적 관점으로 읽어냈다. 여성의전화는 아내폭력에 대한 대안으로 피난처의 설립과 관련법의 제정을 요구하였고, 이러한 여성의전화의 요구는 성폭력특별법 제정운동으로 이어졌다. 초기 성폭력특별법 안에는 아내구타와 아내강간, 성폭력에 관한 모든 내용이 들어 있었다. 그러나 성폭력에 관한 일반인의 의식부족과 법률통과의 어려움에 대한 우려로 '성폭력특별법'에는 아내에 대한 폭력과 아내강간 조항이 제외되었다. 이후 한국여성의전화는 1994년 유엔이 정한 '세계 가족의 해'를 맞아 '가정폭력방지법' 제정에 박차를 가하게 된다.

한 해에 5,000건이 넘는 엄청난 양의 상담과 각양각색의 폭력의 양태와 내담자들의 처참한 모습은 여성의전화로 하여금 아내폭력에 대한 사회적 대책 마련을 위해 최대한 노력하도록 하였다. 한국여성의전화는 '가정폭력방지법'의 필요성을 구체적으로 보여주기 위해 아내폭력 상담시 아내에게 폭력을 가할 때 자녀에게도 함께 폭력을 가하는지, 가정폭력이 발생할 경우 경찰에 신고한 적이 있는지, 신고했으면 경찰은 어떤 대응을 했는지, 신고하지 않았다면 왜 신고하지 않았는지를 물었다. 이러한 구체적이고 실질적인 내용들은 가정폭력방지법 제정운동 과정에서 한국여성의전화에 튼튼한 이론적 바탕을 제공했다. 이러한 강력한 이론적이며 실제적인 근거들은 한국여성의전화로 하여금 4년이 넘는 기나긴 세월을 견뎌가며 결국 법률제정이라는 성과를 얻게 했다. 가정폭력방지법 운동은 가족이라는 지극히 개인적인 영역이라고 생각되어온 공간에 공권력이라는 대표적인 사회적 힘이 개입되기 시작했다는 측면에서 혹자는 혁명적인 사건이라고도 한다.

가정폭력방지법 제정 이후 한국여성의전화는 신체적 폭력에만 초점을 맞춰 아내에 대한 폭력을 매우 협소화한 것에 대해 문제의식을 갖게 되었다. 한국여성의전화는 아내에 대한 폭력을 신체적 폭력뿐 아니라 성적 폭력, 경제적 폭력으로 확대하기로 하였다. 이후 상담일지가 변경되면서 아내에 대한 성적·경제적 폭력에 대한 설문이 등장하게 되었다. 한국여성의전화의 이러한 정책적 변화는 2000년 서울여성의전화의 신모 씨 사건을 중심으로 폭력피해여성의 정당방위에 대한 논쟁과 아내강간 처벌에 대한 논란으로 이어졌다. 아내강간은 아내의 성적 자기결정권의 문제로 이어지면서 여성의 몸에 대한 지배권, 여성의 성적 주체성과 부부간의 성문제, 결혼과 가족의 의미에까지 영향을 미치게 되었다.

1999년 한국여성의전화연합은 황혼이혼사건을 접하게 된다. 60세가 넘은 한 여성이 자신을 학대해온 남편과 이혼하고 남편이 일방적으로 기부한 재산을 돌려받기 위한 사건이었다. 재판부는 1심에서 이 여성에게 "해로하시라"며 이혼불가판결을 내렸다. 사회는 온통 결혼과 가족, 여성의 이혼할 권리와 부부의 부양의 의무에 대해 커다란 논쟁에 휩싸이게 되었다. 그러나 한국여성의전화연합과 서울여성의전화는 '여성의 재산권'에 관심을 집중했다. 황혼이혼의 경우뿐만 아니라 서울여성의전화가 매주 월요일 실시하는 무료법률상담의 대부분도 이혼과 재산 관련 문제였다. 남편이 재산을 빼돌리거나 어떤 재산이 있는지 알지 못해서 재산분할청구를 할 수도 없는 경우, 법원의 재산분할이 터무니없이 여성의 기여도를 인정하지 않는 문제 등 여성과 재산권은 얽히고설킨 중요한 문제였다.

한국여성의전화연합은 1999년 11월 '한국여성의전화 정책협의회'에서 '여성의 재산권' 문제를 주요 정책과제로 선정하게 된다. 한국여성의전화연합은 '여성의 재산권'의 구체적인 운동으로 '부부재산공동명의 운동'을 시작하였고, 2000년 "여성의 재산권 무엇이 문제인가?"라는 토론회를 개최하였다. 한국여성의전화연합은 2004년 부부재산공동명의의 경우 취득세 면세와 등록세 인하의 법안을 제출하였다. 또한 현행 별산제인 부부재산제도의 변경을 위한 연구와 논의가 시작되었다. 서울여성의전화는 '여성재산권' 관련 사업으로 십대 소녀들을 위한 경제교육, 주부들을 위한 지역에서의 경제교육 등을 실시하였다. 또한 "여자 경제와 만나다"라는 '여성의 재산권'에 관한 사이트를 개설하면서 이와 관련된 많은 상담을 받아 새로운 여성문제들을 발굴하게 되었다.

이 외에도 법률에 나타난 성 편향, 강간과 직장 내 폭언, 폭행 등 다양한 여성문제들이 상담으로 접수되었고 여성운동으로 꽃피웠다. 그러나 강력한 현장성은 여성의전화의 장점이자 단점이다. 그것은 여성 현실과 직접적으로 맞닿아 있다는 장점과 함께 피해여성에 대한 서비스 제공으로 인한 인적·물적 자원의 부족이 여성의전화의 여성운동체로서의 자기역할을 어렵게 하기 때문이다.

4. 여성의전화 상담체계와 쉼터

여성의전화 상담체계는 전화상담, 면접상담, 쉼터상담으로 이루어져 있다. 이 상담체계는 창립과 동시에 마련되었다. 여성의전화는 창립 이전인 1983년 초에 이미 상담원에 대한 교육을 실시해 창립과 동시에 전화상담이 시작되었다. 전화상담이 시작된 지 1년 후인 1984년 9월부터 면접상담이 시작되었으며, 1987년에 한국 최초의 폭력피해여성을 위한 피난처인 '쉼터'를 설립하였다. 여기에서는 여성의전화의 각 상담방법과 쉼터에 나타난 여성주의적 관점을 살펴보겠다.

1) 전화상담

서울여성의전화의 전화상담은 월요일에서 금요일까지는 오전 10시에서 오후 5시까지, 토요일에는 오후 1시까지 이루어진다. 전화상담은 서울여성의전화의 기초상담으로 전화상담을 통해 면접·쉼터·법률상담으로 연결된다.

서울여성의전화에는 '상담원수칙' 등이 마련되어 있어 상담을 하는 모든 사람들은 이 수칙에 따라 상담한다. 이 수칙들을 통해 여성의전화의 여성주의 상담의 원리가 어떻게 실현되는가를 볼 수 있다. 1988년 11기 상담원 교육자료에 첨부되어 있는 '여성상담지침'은 "① 모든 역할은 여성에게 개방되어 있다. ② 여성을 상담할 때 사회적인 관점을 중요시한다. ③ 이상적인 자아상을 인정하고 가치를 부여한다. ④ 일과 사랑의 균형을 위해 노력하라. ⑤ 다른 여성과의 관계의 가치를 재평가하라(다른 여성을 귀하게 보자. 남자가 여자보다 낫다는 편견을 버리자)"고 되어 있다. 이 자료의 가정상담에 대한 여성주의적 입장은 다음과 같다. "① 여성이 열등한 것은 남성보다 정치적·경제적 힘을 덜 가졌기 때문이다. ② 여성 병리의 기본 원천은 사회적인 것이지 개인적인 것이 아니다. ③ 사회적 여건에 개인을 적응시키는 것을 반대한다. ④ 상담자와 내담자 간의 관계는 인류평등의 위치에 입각한다. ⑤ 내담자에게 분노를 표현하도록 권장한다. ⑥ 여성은 경제적·심리적으로 자율적이어야 한다. ⑦ 모든 관계(사랑, 우정, 결혼)는 개인적인 힘에서 동등해야 한다. ⑧ 적절한 성역할 행동(기대감, 고정감)간의 차이는 없어져야 한다. ⑨ 다른 여성은 적이 아니다." 이러한 정리가 가능했던 것은 1988년 2～3월에 있었던 "여성의전화 상담론 연구토론회"가 있었기 때문이라고 보여진다.

최근 서울여성의전화의 전화상담원 수칙내용을 보면 "매주 1회(3시간) 전화상담을 한다. 매주 1회 여성주의 상담학습 소모임에 참여한다. 매월 1회 슈퍼비전 및 상담회원 월례회에 참석한다. 상담활동 후 6개월이 지나면 슈퍼바이지로서 슈퍼비전을 받는다. 회원으로서 회원 전체 MT, 회원송년회, 정기총회에 참석한다. 그 외의 다양한 회원활동에 참여한다. 연 1회 상담원 재교육에 참석해야 한다"로 되어 상담원의 회원으로서의 활동과 여성주의적 관점을 강화하기 위한 방법과 의무들을 구체적으로 제시하고 있다.

상담원의 자세로는 내담자가 전화하기까지 고민하고 힘들어했을 것을 인식하여 지지, 공감의 자세로 상담한다. "여성주의적 관점과 여성의 사회화를 돕는 가치관으로 상담에 임한다" 등 매우 구체적으로 상담원의 역할을 설명하고 있다. 또한 "자매애의 정신으로 상담한다. 여성 내담자의 잠재력을 믿으며 상담한다. 여성문제를 외적 원인(가부장제)과 내적 원인(내담자 요인)으로 분석하며 상담한다. 여성 내담자의 자존감을 높이도록 상담한다. 가부장제의 영향에 대한 교육을 하며 상담한다. 여성 내담자의 비합리적인 신념을 변화시킬 수 있게 상담한다. 여성 내담자의 사회화를 돕고 사회적 관계를 확장하도록 격려하며 상담한다. 지지적 태도로 상담한다. 여성문제를 역사적으로 조망하며 상담한다. 상담자가 여성중심적인 삶의 모델이 되어 상담한다" 등 여성주의 상담의 진수를 모두 담고 있다. 여성 내담자에게 역량강화상담이라는 여성주의 상담의 원리를 모두 충족시켜줄 뿐 아니라 여성주의자의 정체성발달의 최고단계인 참여의 단계까지 여성 내담자를 견인하도록 격려하고 있다. 이는 체계화된 이론으로 정리되지 않았을 뿐 서울여성의전화는 여성주의 상담원리에 입각해서 상담하며 실천해왔다는 것을 보여준다.

상담할 때 해서는 안 되는 말과, 행동으로 내담자를 존중하며 상담할 것과, 내담자를 지지할 것과, 너무 답답해하지 말고 구조 속의 여성의 처지를 생각할 것을 들고 있어 여성을 역사적이고 사회적으로 바라보도록 하는 여성학적 관점을 강조하고 있다.

2) 면접상담

(1) 일반 면접상담

여성의전화가 면접상담을 시작한 것은 1984년 9월부터로 여성의전화가 창립한 지 불과 1년이 되면서부터였다. 초기 면접상담은 전일이 아니라 한 주에 한 번씩 진행하여서 매주 화요일에 실시하였다. 재미있는 사실은 면접상담이 좀더 심도 있는 상담을 위해 시작된 것이 아니라는 점이다. 초기 면접상담은 전화가 없거나 직장전화를 사용해야 하는 등 전화상담에 어려움이 있는 내담자들의 요청에 응한 것이었다.

현재 서울여성의전화의 면접상담은 주말을 제외한 모든 요일에 가능하며 전화상담을 통해서 약속을 정하고 상담을 하도록 한다. 이러한 운영은 초기 면접상담을 시작하면서부터였다. 면접내담자는 면접상담 신청서와 상담설문지를 작성하고 상담을 받는다. 상담은 무료로 약 50분 정도 진행되며 가끔 후원금을 내는 여성들도 있다.

서울여성의전화의 면접상담원은 여성주의적 의식이 확고한 사람들로, 상담가로서 다양한 훈련을 받은 사람들이다. 서울여성의전화는 까다로운 과정을 거쳐 면접상담원을 위촉한다. 면접상담원은 전화상담을 3년 이상(300시간 이상) 하고, 전체 슈퍼비전을 2회 이상 받은 사람으로 면접상담원 모임에 참여할 자격을 얻게 된다(면접상담원 준비). 면접상담원 모임 내에서 5번의 개인 슈퍼비전을 받고 소정의 심사를 거쳐 면접상담원으로 위촉된다.

면접상담원은 면접상담모임에서의 학습과 면접상담을 통해 스스로 지속적인 성장을 도모한다. 또한 면접상담원은 중간지도력 훈련 등에 참석해 리더십을 성장시키고 회원으로서 회원 전체 MT, 회원송년회, 정기총회와 그 외의 다양한 회원활동에 참여한다. 면접상담원들의 자치모임인 면접상담모임은 서울여성의전화에서 가장 오래된 소모임으로 매주 1회 모임에서 여성학적 인식을 높이고 상담기술을 향상하기 위한 프로그램들을 진행하고 있다.

(2) 법률 면접상담

변호사가 진행하는 무료법률상담은 1992년 10월 이종걸 변호사와 상담부 간사인 정춘숙이 처음 시작하였다. 매주 월요일 무료법률상담은 미리 예약을 해야만 상담이 가능하다. 무료법률상담과 저가의 수임료, 법률구조 등을 통해 변호사라는 전문가들이 여성의전화를 통해 여성운동에 참여토록 해 여성운동의 저변을 넓혔다. 무료법률상담은 1995년 '여성평화를 위한 변호사 모임'으로 확대되어 전국 44명의 변호사들이 참여하여 여성들을 위한 직접적인 도움을 주었다. 법률상담의 주요 내용으로는 남편의 폭력으로 인한 이혼문제와 그에 따른 양육권과 재산분할, 위자료 등 구체적인 문제들이 주류를 이루었다. 법률상담은 상담의 성격보다는 내담자에 대한 직접적인 지원을 통한 사회참여의 성격이 더욱 강했다. 법률상담 역시 내담자에 대한 개별 지원뿐 아니라 가정폭력방지법안 마련, 이혼과 상속에서 성 불평등에 관한 연구, 폭력피해여성이 남편을 살해한 것에 대한 정당방위요건 등 다양한 법과 제도의 변화를 위해 노력해왔다.

3) 쉼터

(1) 쉼터의 설립과 목적

여성의전화의 쉼터는 1987년 3월 14일 설립되었다. 폭력피해여성을 위한 긴급피난처를 마련하려는 '여성의전화'의 움직임은 이미 1983년 창립시부터 시작되었다. 당시 폭발적으로 밀려오는 아내폭력에 대한 상담과 많은 피해자들은 여성의전화로 하여금 '쉼터'의 필요성을 절실하게 느끼도록 하였다. 또한 1984년에 시작된 면접상담과 훈련된 많은 상담가로 쉼터를 운영할 충분한 조건을 갖춘 상태였다.

'쉼터'는 폭력피해여성을 위한 피난처 'shelter house'를 여성의전화가 우리말로 만든 것인데, 지금은 모든 피난처를 '쉼터'로 부르고 있다. 여성의전화의 쉼터는 처음에 사무실 근처의 단칸 셋방을 얻어 만들었는데, 그 조건의 열악함과는 상관없이 여성폭력에 대한 저항의 상징이자 여성의식화의 산실로 자리매김되었다.

1987년 5월 5일 발행된 ≪베틀≫ 19호는 "여성폭력에 대한 저항 — 쉼터"라는 제목으로 여성의전화 쉼터의 의미를 "여성운동이라는 측면에서 우리의 쉼터는 여성폭력에 대한 저항으로서의 상징적 의미가 크다. 아내구타문제가 개인의 문제가 아니고 여성운동의 맥락에서 이해되고 해결되어야 할 사회문제임이 분명함으로 쉼터의 운영도 이러한 인식하에서 이루어져야 할 것이다 …… 상처 입은 여성끼리 모여 폭력추방운동으로서의 여성운동을 벌일 수 있는 공간적 구심체가 되어야 할 것이다"라고 밝히고 있다. 이러한 쉼터의 목적은 그대로 이어지고 있다. 2001년에 발간된 『쉼터 매뉴얼』은 "쉼터는 우리 사회 모순의 구조적 희생자인 가정폭력 피해

여성에게 새로운 삶의 의욕을 심어주고 자립할 수 있도록 도와주는 데 필요한 모든 역할을 하는 것을 목적으로 한다"고 밝히고 있다.

(2) 쉼터운영의 원칙과 규칙

여성의전화가 '쉼터'를 운영하면서 가장 중요하게 여긴 것은 이용내담자의 안전을 위한 비밀엄수와 내담자들에게 폭력의 본질을 깨닫게 하는 여성의식화였다. '여성의전화' '쉼터'는 위치와 머물고 있는 피해자의 신상에 대해 철저하게 비밀을 지켰다. 이 원칙은 1987년 이래 현재까지 변치 않는 원칙으로 지켜지고 있다.

쉼터가 개소한 지 1년 후인 1988년에 정리된 것으로 보이는 '쉼터(여성비상휴식처)'의 운영규칙은 다음과 같다.

① 쉼터 이용은 전화, 면접상담 등을 통해 충분히 상담한 후 책임상담원과 상담고발 부장이 협의 결정하여 이용할 수 있다. ② 쉼터는 상담결과 자립하려는 의지가 확실한 사람으로 쉼터 이용이 불가피하다고 판단된 내담자에게 우선 이용케 한다. ③ 쉼터를 이용하시는 분은 신원이 확실하여야 하며, '주민등록증'을 제시한 후 '사본과 쉼터 이용자 카드'를 작성, 책임상담원이나 담당부장에게 제출한 후 이용할 수 있다. ④ 쉼터 이용기간은 7일 이내를 원칙으로 하나 단, 담당부장의 재상담 결과에 의해 10일까지 연장 이용할 수 있다. ⑤ 쉼터 이용자의 식비는 본인 부담의 실비를 원칙으로 한다(단, 이용자의 경제능력에 따라 반부담이나 무료로 제공할 수 있다). ⑥ 쉼터 이용자가 외출시에는 책임상담원이나 담당부장에게 외출의 목적과 귀가시간 등에 대해 의논한 후 외출하도록 하여야 하며 외출시간, 귀가시간 등을 쉼터 이용일지에 기록하도록 한다. ⑦ 쉼터 이용자는 머무르는 동안 '쉼터 이용일지'를 반드시 기록하여야 한다. ⑧ 쉼터 이용기간에는 정해진 모임이나 교육 등에 참여하게 해야 하며 자신들의 문제해결을 위해 적극적인 자세를 갖도록 도움을 줘야 한다. ⑨ 쉼터 이용 내담자에게 쉼터는 고통당하는 똑같은 처지의 사람들이 이용하는 곳이므로 침구

이용, 방청소, 화장실, 세면도구 등을 깨끗이 사용하도록 안내한다. ⑩ 쉼터에 비치된 도서목록 중 내담자에게 적당한 도서를 추천한다. ⑪ 쉼터 이용자도 위기그룹 운영에 함께 참여할 수 있도록 한다. ⑫ 구타 등으로 인해 입은 상처 등은 우선 통원치료를 받을 수 있도록 해야 하며 진단서를 꼭 뗄 수 있도록 안내한다(병원안내: 구로병원, 사당의원 등). ⑬ 저녁시간에는 쉼터 이용자들끼리 대화할 수 있도록 하거나 독서할 수 있도록 안내한다. ⑭ 저녁시간을 쉼터 이용자와 함께 있어야 할 경우 책임상담원이 우선으로 봉사해야 한다(단, 상황에 따라 상담원과 실무자가 봉사하도록 한다). ⑮ 쉼터가 외부에 공개되지 않도록 이용자에게 미리 안내해야 한다. ⑯ 기타사항은 상담원위원회에서 협의하여 운영토록 한다.

1990년의 쉼터 운영수칙[5]과 1988년의 쉼터 운영수칙을 비교해보면 1990년에는 쉼터에 머물 수 있는 시간이 7일에서 15일로 연장되었고, 취학 전 아동 1인을 동반할 수 있다는 규정이 새로 추가되었다. 또한 1988년에는 쉼터 이용자에 자립의지가 확실한 사람이라는 전제를 달고 있다. 이는 한정된 자원을 효과적으로 사용하고자 하는 '여성의전화'의 방법이었다. 1988년과 1990년 두 운영수칙 모두 식비를 본인 부담으로 하고 있음을 알 수 있는데, 이 역시 '여성의전화'가 쉼터운영 외부의 아무런 도움 없이 완전히 자체적으로 하기 때문에 부득이한 선택이었다.

1991년 여성의전화는 독일의 한 재단의 도움으로 다세대 단독주택을 마련하고, 내담자들이 내던 하루 2,000원의 이용료를 무료로 하였다. 이용

---

5) 1990년 13기 상담원 교육자료.
① 쉼터 이용은 면접상담을 한 내담자로서 협의에 의하여 쉼터 이용이 필요하다고 판단된 사람에 한하여 이용하도록 한다. ② 쉼터를 이용할 때는 주민등록증 사본 및 쉼터 이용자 카드를 작성하고 쉼터 이용수칙을 서면으로 제출하도록 한다. ③ 식비는 본인 부담이 원칙이나 경제능력에 따라 반부담 또는 무료로 할 수 있다. ④ 쉼터 내담자에게는 다음과 같은 상담 및 교육을 실시한다(10일 기준). 개인상담 5회, 집단교육 3회, 집단상담 3회, 독서 2권 이상. ⑤ 쉼터 이용은 1회를 원칙으로 하며 1회 이용은 15일 이내로 한다. 아이를 동반할 경우에는 취학 전 아동으로서 1명으로 제한한다. ⑥ 공동체생활에 불편을 주는 사람은 쉼터를 이용할 수 없다(전염병은 기타).

기간도 30일로 늘리고, 아이도 미취학 아동인 경우 쉼터를 이용할 수 있도록 하였다. 미취학 아동으로 한정한 것은 학교문제가 해결되지 않았기 때문이다. 쉼터의 안전과 습관적 가출을 막기 위해 한 사람이 1회에 한하여 쉼터를 이용할 수 있던 조항은 1990년대 중반에 바뀌었다. 이는 폭력 피해여성들이 여러 차례의 가출의 반복 끝에 폭력의 고리를 끊게 되는 것이며, 1회에 한정하여 쉼터를 이용토록 하는 것은 피해여성들의 선택대안을 축소할 뿐이라는 입장에서였다.

1994년 한국여성의전화는 쉼터 7주년 기념사업으로 『쉼터 이야기』와 『쉼터지침서』를 발간하였다. 『쉼터지침서』에는 구체적인 쉼터 이용방법과 이용규칙, 상담 등이 상세히 안내되어 있다. 지침서에 따르면 쉼터는 2개월간 이용할 수 있으며 연장과 단축이 가능하다고 되어 있다. 외출은 외출대장에 기록하고 자유롭게 외출할 수 있으나 외박, 술, 담배 등은 허용되지 않는다는 점 등을 명시하였다. 쉼터이용자는 진행되는 모든 프로그램에 의무적으로 참여해야 한다는 것도 명시하였다.

쉼터상담을 담당했던 상담원에 대한 규정은 1988년 "상담원이 알아야 할 사항"이라는 제목으로 "① 쉼터 자매가 구타 등으로 인해 입은 상처 등은 통원치료 받을 수 있도록 하며 진단서를 첨부 안내한다. ② 쉼터 운영책임자는 주 3회 이상 쉼터를 방문, 관리하며 토요일에는 쉼터 자매들과 전체모임을 갖고 상담 및 쉼터운영에 필요한 물품을 구입할 수 있도록 한다. ③ 상담원은 쉼터 자매에게 가부장제로 인한 사회적 관계의 실상을 직면하게 하여 '개인적인 것은 정치적인 것이다'라고 하는 여성억압의 현실을 깨달을 수 있도록 여성시각을 키워준다. ④ '상담원은 여성을 돕는 여성'이라는 헌신과 참여로 자매사랑을 실천한다. ⑤ 쉼터가 외부에 공개되지 않도록 쉼터 자매에게 전화나 주소를 외부에 삼가토록 안내한다. ⑥ 기타사항은 주요 활동가 모임에서 협의하여 실행위에 제출하여 통과한 후 운영하도록 한다"는 내용을 싣고 있다. 즉, 상담원들이 자매애를 갖고, 폭력피해여성들이 여성억압의 현실을 깨닫고 여성주의 시각을 갖도록 할 것을 요청하고 있다. 이러한 지침은 1994년 발간된 『쉼터지침서』에도 그대로 나타나 있다. 『쉼터지침서』는 쉼터상담을 맡은 상담원은 위와 같은 태도와 함께 관계를 지속하기를 원하든 원치 않든 간에 선택에서 내담자의 결정을 지지하고 돕도록 하고 있다.

쉼터에 상주하는 상담원이 생긴 것은 1992년 이문자 선생(현 서울여성의전화 여성인권상담소장)부터였다. 이문자 선생은 1992년부터 2001년까지 쉼터에서 폭력피해여성들과 함께 생활하면서 그들의 든든한 지지자가 되었다. 현재 쉼터는 낮에는 쉼터 관장과 상담원이 상주하고 밤에는 야간관리자가 상주하며 쉼터 이용자들을 돕고 있다.

서울여성의전화는 1998년부터 2000년까지 시범적으로 장기쉼터를 운영하였다. 이용기간은 1년이었고 자녀 동반 여성에 한정하였으며, 2년간 약 4~5가구가 이용하였다. 이는 가정폭력방지법 제정 이후에 가정폭력 피해아동의 경우 주소지 이전 없이 전학이 가능해졌기 때문이기도 했다. 장기쉼터를 운영하면서 서울여성의전화는 지역사회 복지서비스를 활용해 폭력피해여성들이 자활시까지 안정적으로 생활할 수 있는 기반을 마련하고자 노력하였다. 장기쉼터를 운영하면서 서울여성의전화는 지역사회 연계망의 중요성을 깨닫게 되었고 가정폭력 피해여성에 대한 구체적인 복지정책을 제안하였다. 재정적인 문제로 장기쉼터 운영은 2년에 그칠 수밖에 없었지만 서울여성의전화는 정부에 장기쉼터는 폭력피해여성과 아동의 자립을 위해 절실하게 필요하다는 제안을 하였다.

(3) 쉼터 상담과 프로그램

여성의전화의 쉼터는, 한국여성의전화가 '쉼터' 10주년 기념으로 출판한 『여성운동과 사회복지』의 구분처럼, 여권주의적인 쉼터이다. '쉼터'는 여성폭력에 대한 저항의 상징이자 여성의식화의 산실로 여성의전화는 '쉼터'의 상담과 프로그램을 매우 중시하였다.

1992년 쉼터 5주년 기념자료집인 『쉼터보고서』에 따르면 개인상담은 물론 1987년부터 집단상담을 시작했으며, 1989년에 와서 개인상담, 집단상담, 집단교육 등 단계별 교육이 이루어졌다. 당시 개인상담은 일주일에 두 번 상담부 담당자가 하였고, 집단상담과 집단교육도 일주일에 한 번씩 이루어졌다.

한국여성의전화는 1994년 쉼터 7주년을 맞아 단행본 『쉼터이야기』를 출판하였다. 『쉼터이야기』는 모두 3부로 구성되어 있는데 쉼터를 이용했던 사람들이 남긴 일기, 편지, 독후감 등을 엮은 것이다. 모든 내용들이 폭력피해여성들의 진솔한 삶의 이야기로 폭력의 심각성과 변화된 자신들의 모습에 대한 독백들이다. 여성의전화 쉼터는 여성의식화와 폭력에 대한 여성저항의 상징으로 출발하였기 때문에 상담 프로그램 참여를 중요하게 생각했다. 따라서 개인의 일정표도 개인상담, 집단상담, 독서, 지나온 이야기 기록 등으로 구성되어 있다. 이문자 선생은 당시를 회고하며 폭력피해여성들에게 '독서요법'이 매우 효과적이었다고 한다. 독서를 통해 가부장제 이데올로기에 대항할 수 있는 논리를 개발하고 여성의식화됨으로 진실한 자신과 만나게 되기 때문이라는 것이다. 『쉼터이야기』는 『나는 나』(유디뜨 얀베르그), 『그는 때리지 않았다고 한다』(한국여성의전화), 『조용히 소리 질러라 이웃이 듣는다』(에린피지), 『상담원 사례집』(한국여성의전화), 『엄마에게 애인이 생겼어요』(알리세 슈바르처) 등 당시 많이 읽혔던 책들을 싣고 있는데 여성으로서의 자신을 인식하고 폭력의 본질을 알게 하는 내용들이 주를 이루었다.

한국여성의전화는 1997년 쉼터 개소 10주년 기념으로 『여성운동과 사회복지』를 출간했다. 김인숙, 김혜선, 신은주가 집필한 이 책은 5장 — 아내에 대한 폭력문제, 학대당하는 여성을 위한 쉼터, 쉼터의 구조와 운영, 쉼터와 사회복지 서비스, 쉼터의 바람직한 방향과 대안 — 으로 구성되어 있다. 이 책은 폭력피해여성을 위한 피난처에 대한 전체적이고 포괄적인 연구였다.

서울여성의전화는 폭력피해여성들을 위한 내실 있는 피난처운영을 위해서 정책과 프로그램들을 지속적으로 제안해왔다. 1999년 12월 서울여성의전화는 "쉼터여성자립과 사회통합을 위한 토론회"를 개최해 서울여성의전화 쉼터의 현황과 발전방향(정춘숙, 서울여성의전화 사무국장), 여성주의 집단 상담(황경숙, 서울여성의전화 전문상담원), 성장그룹 집단상담(안양자, 서울여성의전화 전문상담원), 미술치료(최지은, 쉼터미술치료 담당) 등을 논의하였다.

2001년 서울여성의전화와 한국성폭력상담소 열림터는 쉼터운영 전반에 관한 내용을 담은 『쉼터 매뉴얼』을 발간했다. 『쉼터 매뉴얼』은 1부 피해자 보호시설 실무 운영지침, 2부 가정폭력 피해자에 대한 통합적 지원체계, 3부 가정폭력 피해여성들에 대한 이해, 4부 실시프로그램, 5부 부록으로 이루어져 있다. 이 매뉴얼의 부록의 여성주의 상담지침을 보면 "① 자매애의 정신으로 상담한다. ② 여성 내담자의 잠재력을 믿으며 상담한다. ③ 여성문제를 외적 원인(가부장제)과 내적 원인(내담자 요인)으로 분석하며 상담한다. ④ 여성 내담자의 자존감을 높이도록 상담한다. ⑤ 가부장제의 영향에 대한 교육을 하며 상담한다. ⑥ 여성 내담자의 비합리적 신념이 변화할 수 있게 상담한다. ⑦ 여성 내담자의 사회화를 돕고 사회적 관계를 확장하도록 격려하며 상담한다. ⑧ 지지적 태도로 상담한다. ⑨ 여성문제를 역사적으로 조망하며 상담한다. ⑩ 상담자가 여성중심적인 삶의 모델이 되어 상담한다"라고 정리하고 있다.

4) 베틀 여성모임

'베틀 여성모임'은 1986년 8월 '위기여성모임'으로 시작하였다. 1987년 10월 5일 ≪베틀≫ 23호는 "위기여성모임 1년"이라는 제목으로 쉼터를 이용했던 여성들의 모임을 소개하고 있다. ≪베틀≫은 '위기여성모임'의 동기는 같은 처지의 여성들끼리 모여서 함께 이야기하고 여럿의 목소리를 함께 만들어보자는 것이며, "남편의 구타로 인해 상처 입은 여성들이 만나 고립감을 해소하고 폭력에 대한 두려움을 극복하여 자신감을 기르고 아내구타 추방운동(=여성의전화운동)에 참여하도록 하는 데 있다"고 기록하고 있다.

　여성의전화는 서구의 강간당한 여성들의 모임이 강간추방운동으로 발전한 것처럼 '베틀 여성모임'에서도 폭력피해여성들이 생존자가 되어 여성에 대한 폭력반대운동의 주체가 되기를 원했다. 여성의전화는 폭력피해여성들이 지지그룹을 형성해 상호작용을 통하여 자신의 고통이 여성 공통의 문제임을 인식하고 여성끼리의 연대의식을 갖기를 바랐다.

　베틀 여성모임은 내담자가 자기문제의 전문가이자 여성문제 해결의 주체가 되도록 하는 여성주의 상담의 구체적인 실천이기도 하다. 베틀 여성모임은 쉼터를 이용한 여성들은 누구나 함께할 수 있으며, 프로그램은 항상 변화하고, 여성의식화 관련내용이나 먼저 독립해 사는 선배들의 얘기를 듣기도 하며 어려움을 함께 나누는 자조그룹이다.

　1992년에 발간된 『쉼터보고서』는 '베틀 여성모임'에 대해 교육내용과 참가자가 확정되어야 하는 문제점 등을 지적하고 있다. 이렇게 베틀 여성모임은 그 중요성에 비해 활성화되고 있지 않은데, 그 가장 큰 이유는 가정으로 돌아간 내담자의 경우 여성의전화 활동을 남편들이 싫어해 활동의 제약을 받기 때문이다. 또한 '베틀 여성모임'을 위한 특화된 프로그램의 부재도 모임이 활성화되지 못하는 커다란 이유 중 하나이다. 이러한 문제를 해결하기 위해 서울여성의전화는 2005년 '베틀 여성모임'을 가정으로 돌아간 여성들의 모임과 독립한 여성들의 모임으로 이원화하여 운영하기로 했다. 이를 통해 서울여성의전화는 처한 위치가 각각 다른 여성들의 욕구에 맞는 프로그램을 진행하고자 한다. 여러 가지 문제점에도 불구하고 모임에 참가한 여성들은 자기치유와 집단치유에서의 상담을 통해 효과를 보았고 많은 의식변화가 있었다고 평가하고 있다. 현재 베틀 여성모임은 서울여성의전화에 소속되어 매월 모여 지지모임으로 서로를 지원하고 있다. 베틀 여성모임에 속한 여성들은 회원으로 서울여성의전화를 후원하거나 상담원교육을 받아 자신과 같은 피해여성을 돕기도 하고, 서울여성의전화의 싱글여성모임 등에서 활동하기도 한다.

5. 여성주의 상담의 현황과 과제

한국에서 여성주의 상담에 대한 연구는 매우 부족하다. 여기에서는 한국여성개발원과 여성의전화에서 활동한 연구자들의 연구물들을 중심으로 여성주의 상담이론 연구를 살펴보겠다. 또한 최근 여성운동계의 주요한 화두인 '제도화'와 관련된 문제들을 살펴보면서 서울여성의전화를 중심으로 여성주의 상담의 과제를 살펴보겠다.

1) 여성주의 상담 연구

우리 사회의 여성주의 상담에 관한 연구물은 매우 적어 여성주의 상담에 대한 학문적 연구의 깊이와 폭이 매우 협소함을 보여준다.

여성의전화가 여성운동을 목표로 하는 여성운동가들에 의해 만들어지고 운영되었다면 한국여성개발원은 여성문제에 대한 종합적인 연구를 위해 정부에 의해 만들어졌다. 한국여성개발원은 1983년에 설립되었다. 설립목적은 "여성문제에 대한 종합적인 연구를 수행하고, 여성정책 및 여성능력 개발, 여성정보 제공을 통하여 여성의 사회참여, 복지증진 및 여성과 국가 발전에 이바지함"6)이다. 한국여성개발원은 1985년 『여성상담의 실제』를 발간한 후 1989년 여성상담자 훈련 프로그램을 개발하였다. 이 자료는 1988년에 개발된 여성상담기법을 모형으로 하여 의식향상 집단훈련과 인간잠재력 개발(Human Potential Seminar-HPS)을 5주간에 걸쳐 실시한 내용을 싣고 있다. 그리고 1993년에 한국여성개발원은 성폭력상담원 훈련 프로그램을 실시하였다. 성폭력 상담원 훈련 프로그램은 여성학적 인식, 여성주의 상담의 이해, 성폭력상담의 실제로 이어졌다. 프로그램은 시범교육의 성격이었으며 기존 상담기관의 상담원들을 대상으로 하였기 때문에 여

---

6) 한국여성개발원 홈페이지: www.kwdi.re.kr.

성문제 인식은 상대적으로 적은 편이었다.

우리나라에 소개된 최초의 여성주의 상담에 관한 단행본은 또 하나의 문화가 출판한 미리암 그린스팬(M. Greenspan)의 『우리 속에 숨어 있는 힘』이다. 1995년에 출판된 『우리 속에 숨어 있는 힘』은 여성주의 상담의 본질적인 문제를 다루고 있다. 이 책은 전통심리상담이 여성들에게 적용되면서 발생하는 문제점을 지적하고 여성 내담자에게 전통심리상담의 한계를 설명하고 있다. 2004년에는 주디스 워렐과 파멜라 리머의 『여성주의 상담의 이론과 실제』가 출판되었다. 이 책은 여성주의 상담의 기본 원리와 역사, 실제 사례에의 적용 등으로 구성되어 여성주의 상담 학습의 기초를 제공하고 있다.

여성주의 상담에 관한 논문은 여성주의 상담의 방법론과 기법을 중심으로 한 것과 아내폭력이나 쉼터 등 관련 이슈와 기관을 중심으로 한 경우 등 매우 다양하다. 여기에서는 여성의전화에서 회원이나 상근자로 활동하며 직접 여성주의 상담을 체험한 것을 중심으로 다룬 논문들을 간략히 다루겠다. 한국에서 여성주의 상담에 관한 최초의 논문은 1985년 발표된 정소영의 「의식향상 훈련이 여성의 양성공존성에 미친 효과에 관한 연구」이다. 이 논문에는 여성주의 상담기법인 의식향상훈련이 소개되고 있다. 이 논문은 이후 한국 여성주의 상담의 이론적 기틀을 제공하였다. 1994년 박애선의 논문 「여성주의 집단상담이 여대생의 여성주의 정체성 발달수준과 적응변인에 미치는 영향」은 정소영의 논문에 이어 발표된 여성주의 상담에 관한 논문이다. 박애선은 이 논문에서 여성주의 상담의 원리와 집단상담의 모형 등을 소개하였다. 1995년 신은주는 한국여성의전화의 '쉼터'에서 실시한 여성주의 집단상담을 가지고 논문 「아내학대에 대한 페미니스트 접근에 관한 사회사업적 분석」을 발표하였다. 이 논문은 여성주의 집단상담의 프로그램을 구체적으로 소개하고 있다. 1998년 정춘숙은 「매 맞는 아내에 대한 여성주의 집단상담의 효과에 관한 연구」에서 여성주의 집단상담의 효과를 자아존중감 향상으로 측정하면서 집단상담 프로그램을 실고 있다.

　이렇게 여성주의 상담에 관한 연구가 집단상담을 중심으로 이루어짐을 볼 수 있는데, 이는 여성주의 상담이 집단 안에서 더욱 효과적이라는 측면이 있기 때문이다. 또한 여성주의 상담 연구가 주로 학생들 사이에서나 쉼터 등 안정적으로 연구를 진행할 수 있는 곳에서 이루어졌기 때문이라고 볼 수 있다. 김경호는 1996년 「매 맞는 아내에 대한 여성중심적 사회사업 개입에 관한 연구」에서 여성중심적 사회사업기법으로 여성 자신에 초점을 두어 이야기하기, 여성의 권리에 대한 의식화와 자기주장, 옛날이야기 활용 등 폭력피해여성에 대한 개별 프로그램을 제시하고 있다. 여성주의 가족상담에 관한 논문은 1992년 발표된 김성천의 「한국에서 성차별적 가족문제에 대한 페미니스트 가족치료의 수용 가능성에 관한 연구」이다. 이 논문은 기존의 가족상담이 성별 권력관계를 간과한 것을 비판하며 여성주의 가족상담의 필요성을 제기하고 있다. 여성주의와 가족상담은 때로는 배치되기도 하나 가족 안에서 여성들이 많은 문제를 겪는 현실을 볼 때 여성주의 가족상담에 대한 연구가 더 많이 이루어져야 한다고 보았다. 김민예숙은 「여성주의 상담에 관한 소고」(『춘해대학 논문집 10』, 1998), 「여성주의 이론과 여성주의 상담」(『춘해대학 논문집 11』, 1999), 「여성주의 슈퍼비전에 관한 소고」(『춘해대학 논문집 12』, 2000) 등을 발표해 여성주의 상담의 이론정립을 위해 노력해왔다. 특히 「여성주의 슈퍼비전에 관한 소고」는 여성주의 상담에서 여성주의 슈퍼비전의 원리와 방법에 대한 의미 있는 연구이다.

2) 여성주의 상담의 과제

(1) 여성주의 상담의 대중화

　오랫동안 여성주의 상담은 전통상담 학계에서 상담으로서 인정받지 못했다. 그러나 여성주의 상담의 원리와 기법이 성차별적인 사회구조에 살고 있는 여성들을 치료하는 데 매우 유용하다는 것이 입증되면서 여성주의 상담은 기존 상담의 대안으로 떠오르고 있다. 더욱이 여성주의 상담의 원리인 다양성과 다문화주의가 사회적 소수자와 약자에게 힘을 갖게 해주고 평등을 지향하게 하는 데 유용한 도구임이 드러나고 있다. 인권의 확장이라는 측면에서 많은 여성들과 사회적 소수자에게 유용한 여성주의 상담은 더욱 대중화되어야 한다. 그러나 한국에서 여성주의 상담이론에 대한 단행본이나 연구서는 매우 적고 전문적인 훈련기관도 절대적으로 부족하다. 여성의전화는 여성주의 상담의 가장 핵심적인 원리인 "개인적인 것은 정치적인 것이다"라는 명제를 실현할 수 있는 실제적인 구조를 가지고 있다. 수많은 여성들이 상담을 통해 자신들의 개인적인 고통을 드러내고, 여성의전화는 이러한 개별 여성들의 문제를 여성 전체의 정치적인 문제로 만들어 성 불평등한 사회구조의 변화를 위해 노력한다. 이러한 이론과 현실의 통합이라는 조건은 여성의전화가 한국에서 여성주의 상담을 더욱 심화시켜낼 주요한 조건을 갖추고 있음을 보여준다. 따라서 여성의전화는 여성의전화와 같은 여성주의 상담기관과 대학이나 전문가와 네트워크를 형성해 여성주의 상담가를 훈련시키고, 여성주의 방법론을 다양화해 여성주의 상담의 대중화를 위해 노력해야 한다.

(2) 여성주의 상담의 강화

여성의전화는 상담을 매개로 여성들이 겪고 있는 구체적인 문제들을 가지고 여성운동을 해왔다. 여성의전화의 여성주의 상담은 개인의 치유와 사회구조의 변화를 동시적으로 요구한다. 이러한 이유로 상담과 운동은 서로 상호보완적인 관계를 가질 수 있었다.

2004년 한국여성의전화연합은 정책토론회 주제를 "제도화와 여성주의 상담"으로 잡고 상담소 분리에 관한 심도 있는 논의를 하였다. 제도화의 문제는 한국여성의전화연합만의 문제는 아니다. 제도화는 여성운동의 한 방법이기도 하였고 앞으로도 일정기간 유효한 전략이다. 그러나 여성의전화가 당면한 내담자에 대한 서비스 제공을 중심으로 한 상담의 제도화는 여성의전화의 사회변화를 추구하는 여성주의 상담의 실현을 어렵게 하고 있다. 현재 한국여성의전화연합은 25개 지부와 1개의 지회를 가진 방대한 조직이다. 지역의 여성의전화는 성폭력특별법에 의거한 성폭력상담소나 가정폭력방지법에 의거한 가정폭력상담소를 운영하고 있다. 이 상담소들은 국가의 예산지원을 받고 있고 따라서 정부에 상담소활동을 보고해야 하며 일상적인 감사와 평가를 받아야 하는 상황에 있다. 운동단체의 독립성과 자율성을 침해당할 위기에 있는 것이다. 이러한 맥락 속에서 서울여성의전화는 1998년 1월부터 운영해오던 여성폭력긴급전화 '여성 1366'[7)]을 2002년 12월에 반납하였다. '여성 1366'은 정부의 완전한 위탁으로 3년에 한 번씩 재계약을 하였으며 관련 행정절차와 문건 요구 역시 매우 높아 서울여성의전화의 독자성을 침해할 것으로 판단하였기 때문이다. 피해여성 개인에 대한 지원 서비스를 중심으로 하는 제도화된 상담소는 정부의 행정설차와 평가에 운영의 중심을 두게 될 우려가 높다. 이는 여성주의 상담의 목표인 개인의 치유와 사회변화를 이루어내는 데 많은 한계를 가질 수밖에 없다는 것을 의미한다. 여성주의 상담 실현의 불확실성이라는 위기감 속에서 여성의전화는 내담자의 '적응'이 아닌 사회의 '변화'를 중심으로 하는 여성주의 상담의 강화를 더욱 강조하게 된다. 이것은 여성의전화가 개별 여성이 겪은 폭력문제를 다룸에 사건발생 후 피해여성을 상담하고 치료하며 '다루는' 것에 머물지 않고, 여성에 대한 폭력을 원천적으로 '근절'시켜 성 평등한 사회를 지향하기 때문이다.

---

7) '여성 1366'은 1998년 1월 1월을 기점으로 보건복지부가 16개 시·도에 설치한, 24시간 365일 운영되는 여성위기 상담전화이다. 초기 '여성 1366'은 아무런 재정지원 없이 전화기 한 대를 가설하면서 시작되어 운영을 맡은 민간단체들은 열악한 조건 속에서 사명감만으로 '여성 1366'을 운영했다.

제2부
여성주의 상담가는 누구인가

    워렐은 여성주의 상담자로서 '커밍아웃하기'에서 모든 여성주의 상담자들에게는 어떤 이름을 붙일 것인가를 결정해야 하는 선택의 순간이 온다고 말한다. 몇 년 전 사회를 떠들썩하게 했던 남자 연예인의 성정체성 발표처럼 커밍아웃은 가부장적 사회 안에서 아직은 받아들여지기 어려운 자신의 정체성을 밝히고 인정하는 작업이다.

    그렇다면 여성주의 상담자라는 정체성도 대중 앞에 밝히기에는 용기가 필요한 이름인가. 이들은 여성주의 상담이라는 미지의 세계를 개척하는 선구자들이다. 여성단체를 중심으로 활동을 펼쳐온 탓에 체계적인 이론화작업이나 경험적 연구도 미진하다. 그러나 20년 이상 묵묵히 현장에서 여성주의 상담을 실천해온 힘으로 인해 스스로 커밍아웃할 힘을 갖게 되었다.

2부는 여성주의 상담을 하고 있으면서도 커밍아웃하지 못한 상담자들과 여성주의 상담자라는 이름을 갖고 싶어 하는 이들을 위해 쓰였다. 1장에서는 여성주의 정체성 발달단계 개념과 여성주의 상담가들이 갖는 특성을 살펴보고, 2장과 3장에서는 여성주의 상담자로 살아가는 두 전문가의 자전적 이야기를 통해 여성주의 상담자로의 내적 성장과정을 들여다보고자 한다.

제4장
여성주의 상담자의 정체성과 특성

이미혜*

1. 여성주의 정체성 발달단계

내가 하고 있는 것이 여성주의 상담인지 또 내가 여성주의 상담자인지 궁금할 때가 있다. 이때 필요한 것이 여성주의 상담자의 정체성 개념이다. 정체성이란 내가 누구인지 아는 것이다. 여성주의 정체성은 개인적 정체성과 사회적 정체성이라는 양면을 통합하는 사회적인 지점이다. 그것은 '나는 누구인가'에 대한 지표가 되어 자기 밖에 있는 준거집단과의 연결을 자각하고 감지하게 한다.[1]

남성중심적인 사회 속에서 남성과 여성의 삶의 조건 차이를 고려하지 않고 보편적인 인간의 개념으로 정체성발달을 논하는 것은 무리한 시도이다. 에릭슨(Erikson) 등의 정체성이론은 여성주의 정체성 발달의 기초적인 부분을 일부 설명할 수 있으나 포괄적으로 설명하기에는 부족하다. 에릭

---

* 서울여성의전화 인권운동센터장.
1) 주디스 워렐·파멜라 리머, 『여성주의 상담의 이론과 실제』(김민예숙·강김문순 옮김), 한울, 2004, 454쪽.

슨의 발달단계는 여성보다는 남성에게 초점을 맞추고 있는 것으로 보인다 (Downing, 1983).[2] 여성들의 정체성발달을 살펴볼 수 있는 유용한 개념으로 다우닝과 루시가 제시한 여성주의 정체성 발달단계 개념(Nancy Downing & Kristin Roush, 1985)이 있다.

이 개념은 여성주의 상담가들에게도 유용하게 적용된다. 여성이라는 사회적 조건 아래에서 여성주의 상담가들도 결코 자유로울 수 없기 때문에 이 개념을 통해 상담자 자신이 어느 단계의 여성정체성을 갖고 있는지를 가늠해볼 수 있다. 또한 상담장면에서도 내담자의 현재 의식발달 정도를 측정하고 상담관계나 목표를 설정하는 데 실제적인 도움을 받을 수 있다.

다우닝과 루시는 총 5단계의 여성주의 정체성 발달모델을 제시했는데, 이는 흑인정체성을 위해 구성한 것을 따라서 여성을 위한 여성주의 정체성 발달을 개념화하는 형식을 취했다.[3] 우리나라에는 워렐(Worell), 스틸웰(Stilwel), 로빈슨(Robinson, 1991)이 위의 5단계를 4단계로 재분류한 발달단계가 주로 소개되었다. 워렐 등(1992)은 다우닝 등(1985)의 여성주의 정체감 발달수준 5단계 가운데 4~5단계를 통합하여 참여의 수준으로 설정하였으며, 나머지 단계의 기본 개념은 유사하다(<표 4-1> 참조).[4]

이 발달개념을 적용해 전통적 입장을 취하는 상담가로부터 여성주의 상담가에 이르는 발달유형도 분류해볼 수 있다. 여성주의 상담가들의 상담실제에 나타난 여성주의 상담유형은 그들의 여성주의 이론과 철학적 인식들에 의해 영향을 받는다고 볼 수 있는데, 이는 상담자의 여성주의 정체성과 연결시켜 설명할 수 있다고 한다. 엔스(Enns)가 제시한 여성주의 상담자 유형과 여성주의 정체성 발달단계(워렐의 4단계 개념 적용)를 다음과 같이 설명한다.

우선 전통적 상담을 실시하는 상담자는 여성에 대한 전통적 역할을 수

---

2) 박애선, 「여성주의 집단상담이 여대생의 여성주의 정체성 발달수준과 적응변인에 미치는 영향」, 숙명여자대학교 교육학과 대학원 박사학위논문, 1993.
3) 주디스 워렐·파멜라 리머, 앞의 책, 2004, 452쪽.
4) 김광은, 「여성주의 상담원들의 여성의식」, 한국심리학회지 ≪여성≫ 5권 1호, 2000.

<표 4-1>

다우닝과 루시	워렐	여성정체성 발달단계
1단계 /소극적 수용 (Passive Acceptance)	동일	자신에 대한 개인적·제도적·문화적 편견과 차별을 자각하지 못하거나 부정하는 여성을 묘사한다. 그 여성은 남성과의 관계에서 종속적 위치를 수용하기 쉽고, 전통적 젠더 역할 배치를 즐기는 것으로 보인다.
2단계/눈뜸 (Revelation)	동일	여성의 이전 지각을 유지하지 못하게 하는 의식화 경험에 의해 재촉된다. 이 경험은 개인적 차별, 관계의 상실, 여성주의 관념과의 접촉을 포함한다. 이 단계에서 여성은 자신에 대한 억압을 깨닫고 분노하고 가부장적 권력구조와 협력한 자신의 역할에 죄책감을 느낀다. 그러한 여성은 자신의 가치를 인정하고 남성을 과소평가하면서 젠더를 양극화시키기 쉽다.
3단계/새겨둠* (Embeddedness Emanation)	동일	여성의 문화에 빠져 있고 다른 여성과의 사회적이고 정서적인 관계를 증가시키는 여성을 묘사한다. 저자들은 사회구조가 남성과의 접촉을 완전히 피하지 못하게 하므로, 빠져 있음 과정은 대부분의 여성에게 어렵다는 것을 지적한다. 만일 그 여성이 결혼했고 아들이 있다면 억압자와 함께 감옥에 갇혀 있다고 볼지 모른다. 여성들이 이 단계를 빠져나옴에 따라 그들은 양극화된 입장을 포기하고 자신을 새 인격으로 재통합하기 시작한다.
4단계/종합 (Synthesis)	4단계로 통합/참여	여성은 유연하고 긍정적인 여성주의 정체성에 이르고 점차 자신의 여성 자기(female self)의 가치를 인정한다. 여성은 여전히 사회적 억압을 자각하지만 전통적 성역할을 초월할 수 있고 잘 정의된 개인적 가치를 토대로 선택할 수 있으며, 남성을 고정관념으로써가 아니라 개인으로 평가할 수 있다.
5단계 /적극적 참여 (Active Commitment).		사회적 변화에 대한 적극적인 참여의 입장을 묘사한다. 여성은 자신의 권리를 위해서 일하는 데, 그리고 '성역할 초월이 가치 있고 격려되는 목표인 미래를 창조하는 데' 참여한다.

자료: 주디스 워렐·파멜라 리머, 『여성주의 상담의 이론과 실제』, 2004, 452쪽 참조, 재구성함.
* 3단계 빠져 있음-빠져나옴은 논의를 거쳐 새겨둠으로 수정함.

행하며 의심 없이 사회구조를 받아들이는 소극적 수용인 1단계에 해당하고, 여성 내담자들이 겪는 문제를 개인의 문제라고 생각하고 성차별적인 사회구조나 문화가 여성에게 갈등을 준다는 사실을 자각하지 못하므로 전통적인 여성의 역할을 당연하게 받아들인다.

비성차별주의-인본주의 상담을 실시하는 상담자는 인본주의 가치에 따라 개인적 선택과 성장 이슈를 강조하고 성역할 이슈에 유연성을 보이며,

1단계인 소극적 수용성은 낮으나 상담을 자기를 이해하는 과정으로 여기며 내담자의 내적 체계의 변화를 지향한다. 그러나 내담자의 관심에 영향을 끼쳐온 외부적 요소를 분명하게 강조하지는 않는다(그린스팬, 1993). 이들은 앞에 제시한 전통적 상담을 실시하는 상담자보다 2단계인 눈뜸의 단계로 옮겨갈 가능성이 클 것이다.

여성주의 상담유형에서는 모두 새로운 여성정체성 획득과 사회변화를 기본으로 하는 여성주의 상담원리에 따라 2, 3, 4단계인 눈뜸, 새겨둠과 참여의 비중이 높을 것이다. 그러나 급진적·사회주의적 여성주의 상담은 급진적이고 사회주의적인 여성주의 가치를 반영하고 있으므로 사회변화에 적극적으로 참여하며, 자유주의적 여성주의 상담에 비해 새겨둠과 참여의 비중이 더 높을 것이다.5)

그렇다면 현재 한국의 여성주의 상담가들의 여성주의 정체김 발달단계는 어느 정도일까? 고명숙(1998), 김광은(2000), 박진아(2000) 등은 여성단체의 상담자들을 대상으로 관련연구를 실시한 바 있다. 청소년상담원들과 여성의전화 상담원들을 비교 분석한 김광은은, 여성의전화에서 상담업무를 맡고 있는 상담원들의 여성의식은 남녀평등적 관점에서 우리나라에서 여성운동을 선도하는 운동가 수준이며, 여성주의자로서의 정체감면에서 그 발달단계상 최고단계인 참여 수준까지 도달한 것으로 보인다고 했다. 박진아는 일반 여성상담기관 상담자들은 수용성이 유의미하게 높고, 반면 여성단체 여성상담기관 상담자는 일반 여성상담기관의 상담자보다 수용성이 낮으며, 여성으로서 자신의 역할과 자신에 대해 회의를 갖는 눈뜸과 새로운 정체성을 받아들이는 새겨둠, 여성주의 정체성을 수행하는 참여단계는 높게 나타난다고 말했다.

이상의 논의를 정리해보면 한국의 여성주의 상담자들은 개인의 변화와 함께 여성에게 차별적인 제도의 변화를 촉구하는 여성주의적 입장을 뚜렷

---

5) 박진아, 「여성상담기관의 여성주의 상담에 관한 연구」, 가톨릭대학교 심리상담대학원 석사학위논문, 2000, 19~20쪽.

하게 견지하는 자기정체성을 가지고 상담을 하는 것으로 볼 수 있다. 특히 참여의 단계가 높은 것이 주목할 만하다. 이는 한국에서의 여성주의 상담이 여성단체의 여성운동과 밀접한 관련을 갖고 발전해온 특수성 때문이다. 가정폭력방지법, 성폭력특별법, 최근 성매매방지법에 이르기까지 여성운동단체는 여성에게 억압적인 사회구조의 개선을 위해 법제화를 추진해왔으며, 이 과정에서 많은 상담원들이 활발하게 참여해온 것이다. 서울여성의전화는 상근자부터 상담원까지 모두 회원개념을 갖고 활동하고 있으며 명칭도 상근회원, 상담회원이라 부른다. 이는 각자의 활동내용에서 차이가 날 뿐 기본적인 지향점이나 여성주의 의식은 동일하다는 것을 나타낸다.

2. 여성주의 상담자의 특성

1) 자기성찰과 여성주의의 실천

여성주의 치료는 단순히 직업적인 스트레스를 줄이거나 문제를 해결하는 접근이 아니며 심리상담 치료자에게는 삶의 방식이다.[6] 상담자에게 상담과 삶의 일치성을 요구하는 것은 여성주의 상담만의 특징이 아니다. 그럼에도 굳이 이 부분을 강조하는 것은 다른 어떤 접근보다도 자신의 신념과 현실을 통합해내야 하는 과제가 무겁기 때문일 것이다. 현장에서 볼 때 여성주의 상담자는 어느 때는 터무니없는 이상주의자였다가 어느 때는 끝없이 좌절의 나락으로 추락하는 사람이기도 하다. 상담과 여성운동이라는 갈림길에서 영원한 경계인처럼 우왕좌왕할 때도 많다. 아마도 여성주의 상담자들이 내담자 개인뿐 아니라 사회 전체의 변화를 동시에 추구하는 욕심 많은 사람들이기 때문일 것이다.

---

6) 제럴드 코리, 『심리상담과 치료의 이론과 실제』(조현춘·조현재 옮김), 시그마프레스, 2004, 405쪽.

그 변화의 시발점은 어디일까. 여성주의보다는 상담자적 입장, 거시적이 기보다는 미시적인 입장에 그 방점이 찍힌다. 즉, 여성주의 상담자의 자기성찰이 그 시작이다. 상담자는 자기이해의 과정으로 상담자 자신의 경험과 내적 과정에 대한 자각과 통찰이 있어야 한다.7) 그렇다면 여성주의 상담자의 자기성찰은 어느 측면에서 이루어져야 하는 것일까. 제럴드 코리(Gerald Corey)는 "특히 여성주의/심리상담 치료자는 여성의 경험에 대한 사회적 차원과 문화적 차원에서 자신의 편향과 왜곡을 탐지해야 한다"고 제시했다. 모든 여성에게 영향을 주는 억압의 사회적 형태를 여성학적 시각으로 분석하는 것은 여성중심상담의 특수기법이다.8) 여성 상담자는 내담자뿐 아니라 자기 자신에게도 이런 접근을 시도한다. 학습모임 등을 통해 자신이 여성으로서 살아오면서 직·간접으로 경험한 억압과 폭력의 문제들을 계속 탐색하고 피드백을 받는다. 이 과정에서 많은 상담자들이 여성주의는 주어지는 것이 아니라 '일깨워지는 것'이라는 사실을 깨닫는다. 상담자들 역시 여성이기 때문에 상처받았음을 알게 되고, 이 깨달음은 내담자들의 심정을 진심으로 공감하게 만든다.

상담실을 나서서 집으로 돌아가면 그 순간부터 상담자들은 거대한 가부장적 사회구조 안으로 흡수되고 어머니, 아내, 며느리라는 성역할에서 자유롭지 못하다. 가부장제가 마치 공기와 같이 스며들어버린 일상 속에서 나 홀로 여성주의적 입장을 견지한다는 것은 불가능에 가깝기 때문에 이런 자기성찰의 시간은 소중할 수밖에 없다. 현장의 여성주의 상담자들은 이 부분에 깊이 공감한다. 여성주의 상담자들의 경험세계를 연구한 강문순은 이들이 성찰하는 주요 문제를 다음과 같이 말하고 있다.

"상담자들은 문제를 보는 시각부터 상담자의 태도까지 자신이 상담에서 무

---

7) 이은순, 「상담에서의 변화와 상담자」, 이화여자대학교 학생생활연구, 1993.
8) 정소영, 「의식향상(CR)훈련: 여성상담의 집단적 접근」, 『신학과 선교』 21, 서울신학대학교, 1996.

엇을 놓치고 있는지를 끊임없이 성찰한다. 성찰은 ▲ 상담자 자신이 여성주의자 혹은 상담자로서 자신의 정체성을 유지하는 것 ▲ 상담자와 내담자의 평등한 관계 ▲ 상담관계의 맥락을 유지시키려는 노력 ▲ 내담자를 단순한 피해자가 아닌 유능한 사람으로 보려는 노력 ▲ 상담자의 변화에 대한 조급성의 성찰 ▲ 그리고 상담자 자신 안에 있는 가부장성에 대한 성찰 등으로 나타난다. 또한 내담자를 피해자로 규정하고 대하게 되는 것을 상당히 경계한다. 가부장제 하에서 여성이 피해자임은 분명하지만 피해자로만 머물러 있게 되면 여성 자신에 대한 성찰을 간과하게 되고, 여성 내담자가 갖고 있는 힘에 대한 탐색도 성장할 수 있는 방향에 대한 성찰도 어려워지게 된다."[9]

이러한 성찰을 바탕으로 여성주의 상담가는 생활 속에서 여성주의를 실천해나가게 된다. 여성주의 실천이란 다름 아니라 억압과 차별의 피해자인 여성들을 돕는 작업이다. 어떻게 도울 것인가는 각자 자신의 상황과 조건에 따라 다르겠지만 크게는 ▲ 개인상담이나 집단상담으로 내담자를 돕는 것 ▲ 생활 속에서 부딪히는 문제들을 여성주의 관점으로 분석하고 개입하는 것 ▲ 법제화운동 같이 사회구조를 변화하는 운동에 참여하는 것으로 나눌 수 있을 것이다.

상담자들은 일련의 실천과정 속에서 어떤 고민을 갖고 있을까. 그들은 여성주의가 지향하는 '변화'와 안정적인 정체성을 갖게 하는 '상담'의 균형을 어떻게 맞출 것인지가 어려웠다고 말한다. 주부대상 집단상담을 진행한 여성주의 상담자는 "프로그램에서 사람들이 얻고 싶어 했던 것은 자신의 힘을 기르고 싶어 했던 거였어요. 남편과의 갈등에서 싸울 수 있는 힘, 시어머니와 싸울 수 있는 힘을 갖고 나를 사랑할 수 있는 힘, 내 분노를 표현할 수 있는 힘, 내 슬픔이나 외로움에 대한 힘을 기르고 싶어 했던 게 포인트였습니다"라고 하면서, 여성으로서의 힘을 자각하도록 여성주의라는 시각과 상담기법을 어떻게 조화시킬 것인지가 내내 고민거리였다고

---

9) 강문순, 「여성주의 상담의 원리와 전망」, 계명대학교 여성학과 대학원 석사학위논문, 2003, 92~93쪽.

말했다. 대학성폭력상담소에서 근무하는 또 다른 상담자는 여성운동의 제도적 성과로 만들어진 대학상담소라는 지점이 가해자와 피해자의 문제해결절차에 집중하게 되기 때문에 상담에 대한 고민의 여지가 줄어들기 쉽다고 하면서 "제도적 성과 안에서 여성주의가 어떤 모습으로 무엇을 해야 하는가"라는 문제의식을 제기했다.10)

생활 속에서 여성주의의 실천 역시 쉽지 않다. 앞서 살펴보았듯이 여성상담자들의 여성의식은 참여의 차원에 이를 정도로 발전해 있기 때문에 그만큼 성차별이나 권력을 사용한 폭력의 문제를 누구보다 민감하게 느낀다. 실례로 다년간 가정폭력상담을 해온 상담자는 이웃에서 가정폭력이 발생하면 남의 일 같지 않게 민감하게 느끼게 되어 경찰에 신고를 하거나 때로는 직접 그 문제에 개입하게 된다고 말한다. 성공적으로 마무리되면 상담자들은 뿌듯한 자신감을 얻게 된다. 하지만 모든 경우에 그런 것은 아니다. 상담자 자신의 생활 안에서 벌어지는 문제들이 스트레스를 주는 경우가 더 많다. 불평등한 가사분담, 양육문제 등은 여성주의 시각으로 볼 때 분명히 개선되어야 할 문제이지만 단시간에 해결할 수 없는 미묘한 사안들이다. 상담자 소모임에서 식구들의 '밥'을 차리는 문제 때문에 힘들어 하는 것을 흔히 볼 수 있다. 명절에 여성들에게만 부과되는 음식 차림, 제사문제를 거론하면서 울분을 터트리는 것도 같은 맥락이다. 또한 아이들을 키우면서 겪게 되는 교육문제도 빠트릴 수 없다. 폭력적이고 입시 위주인 학교문화에 반발심을 느끼면서도 어떻게 개선해야 할지 암담한 경우가 더 많다. 분명히 보이는 문제들을 해결할 수 없을 때 상담자들은 죄책감에 빠져든다. 여성주의자로서 해야 한다는 이론적 당위감과 할 수 없다는 현실의 무력감이 빚은 결과이다.

변화에 대한 욕구는 사회적 운동에 참여하는 데서 충족되는 경우가 더 많다. 이미 여성단체라는 조직이 있고 다년간의 운동경험이 축적되어 있

---

10) 나눔터 좌담, 「상담현장에서의 여성주의」, 성폭력상담소, 2003.3.

기에 구조화된 프로그램에의 참여가 가능하기 때문이다. 가정폭력, 성폭력, 성매매 등 각 단체가 활동하는 분야에 따라 많은 관련 사업들이 기획되고 상담원들은 회원자격으로 참여할 수 있다. 필자의 경우도 최근에 성매매여성들을 위한 여성수첩 배부, 가정폭력피해자 법정지원, 가두 서명받기, 대법원 앞 시위, SBS 방송의 가정폭력피해자 왜곡보도 기자회견 및 고발, 가정폭력방지법 5주년 기념토론회를 비롯하여 경제세력화를 위한 설문조사와 교육 다큐멘터리 제작, 경찰대상 가정폭력교육 등 다양한 사업에 참여했다. 이 과정 속에서 상담자들은 여성운동의 힘을 느끼고 자신감을 얻게 된다. 생활 속에서의 실천이 외로운 작업이었다면 여성운동은 연대의 힘을 확인할 수 있는 기회이다. 또한 여성이 처한 사회적·경제적·정치적 상황은 어느 한 부분이 아니며 유기적으로 통합되어 개선되어야 한다는 전체적인 시각을 갖게 된다. "개인적인 것은 정치적인 것이다"라는 여성상담의 대명제가 피부로 느껴지게 된다. 상담자로서 눈이 확 뜨이는 경험이라고 표현하면 적당할 것이다. 상담장면을 내담자 개인에서 여성을 둘러싼 이 사회 전체로 확대 설정하고, 더 살기 좋은 사회를 만들기 위한 구조적 개선을 역동적으로 추진하는 이 지점이 바로 여성주의 상담이 갖는 최대 매력이 아닐까 한다.

2) 지지집단

갓난아이가 젖을 찾는 것처럼 여성주의 상담자들에게 지지집단은 끊임없는 자양분을 공급해주는 모체와 같다. 오랜 세월 여성주의 상담을 해온 여성주의 상담자들은 어떤 형태로든 자신의 지지집단을 갖게 된다. 정기적인 상담원 소모임이나 스터디모임 등 형태는 다양하지만 여성주의적 가치관을 공유하고 지지하며 수용해주는 분위기는 공통적이다. 워렐은 여성주의 훈련 프로그램을 설명하면서 지지집단으로 학과나 대학을 언급하기도 한다. 주변에서 보면 적당한 지지집단을 찾지 못한 상담자들이 여성주의 상담자로 정체감을 획득하기 전에 현장을 떠나는 경우를 많이 본다. 지지집단 안에서 충분히 교류하고 안정감을 얻은 상담자들은 자신도 모르는 사이에 여성주의 상담자의 정체성을 갖고 성장하게 된다.

지지집단은 상담자들이 여성주의 정체성을 깨닫고 이를 체화시키는 새 겨둠의 단계에서 중요한 역할을 맡는다. 여성센터와 여성연구과정 등 여성 지지집단들은 여성들이 새겨둠을 경험하게 되는 안식처들이다.11) 여성주의상담자들은 지지집단 안에서 자신과 뜻을 같이 하는 동지들을 만나게 되고, 이들과 사회적이고 정서적인 유대감을 강하게 형성한다. 이런 유대는 그들에게 새로운 참조체계와 정체성을 갖게 하고 지지적인 환경에서 분노를 내놓을 수 있게 한다.12)

때로는 여성주의 집단상담이나 의식훈련이 지지집단이 된다. 의식(CR) 훈련을 연구한 정소영은 자신을 변화시키고 자신의 삶도 변화시키기 원하는 여성들은 다른 여성의 정신적인 지지가 필요했으며, 이 지원은 여성들끼리의 집단경험을 통하여 가장 쉽게 공급받을 수 있었다고 한다.

한 상담자는 둘째 아이 양육 때문에 취업기회를 포기할까 고민하는 과정에서 여성주의 집단상담에 참여했는데, 뜻밖의 지지를 받고 취업을 결정하게 됐다고 털어놓았다. 첫아이 때 직장생활을 병행하면서 힘들었던 기억 때문에 '일하고 싶은 마음'과 '두려운 마음' 사이에서 고민하고 있다고 하자 참가자들이 자기 일처럼 공감해주며 포기하지 말라고 격려해준 것이 큰 힘이 됐다고 한다.

이렇게 속이야기를 털어놓으면서 여성들은 그 경험이 상당부분 여성이기 때문에 감당해야 했던 삶의 무게임을 보게 되고, 자신만이 아니라 다른 여성들도 겪고 있는 사회적인 고통임을 알게 된다. 여성운동에서는 집단적 접근방법이 하나의 정치적 도구이면서 동시에 치유적 과정(Therapeutic Process)이다. 여성들만의 집단을 통하여 집단적 억압을 발견할 뿐만 아니

---

11) 박애선, 앞의 글, 1993, 17쪽.
12) 앞의 글.

라 여성문제는 전적으로 개인적인 것이라는 통념을 깨고 이 사회에 만연된 여성의 억압에 관한 진상을 여성 스스로 발견하는 것이 가능하기 때문이다.13)

여성주의 상담자들을 위한 지지집단은 어떤 내용을 담고 있어야 할까. 워렐은 여성주의 상담을 하고자 하는 학생들을 위한 지지집단은 ① 여성으로 사는 것 — 동성애자 또는 양성애자, 인종적 소수집단 또는 문화적 소수집단으로 — 과 여성주의자가 되는 것과 관련된 개인적 문제를 다루기, ② 여성주의 프로그램을 개인적이고 전문적인 문제에 적용하는 데 필요한 지속적인 의식화, ③ 여성주의적이지 않은 환경에서 생존하는 데 필요한 개인적 지지에 중요하다고 말했다.14)

서울여성의전화에는 전화·면접상담원 모임, 여성주의상담연구회, 성 강사 모임, 경제세력화 모임인 '나와 돈', 미혼·비혼·이혼·사별 회원들의 모임인 '싱글여성모임', 지역의 모임, '살맛녀(살맛나는 여성들의 모임)', 기타 영화나 사진, 산을 좋아하는 회원들의 취미모임 등 다양한 소모임이 있다. 여성주의 상담자들은 위의 모임 중 본인의 취향에 맞는 곳을 선택해 자신의 지지집단으로 삼는다.

3) 평등의식과 자매애

여성주의자들은 다양한 이미지를 갖고 있다. 성차별 철폐를 외치며 투쟁하는 투사 같은 면모와 독립적이며 자유스러운 여성의 이미지 등. 필자가 만나본 여성주의자들은 어딘가 여느 여성들과는 다르다. 사고가 자유롭고 표현이 솔직하며, 이는 자기만의 독특한 멋을 추구하는 외모에도 나타난다. 꺼풀을 벗은 듯한 느낌, 오롯이 자기다움을 표현하고자 하는 이런 모습은 여성주의가 갖는 평등성과 자매애에서 비롯된 것이 아닐까 한다.

---

13) 정소영, 앞의 글, 1996.
14) 주디스 워렐·파멜라 리머, 앞의 책, 2004, 467쪽.

여성주의 상담은 태생 자체가 평등성을 안고 출발했다. 여성상담의 중요한 특징은 상담의 대가에 의해 제창된 것이 아니라 수많은 여성들의 생각과 노력에 의해 발전한 이론(고석주, 1996)이라는 점이다. 그런 점에서 여성상담은 전문가와 내담자의 관계에서 이루어지는 것이 아니고 동료, 파트너의 관계이며 상담자는 외부인이 아닌 공동체의 일원인 셈이다.15)

이 평등성은 내담자와의 관계에도 적용되지만 우선적으로 동료, 선·후배와의 관계, 나아가 조직의 운영원리에도 적용된다. 정소영이 말한 여성주의 의식화 집단운영원리는 여성상담자들의 평등한 관계방식을 잘 보여준다.

"의식향상집단(CR)에서는 모든 자원과 책임을 회원들이 똑같이 나눈다. 또한 개인의 변화를 위해 그가 가진 잠재력을 충분히 개발하려 하기 때문에 불평등과 파괴적인 경쟁을 지양하고 개인의 지식과 기술을 동등하게 추출하려는 의도에서 지도자도 없다. 같은 이류시민으로서 여성들끼리의 자매애를 귀하게 생각하고 개인 경험의 중요성을 인정한다. 그러므로 집단의 구조는 극히 자율적이며 회원들은 서로를 지지하고 도우며 비판하지 않는다. 지도자 없는 경험을 통하여 오히려 여성의 지도력 양성이 가능하다고 보기도 한다."16)

모든 결정은 합의과정을 거치며 극히 여성스러운 방식으로 진행된다. 여성주의 상담자들은 어떤 상황에서든 권력적이지 않은 평등한 관계를 만들려고 노력한다. 상담원 소모임에 가면 허용적이고 따뜻한 분위기에서 대화가 전개된다. 연령대는 30대부터 60대까지 이르지만 그 분위기는 마치 10대 소녀 시절로 돌아간 것처럼 생기와 희망이 넘친다. 모두 입을 모아 말하는 것이 여성의전화에 오면 거리낄 것이 없다는 것이다. 어떤 이야기를 해도 있는 그대로 자신을 드러낼 수 있고 여성의 입장에서 수

---

15) 이규미, 「여성상담의 특징과 여성 상담자의 전문적 자질」, ≪한국여성심리연구회지≫ 1권, 1996.
16) 정소영, 앞의 글, 1996.

용되고 지지받을 수 있어 편안하다고 한다. 생활 나누기에서는 구성원들이 자신의 삶 속에서 직·간접으로 체험한 성차별, 폭력의 문제들을 솔직하게 토로하고 서로간의 적극적인 지지와 공감을 담은 피드백을 주고받는다. 때로는 집단상담처럼 감정의 깊은 수준까지 체험하게 되며 상담원들은 개인적으로 억압됐던 감정의 정화를 체험하고 이를 자매애적인 여성주의로 승화시키는 경험을 하게 된다. 또 다른 평등성의 모습도 있다. 필자가 여성의전화에 와서 당황스러웠던 것 중 하나가 점심시간이 되면 선·후배 모두 각자 자기 몫을 계산할 때였다. 직장생활을 하면서 연장자나 선배들이 후배보다 더 지불하는 것을 당연시했기에 무엇을 하든지 똑같이 나누는 것이 익숙하지 않았다. 그러나 곧 그런 지불방식이 서로를 편안하게 한다는 것을 깨달았다. 자본주의사회에서 돈은 곧 권력을 의미한다. 경제적 평등은 곧 권력의 평등을 말하는 것이다. 점심 값을 내는 것도 여성주의 상담자로서 내가 책임질 수 있는 만큼 경제적 평등을 구현하는 작은 실천인 것이다.

자매애는 이런 노력의 자연스러운 결실이다. 자매애는 평등한 관계를 기반으로 하여 맺어지는 정서적 유대를 말하지만 내용은 그 이상이다. 남성중심적인 세상의 질서에 맞서 여성들만의 독특한 질서를 새로이 구축하는 것이다. 그 안에는 캐롤 길리건(C. Gilligan)이 발견한바, 여성정체감 형성의 핵심요소인 친밀감과 도덕판단의 기준인 돌봄의 윤리가 살아 숨 쉬고 있다. 가정폭력주간 야외행사에 아들의 여자친구와 함께 와서 회원으로 가입하고 또 가정폭력의 부당성을 설파하는 상담자를 보면서 자매애의 힘을 느낀다. 고부문제를 포함하여 우리가 그동안 당연시해왔던 관습들을 여성주의적 시각으로 해체하고 새롭게 틀을 짜볼 수 있지 않을까라는 기대감에서이다. 가부장사회의 피해자인 여성이 스스로 생존자로서 재자리매김하고 주체로 서는 과정에서 자매애는 이를 뒷받침해주는 가치 있는 덕목이다. 자매애라는 큰 울타리 안에서 여성들은 서로 협력하고 사랑하며 인정하는 그들만의 세계를 배운다. 이것은 여성주의 상담자들이 가부장사회를 버텨내고 나아가서 전복을 꿈꿀 수 있는 자기만의 힘을 갖게 되는 것이다.

4) 학습

그리스팬은 "여성주의 상담의 궁극적인 목표는 한 여성으로 하여금 자신의 개인적인 힘이 여성의 집합적인 힘과 어떻게 얽혀 있는가를 보도록 돕는 것이다"라고 말하고 있다. 이 목표를 이루기 위해 여성주의 상담가는 다양한 지식을 고루 갖추어야 한다.

여성개발원에서 나온 훈련 프로그램은 다섯 가지 측면에서 여성상담자의 교육을 말한다. 첫째, 한국의 사회·문화적 상황에서 여성에 대한 전통적 사고와 제도를 이해함으로써 현대 여성문제를 인식할 수 있는 내용, 둘째, 여성상남 및 여성심리학에 관한 이론과 성차별 및 성역할에 대한 이론을 포함하여 여성상담자로서의 역할 및 자질의 중요성을 인식할 수 있는 내용, 셋째, 상담자로서의 인성적 자질과 태도로 요청되는 긍정적 자아개념 형성을 도울 수 있는 내용, 넷째, 여성상담자의 상담활동에 저해요인으로 작용할 수 있는 상담자 자신에게 내면화된 성차별의식의 변화 및 성역할 고정관념을 극복할 수 있는 내용, 다섯째, 상담자로서의 전문적 자질을 향상시킬 수 있는 상담이론에 관한 지식과 실제에 대한 상담기술을 익힐 수 있는 내용[17]이다. 이는 가부장제의 영향을 이해하는 여성학 공부, 여성주의 관점에서의 상담심리학 공부, 여성 및 남성 심리학 공부라고 정리해 볼 수 있다.[18]

현재 한국에는 위에서 제시한 대로 각 분야를 통합해서 여성상담을 가르치는 대학원과정이나 전문기관이 없기 때문에 상담자들은 상담이론은 학교나 평생교육원 전문강좌 서적을 통해, 여성주의는 대학원이나 단체활

---

[17] 「여성 상담자 훈련프로그램 개발」, 한국여성개발원, 1989, 29~30쪽.
[18] 주디스 워렐·파멜라 리머, 앞의 책, 2004, 서문.

동 전문강좌 서적을 통해, 상담현장은 여성단체에서 제각기 따로따로 체득하고 있는 실정이다. 이는 시간적·경제적으로 소모적일 뿐 아니라 이런 공부를 어떻게 여성주의적 관점에서 통합할 것인가 하는 측면은 여전히 개인의 과제로 남게 된다는 문제가 있다.

이와 관련해서 하웨이(Michelle Harway, 1979), 워렐(1980), 워렐과 리머(Worell & Remer, 1992)가 제시한 상담심리학에서의 여성주의 다양성 훈련 모델이 눈길을 끈다. 이 모델은 여성주의 지향의 연구와 실천에서 효과적으로 기능하게 촉진하는 지식, 태도, 기술을 얻게 하도록 고안되었다. 대학원 프로그램의 네 가지 구성요소는 태도와 가치, 구조, 자원, 외부활동인데, 여성주의 페더고지(pedagogy) 원리나 구체적인 교과과정이 어떻게 짜여져야 하는가의 제시, 여성주의 실천의 문제 슈퍼비젼(supervision), 사회적 지지, 외부활동에 이르기까지 아주 구체적으로 어떻게 가르치고 무엇을 배워야 하는지를 상세히 소개하고 있어서 도움이 된다.[19]

또한 집중해야 하는 분야는 상담 자체에 대한 전문성 함양의 측면이다. 기본기가 부족한 채 여성주의 상담의 원리만을 중심으로 상담을 하게 되면 상담이라기보다는 여성주의를 가르치는 교육같이 되어버릴 수 있다. 기본기란 내담자의 문제를 탐색하고 해결하는 상담과정을 전체적으로 부드럽게 이끌어나가는 능력과 그 과정에서 필요한 상담기법을 말한다. 경청, 공감, 명료화, 요약, 질문, 직면, 자기공개 등을 능숙하게 사용할 수 있어야 하는 것이다.[20]

이를 구체적으로 보면 다음과 같다. 유능한 상담자의 역할수행을 위한 제 조건들로 첫째, 전문가로서 상담자는 기본적으로 상담에 관한 실제적인 지식과 이론적인 개념에 대한 이해가 있어야 한다. 성격이론, 변화의 이론, 부적응의 특징과 유형, 위기개입의 이론, 진로상담 등에 대해 공부해야 한다. 둘째, 자기이해의 과정으로서 상담자 자신의 경험과 내적 과정

---

[19] 앞의 책, 457~471쪽.
[20] 김민예숙, 「여성주의 슈퍼비전에 관한 소고」, 『춘해대학 논문집』, Vol.12, No.1, 2000.

에 대한 자각과 통찰이 있어야 한다. 이를 위해 개인상담이나 집단상담을 받아야 한다. 셋째, 상담기술의 습득으로 경청, 질문, 자기노출, 공감, 직면, 요약 등의 기술훈련과 경험을 가져야 한다. 넷째, 교육지도(슈퍼비전)로 자신이 내담자를 만나 상담한 사례를 개인적으로 혹은 동료와 함께 집단으로 교육지도를 받아야 한다.21)

모든 상담자는 내담자들이 상담과정을 통해 인지적·정서적·행동적 측면에서 질적인 변화를 체험하기를 기대한다. 상담기술은 내담자와의 관계형성은 물론 내담자를 변화로 이끌어내기 위해 꼭 갖춰야 할 조건이다.

세간에서 "여성단체는 이혼을 강요하는 곳이다. 그곳에서 하는 상담은 상담이 아니다"라는 편견 어린 말들이 들린다. 여성주의 상담자로서 자존심이 상하는 평가이다. 물론 상담자는 관련 분야의 전문가로서 필요한 정보를 줄 수도 있고 때로는 합의한 계획에 대한 실천의사를 묻기도 한다. 하지만 여성주의 상담자라고 해서 고압적인 자세로 상담을 하는 것은 아니다. 많은 여성주의 상담자들은 철저한 내담자중심 상담의 원리에 입각해서 상담하고 내담자들의 욕구에 맞추어서 경청, 공감하며 플랜 짜기도 진행한다. 결코 선도하려 하지 않는다. 왜냐하면 상담자중심의 상담은 내담자에게 아무런 도움이 되지 않는 것을 경험으로 알기 때문이다. 상담의 전문성 함양은 이런 측면에서 여성상담의 질을 높이고 여성상담자에 대한 세간의 오해를 풀어주는 데도 도움이 되리라 생각한다.

여성상담자 자신의 입장에서 보다 적극적인 참여의 자세가 필요한 것도 사실이다. 현장상담자들도 자족하지 말고 열심히 공부하고 자기사례 슈퍼비전을 받으려고 하는 태도가 요구된다. 상담사례 슈퍼비전에 소극적인 상담자들, 일방적으로 내담자를 교육하려고 하는 상담자들, 기타 상담관계 형성에 도움이 되지 않는 행동을 선택하는 상담자들도 간혹 보게 된다. 이때는 상담을 잠시 멈추고 자기를 돌아보는 반성의 시간이 필요하다. 상담

---

21) 이은순, 앞의 글, 1993.

공부에 참여하거나 개인, 집단상담을 받아보는 것이 좋은 기회가 될 수 있다. 시간을 보낸다고 해서 저절로 유능한 여성주의 상담자가 만들어지는 것은 아니다.

스스로 "나는 여성상담자의 정체성을 갖기를 원하는가" 또는 "어느 단계에 머물고 있는가"를 자문해보고 답이 나오면 즉각 실천하는 자세가 요구된다. 물론 여성단체의 노력도 필요하다. 열악한 재정과 인적자원, 운동단체라는 특성상 교육지원에 한계를 갖고 있는 것이 안타까운 현실이다. 그러나 상담원 재교육과정을 정례화하고 집중적으로 상담자 훈련 프로그램을 시도할 필요가 있다. 상담원들이 가장 필요로 하는 분야를 선정해서 ― 예를 들면 공감 명료화 경청 등 상담의 대화기술에 집중하는 단일주제의 프로그램 ― 체험하면서 배우도록 진행하면 효과적일 것이다.

본질적으로 어떤 관점을 가진 심리상담/치료자이든 간에, 여성에 대한 긍정적인 태도를 가지고 심리상담/치료를 하고, 여성적 특질을 가치로운 것으로 여기고, 가부장적 체제에 대항하고자 하고, 여성들에게 권한을 부여하거나 여성들이 자신들의 목소리를 내도록 돕는다면 심리상담/치료에 여성주의 심리상담/치료를 섞을 수 있다.[22] 코리는 선택한 이론이나 실제에서의 편향의 원천을 확인해 남성중심적 측면을 재구성하거나 제거해야 한다고 말한다. 여성주의 상담이 여성운동을 모태로 하듯 여성주의 상담자에게도 자기성장을 위해서는 다양한 공부와 실천, 이를 관통하는 여성주의적 가치관 연마가 핵심과제이다.

5) 미래의 비전

여성주의 상담자는 어제를 뒤로하고 오늘을 살되 미래를 꿈꾸는 사람이다. 이들이 꿈꾸는 미래는 어떤 모습일까. 그 키워드는 아마도 변화가 될

---

[22] 제럴드 코리, 앞의 책, 2004, 405쪽.

것이다.

엔스는 여성상담의 첫 번째 목표로 "적응이 아니라 변화를 추구한다"는 것을 꼽는다. 변화의 목표는 현재의 관계나 상황에 적응하는 태도와 행동을 개발하는 대신 개인의 발전에 초점을 둔 변화를 추구하는 것이다.[23] 여성주의 상담은 내담자에게 내면화된 과거의 문화에서 탈피하여 여성의 욕구와 능력에 대해 새롭게 인식하고 행동하도록 이끌기 때문에 일종의 '재사회화과정'이라고도 묘사된다. 그 첫걸음은 여성 내담자의 내적 세계와 외적 세계가 어떻게 상호작용하는가를 주의 깊게 살펴 여성 내담자가 이 두 세계를 구별하여 적어도 자신이 원하고 필요한 곳에 에너지를 사용하도록 도와주는 일이다.[24] 여성주의 상담자는 남편의 외도 때문에 소화불량과 우울증을 겪고 있는 내담자에게 가부장적 사회와 남성의 외도 문제가 밀접한 관련이 있음을 알게 한다. 그 문제해결의 열쇠는 남편이 쥐고 있음을 상기시키고 더 이상 개입하지 말 것을 조언한다. 또한 그 에너지를 자신에게 집중하여 자존감과 즐거움을 충족할 수 있는 행동을 선택하도록 제안한다. 최해림은 이런 일련의 과정에서, 한국적인 삼종지도의 문화에서 여성이 자신의 삶을 주도하도록 도와줄 때 결과가 좋지 않을 수도 있음을 알아야 한다고 지적하면서, 이런 의미에서도 여성의 삶이 의미 있는 발전을 하려면 사회적 변화가 필수적이기 때문에 수동적인 '적응'이 아니라 '변화'를 강조하고 있다고 설명한다.[25]

이런 지적은 사회적 변화가 필수적이라는 자연스러운 결론으로 나아간다. 엔스는 여성주의 상담에서 가능한 한 자기변화의 성과는 사회적 운동의 참여라고 전제한다. "개인적으로 경험한 문제들은 오로지 사회적 변화를 통해서만 개선되므로 보다 큰 사회적 이슈가 제기될 때마다 여성들 개인의 삶의 변화와 연관된다. 의식성장그룹과 지역운동 프로그램에의 참여

---

23) Carolyn Zerbe Enns, *Feminist Theories and Feminist Psychotherapies*, The Harrington Park Press, 1997, p.19.
24) 최해림, 「여성상담의 과정 및 기술」, 『인간 이해』 10집, 서강대학교 생활상담실, 1989.
25) 앞의 글, 51쪽.

를 통해서 여성들은 미래의 변화된 행동들을 이끌어갈 경험과 자신감을 얻는다."26)

여성상담을 통해서 자신이 앓고 있는 병이 가부장적 사회의 산물이며 적응하기 위해 얻어진 증상임을 깨닫게 된 여성들은 더 이상 자신을 억지로 그 구조 안에 끼워 맞추려는 노력을 시도하지 않는다. 그보다는 불평등한 힘의 관계에서 벗어나고자 자신의 힘을 키우는 데 집중하게 된다. 그런 맥락에서 경제적 독립이나 이혼을 결정하는 것은 내담자들에게는 자연스러운 선택이 된다. 그리고 이렇게 의식이 깨어난 여성들은 개인적·사회적으로 자신의 변화를 지지하고 확장시킬 새로운 관계를 찾게 되고, 나아가 자신들을 길들여온 가부장사회를 변화시키는 사회운동에도 관심을 갖게 된다. 실제로 쉼터를 이용한 내담자들이 의식이 성장하고 개인문제가 해결되는 체험을 하면서 단체의 회원으로 활동하거나 상담원교육을 받고 상담자가 되는 경우도 있다.

여성주의 상담자는 내담자가 겪는 이런 변화를 자신의 삶 안에서 고스란히 체험한다. 상담자 자신의 경험을 반추해보면 가부장제의 짙은 그림자를 발견하고 적응하기 위해 힘들어했던 과거의 상처들을 보게 된다. 상담자 역시 "내가 원하는 것이 무엇인가"라는 질문을 던졌을 때 남녀가 평등한 평등사회에서 자신의 자존감과 즐거움을 충족할 수 있는 여성의 삶을 원하고 있음을 알게 되는 것이다. 그러기에 여성주의 상담자는 상담과 여성운동이라는 두 대의 마차를 몰고 가는 사람일 수밖에 없는 것이다.

나의 변화와 평등사회로의 변화. 여성상담자를 비롯한 이 사회의 소수자들이 더 이상 커밍아웃할 필요가 없는 그런 날이 올 때까지 포기할 수 없는 과제인 것이다.

---

26) Carolyn Zerbe Enns, op. cit., 1997, p.20.

제5장
피해자에서 생존자로 세상을 보다

이문자[*]

나는 항상 상담가 기질보다는 운동가 기질을 많이 가지고 있다고 말한다. 여성의 권익과 인권을 위해서라면 주저 없이 뛰어들고 싶다. 그러나 한편으로는 유능한 여성주의 상담가가 되기 위해 정진하고 있다. 많은 고통받는 여성들의 힘이 되고자 이 글을 적는다.

관심 밖의 넷째

6남매의 넷째로 태어난 나는 오직 불만이, 많은 형제 중에 유독 관심의 대상이 되지 못한다는 것이었다. 괜한 시샘에 혼자 토라지고, 혼자 짜증내고, 혼자 서러워하고, 혼자 놀았다. 지금 생각하면 중간에 끼어 있는 듯 없는 듯 지내왔던 것 같다. 어릴 때는 관심을 먹고 사는 시절인데 누가 관심을 기울여주지 않은 탓이었으리라. 그렇게 외톨이로 느낀 감정은 성

---

[*] 서울여성의전화 여성인권상담소 소장.

격에 반영되어 긍정적이기보다는 부정적이고 우울했던 것 같다. 특별히 환경적으로 불편을 주는 것도 아닌데 왜 그렇게 말수도 적고 명랑하지 못했는지는 나도 잘 모르겠다.

큰아들은 장남이라서, 작은아들은 유난히 총명해서, 언니는 큰딸이라서, 막내딸과 막내남동생은 막내라서 관심을 받았지만 중간에 있는 못난 딸은 그냥 가운데 박혀 있는 딸이었지 별 특징이 없었던 것이다. 그러다 보니 괜한 열등감이 생겨나고 움츠렸던 기억이 난다.

지방에서 수재였던 아버지는 8남매 맏이로서 화려한 학업(동경유학)을 계속했어야 함에도 불구하고 장남으로서의 책임감 때문에 일찍 관직에 뛰어들어 비교적 출세의 길이 빨랐다. 그때 당시 지방관리면 뇌물도 꽤 많고 풍족하여 부족할 것이 없는 어린시절을 보냈지만 즐겁지는 않았다. 주목받기 위한 우울을 선택했다는 것이 맞는 얘기일까? 그러나 어른들은 이렇게 순한 애가 어디 있느냐고 했고, 자식들한테 무관심한 아버지까지도 내가 어렸을 때 너무나 순해서 이런 애는 일년에 두 번 낳아도 되겠다는 얘기를 했다고 한다.

잘생기고 머리 좋고 다방면에 재주가 있던 아버지는 자기도취에 사는 분이었고, 부잣집 외동딸인 어머니는 여자 그 자체인 분이었다. 동양적인 미인에 음식 잘하고 남편의 사랑을 갈구하는 전형적인 여성. 끼가 있는 아버지의 주위 여자들 때문에 어머니는 전전긍긍했고, 자신의 바깥일밖에는 관심이 없는 아버지 대신 아이들 양육과 시동생들 뒷바라지를 하며 그것이 자신의 의무이자 낙으로 여기며 살아가는 여인이었다. 우리가 어렸을 때 딸들이 모여 항상 하는 얘기가 있었다. 어떻게 외할아버지는 어머니가 외동딸이라고 그렇게 자신이 먹는 좋은 음식만 먹였다면서, 외삼촌들은 다 서울로 보내 일류학교에 동경유학에 아낌없이 교육시키면서 하나 있는 딸은 오직 끼고 앉아 서당에만 보냈을까 하면서 아들 딸 차별했다고 분통을 터트렸다. 어머니가 신식교육을 받았더라면 이렇게 가난한 충청도 시골 맏이한테 시집와서 이런 고생을 하지는 않았을 텐데 하면서, 어머니에 대한 안타까운 마음이 딸들의 마음속에 항상 남아 있었다. 그래서인지 어머니는 교육에 전혀 차별이 없었고, 그 시대에도 딸을 대학에 보내지 않는 집을 매우 이상하게 생각했다.

　딸들이 커가면서 어머니는 딸들한테 아버지에 대한 불만을 터트린 적이 많았다. 특히 기생들과 놀아나는 아버지의 흉이었다. 아버지에 대한 미움을 키웠고, 결혼에 대한 꿈을 갖고 살지는 않았다. 적어도 나에게는 이런 아버지에 대한 얘기들이 어머니를 이해하기보다는 아버지와의 거리를 멀게 하고 아버지에 대한 존경심을 잃게 했다. 고등학교 때 친한 친구로부터 자기는 아버지 무릎을 베고 놀다가 잠이 든다는 얘기를 듣고 깜짝 놀란 적이 있다. 아버지는 다 우리 아버지같이 바깥일만 하시고 집안에서는 대우받는 사람인 줄 알았는데 아버지와 그렇게 지낼 수도 있는 거구나 하는 생각을 하였고 매우 부러웠다. 우리 형제는 어머니와는 매우 친하고 애정이 많았으나 아버지는 그냥 아버지로 존재했고 밖에서만 존경받는 분이라고 생각했다. 그렇지만 아버지는 자식들한테 무관심할 뿐이지 가정에서 가부장적인 권위를 부린다든지 하지는 않았고, 본래 성품은 매우 선하고 정직하다는 것을 우리는 안다. 여자를 좋아하시고 많은 취미생활을 하시면서 자신만의 즐거움을 찾아 하시는 것이 문제였다. 정구(현재 테니스), 말 타기, 지프를 몰고 나가시는 아버지의 멋진 모습을 일찍부터 봐왔기 때문에 나중에 남자의 외모에 대해서는 관심이 없었다. 오히려 좀 못생긴 남자를 좋아할 정도로 아버지를 비롯해서 오빠들과 남동생의 인물이 출중했기 때문이다. 어머니를 무시하지는 않았고, 지방 지주의 외동딸이라서 그런지 무시 못 할 외삼촌들 때문인지 처가식구들을 존중하고 특히 외삼촌들과는 친형제 이상으로 잘 지내는 것을 볼 때 어머니를 무시할 수 없는 환경 때문이었던 것 같다. 어머니는 나의 어린 마음에도 아버지의 애정을 갈구하는 것 같았고, '아버지를 매우 좋아하시는구나'라고 느꼈는데, 지금 생각하니 어머니도 한 여자로서 아버지의 매력에는 어쩔 수 없지 않았나 하는 생각을 한다. 그때 당시 학교열이 대단할 때도 우리 집은 아버지보다는 큰

오빠가 동생들에 대해 학교 욕심을 많이 부렸다. 아버지는 전혀 관심을 가지지 않았던 걸 생각하면 자신의 출세와 호사에만 신경을 썼던 것이다.

나는 아버지의 성격을 닮아 나에 대한 관심은 많은데 다른 사람에 대한 관심은 별로 없다. 형제 모두가 아버지의 배려를 못 받아서인지 매우 이기적이고 서로 우애 있게 관심을 기울이지 않는다. 그래서인가 나는 결혼이나 연애에 별로 환상을 가지고 있지 않았고, 청소녀기 때부터 조금은 비관적으로 자라온 나는 여러 가지 콤플렉스를 가지고 있었다. 외모도 성격도 (여자답지 못하다). 반면에 나는 여자의 직업에 관심이 많았고, 앞으로 취업이 잘되는 학과를 택하여 대학을 선택했다. 막연하게 나름대로 멋지게 사는 꿈을 꾸었지만 현모양처는 아니고 당당하게 사는 여성의 꿈이었다.

어둠의 시간들

그 후 아버지는 중앙관리까지 진출하셨고, 더 큰 정치적 야망을 가지고 두 번의 국회의원선거에 출마하셨으나 고배를 마시면서 가산을 탕진하였다. 한창 꿈을 가질 나이가 된 자식들은 경제적 어려움을 겪으면서 사기가 떨어지고 세상에 대해서 괜히 주눅 들게 되었다. 저마다 욕구가 충족되지 않아 우울하였고, 나 같은 경우는 괜히 저항심만 더 키우게 되었다. 가족들의 즐거움이 사라지고 신경만 날카로워지는 세월이었다.

생각과 말과 행동이 성격을 낳게 되는 것처럼 성장기의 불만이 저항적인 행동으로 이어지면서 매사가 부정적이고 염세적이었다. 가정이 기울면서 큰오빠부터 결혼이 늦어지고, 딸들까지 이른바 적령기를 넘기고 결혼을 하게 됐다. 가세가 기운 상태에서 결혼을 하게 되니 부모가 나서서 배우자를 고를 형편이 안 되었고, 저마다 자신들에게 맞는 배우자를 찾아 결혼을 하였다. 그러나 유독 나는 성격대로 그렇게 호기심도 없는 데다 감정보다는 판단과 평가를 먼저 하는 성격 탓인지 연애라는 감정에 깊이 빠지지도 못했고, 그런 상대를 만나지도 못했다. 결국 밑에 동생 둘을 보내면서도 결혼할 생각을 하지 않았다. 직장생활하면서 장래에 하고 싶은 일이 있었음에도 불구하고 적극적인 행동으로 옮기지 못하고 꿈을 이루지 못했다. 나의 남성관은 남성사회에서 훌륭하다고 하는 잣대를 그대로 가지고 있다는 것을 알았고, 가부정적 사고가 매우 많은 나 자신을 보았다. 그러나 생각이 깊고 내가 그냥 존경심을 가질 수 있었으면 하는 막연한 생각이 있을 뿐이었다.

그러다 우연한 기회에 친구의 소개로 늦은 나이에 적어도 내가 만나고자 하는 사람이라고 생각했고, 굉장히 숨은 매력이 많은 사람이라고 생각했던 사람과 결혼을 하게 되었다. 그러나 부모님 특히 어머니가 홀어머니의 외아들이라는 점 때문에 반대를 하셨다. "아무래도 네 성격으로 봐서는 그 환경에 맞지 않을 것 같다", "힘들 텐데" 하시며 문화가 다른 지역도 시석하셨다. 내 성격이 어른한테 귀여움을 받을 성격이 못 된다는 말씀이었다. 상냥하지 않고 무뚝뚝하고 표현을 잘 못하니 견디기 힘들 거라는 말씀인 것 같았다. 그러나 나는 그것이 왜 문제가 되는지, 사람이 살아가는 데 통하지 못할 것이 무엇인지를 헤아리지 못했다. 아버지가 가부장적이기는 했으나 소통이 안 되는 것은 아니었고, 어머니 또한 시동생들이나 시어머니와의 관계가 원만했던 것을 알고 있었기 때문에 더 낙관적으로 생각했는지도 모르겠다.

그러나 결혼 초부터 그렇게 소통이 안 될 줄은 상상도 못했다. 시어머니라는 사람은 모든 것이 일방적이었고, 말 한마디도 "감히 시어머니한테……"라고 하면 더 이상 말을 이을 수가 없었다. 아들(남편)에 대해서는 "내가 다 안다"라는 식으로 나오기 때문에 내가 할 수 있는 것이 없었다. 혼자 자란 남편은 부인과의 다정한 모습도 어머니에게 죄스럽게 생각하는 것 같았다. 그리고 그 여성(시어머니)도 혼자될 수밖에 없었던 구구절절한 사연까지 내가 이해하기를 바라셨다. 그 여성을 이해하기 전에 내가 죽을 것 같은 심정이었다. 또한 가치관의 차이로 일어나는 무시는 더 견딜 재간이 없다는 것을 깨닫게 했다. 자수성가한 시어머니는 몇 십 억의 재산가였고, 그 여성의 가장 힘이 되는 것은 돈이었다. 돈이 없는 친정은 무시해도 별로 죄의식을 안 가졌고, 동시에 며느리를 무조건 수하에 두려는 심사에는 경제적 부분도 많이 포함되어 있었다. 왜 시어머니가 부당한 얘기를 하는데도 며느리는 입도 뻥긋할 수 없는 것인가? 내가 결정할 수 있는 일을 전혀 결정하지 못하고, 왜 그냥 순종해야만 하는 것일까? 시어머니라는 상대는 오직 무서움과 두려움의 대상이었고, 내 힘으로는 도저히 어떻게 대처해야 할지를 몰랐다. 아이가 생기고, 참을 수 없는 지경까지 올라가면서 수없이 무섭게 부딪히는 시간들이 많아졌다. 청소녀기에 이유 없이 쌓였던 분노가 그때 다 폭발했던 것일까? 견디기 힘든 시간들이 너무나 사람을 황폐하게 만들었고, 이건 정말 쓸데없는 소모전이라고 생각했다. 나는 자라면서 벙어리 3년, 귀머거리 3년, 장님 3년을 지내야 된다는 얘기를 우리 어머니한테 들어본 적이 없었다. 알아서 잘할 것이라고 생각해서였을까? 우리 어머니는 8남매의 맏며느리로, 출세한 맏형인 아버지가 시동생들을 다 공부시키고 취직시키고 서울로 학교를 보내면서 어머니가 다 뒷바라지를 했으니까 힘은 들었겠지만, 정신적 고통은 없었다고 생각한다. 시동생들은 고마움을 알고 형수를 너무 좋아하고 시아버지가 며느리 예뻐서 동네방네 자랑하셨다는 얘기를 들었지, 이렇게 군림하는 시어머니는 상상도 못했다. 부잣집의 외동딸인 어머니가 가난한 시댁 때문에 육체적인 고생은 한다고 생각했지만 어머니를 다 존중해준다고 생각했다.

결혼할 당시부터 이건 아닌데라는 생각은 했지만 그래도 7년이라는 세월을 보냈다. 너무 긴 세월을 보내게 된 것은 처해 있는 나의 상황 때문이었다. 그동안 친정어머니가 중풍으로 쓰러져 20일 만에 돌아가시고, 채 1년도 안 돼 아버지는 젊은 여성과 재혼을 하여 내가 이 집을 뛰쳐나온들 내가 의지할 곳이 없었던 것이다. 나는 매우 슬펐고 숨이 막혔다. 그때 당시 내 주위에 여자형제가 없었던 것도 나를 매우 처절하게 만들었다. 대학을 졸업하고 금방 미국에 간 동생, 남편 임지 따라 영국에 간 언니. 나는 나를 지탱해줄 정신적인 응원자가 없었다. 가까운 친구에게 매일 뛰어가 의논하고 하소연했을 때 친구는 굉장히 냉정한 판단을 해주었다. 참으라는 얘기는 하지 않았다. 남편이 내 편에 서지 않는 것에 대해 비판했다. 남편이 계속해서 침묵한다면 살 수 없다는 얘기도 했다. 나중에 그 친구가 그때 너는 그래도 웃는 일이 있었는데, 그것이 무엇인가 궁금했다고 한다. 나는 가정폭력 피해여성을 만나면서 그 여성과 나는 한 치도 다를 바가 없다는 것을 순간순간 느낀다. 그 여성들도 행복할 때가 있었다고 한다. 매일 때리는 것은 아니니까······ 그러면서 자신의 문제를 사소화하고 축소해서 행복한 척해야 시간을 조금 더 끌 수 있다는 것을 나중에야 나도 깨달았다. 그래서 나도 때로는 웃지 않았을까?

먹는 것, 입는 것, 말하는 것, 행동 하나하나에 부정적인 질책을 받으면서 급기야 집 밖으로 내몰리고(반성하라는 뜻) 말았다. 그러나 나는 그렇게 많이 고민하지 않았다. 결국 이것은 나에게 또 다른 기회를 준 것이라고 생각했고, 나의 문제를 객관적으로 바라보고 내 인생을 심각하게 생각해야 한다고 결정을 했다.

여성의전화와 만나다

두 아이의 엄마인 며느리를 시어머니한테 순종하지 않고 제대로 하는 것이 없다는(그 외에도 여러 가지 이유가 많지만) 이유로, 친정에 가서 반성하고 오라는 명을 내린 시어머니를 이해할 사람이 이 사회에는 있을 것이다. "매 맞을 짓을 했으니까 매를 맞겠지"라는 것과 마찬가지로, "그만한 이유가 있겠지"라고. 나는 솔직히 그 이유를 잘 모른다. 흔히 얘기하는 홀어머니의 외아들은 그 아들이 남편이자 아들이라고 하는 말을 별로 듣고 싶지 않다. 그래서 어쨌다는 말인가? 그래서 양보하고 참아야 한단 말인가? 더 이상 참을 필요가 없다고 생각했다. 그때는 두 아이의 엄마라는 것보다 나 자신으로 돌아와야 했다. 아무 대책이 없는 남편에 대한 분노는 하늘을 찔렀다. 애정이 없는 것이라 판단했다. 시어머니는 남편한테 소박 맞은 년이라고 얘기했다. 나는 친정에도 갈 수 없었다. 칠십대인 아버지는 젊은 여성과 결혼하여 깨가 쏟아지고 있었기 때문이다. 그 집에는 죽어도 갈 수 없었다. 가방을 들고 집을 나와 무작정 내가 어렸을 때 살았던 동네로 갔다. 초등학교 때는 효자동에 살았지만 다음에 산 곳은 내수동이라는 곳이었는데, 효자동은 많이 개발이 되어 내가 있을 만한 방을 구할 수가 없을 것 같아 내수동 쪽으로 발길을 옮겼다. 거기에는 한옥이 많았고, 내가 살던 곳 멀지 않은 한옥집에 방 한 칸을 얻었다. 그때부터 나는 작업(?)을 시작했다. 오빠 친구 변호사를 통해서 나의 계획을 위한 행동을 시작했다. 나는 어떻게든 이 이혼의 원인은 시어머니라는 것을 증명하고 싶었다. 그래야 억울함이 조금 풀릴 것 같은 생각이었다.

너무나 분노가 차 있었기 때문에 형제들이 감히 이혼이라는 것을 생각하는 나를 제어할 수도 도와줄 틈도 없이 혼자서 온갖 힘을 기울였다. 아이들 생각하면 이래서는 안 된다는 생각도 들고 그리움과 외로움에 몸부림치면서도 어떤 식으로라도 분노를 표출하고 싶었다. 변호사와 머리를 맞대었다. 이 결혼의 파탄의 원인을 시어머니한테 돌리고 싶었다. 그러나 법적 투쟁을 하면서 우리나라 정서상 원인을 시부모 쪽으로 돌리기에는 역부족이라는 사실을 깨달았다.

3년 이상을 끈 재판은 대법원까지 가게 됐고, 내가 생각하는 대로 되지는 못했다. 몸과 마음이 만신창이가 되도록 긴 고통의 시간을 보내고 이제는 다 잃은 상태에서 어떻게 살아나가야 할지 막막했다. 원래 외톨이였는데, 완전히 외톨이가 된 기분으로 5년을 세상과 단절하고 살게 되었다. 내가 얼마나 무엇을 잘못했기에 나를 이렇게 비참하게 만들었는가? 내 팔자려니 생각하고 인내하며 살지 못한 것이 잘못인가? 그러면서도 내가 자초했구나 하는 후회와 슬픔과 분노가 교차되어 이겨내기가 힘들었다. 밖에 나가면 어떻게 저렇게 자식을 버리고 사나 하면서 손가락질하는 것 같아 외출하는 것도 부끄러웠다. 아이들과의 생이별을 내가 자초했다는 생각 때문에 많은 죄책감에 시달렸고 삶의 계획을 세우기가 힘들었다.

차차 정신이 들면서 이렇게 사는 여성들한테 해줄 말이 있을 것 같은 생각을 했다. 그것이 상담이라는 것일 텐데, 상담은 그 계통으로 전공을 해야 한다고만 생각을 하고 있었다. 그러던 중 후배가 사설기관에서 가르치는 무슨 카운슬러 대학을 나와 상담을 한다고 하기에 나도 동참할 수 있는 길을 알려달라고 했다. 그랬더니 그 후배가 여성의전화라는 곳을 가면 짧은 교육을 받고 상담할 수 있다는 것을 알려줬다. 시기가 언제일지 몰라 매일 신문광고를 보니 어느 날 상담원교육을 한다는 광고를 보게 되었다. 그때가 1988년 3월, 여성의전화 11기 상담원교육이었다.

1960년대에 대학을 다녔기 때문에 고등학교 때 4·19를 치렀고 이승만 정권의 독재가 심했는데도 오히려 덕을 보고 살지 않았나 하는 생각을 한다. 사회문제에는 관심이 없었고, 더군다나 여성운동이라는 이름도 들어보지 못하고 대학을 다닌 참으로 무미건조한 대학 시절이었다고 회고한다. 졸업하자마자 대기업에 취직해서 다니기 싫을 때까지 다니면서 여성의 문제에 별로 관심도 없었고, 다른 문제의식도 갖지 못한 매우 평범한 보통시민이었다. 그러나 개인적으로 이런 엄청난 시련을 겪으면서 "도대체 이게 뭐야, 뭐가 문제야?"라는 의문을 여성의전화에서 점차 갖게 되었다. 그때 상담교육을 3개월 했는데, 강사는 지금의 여성부장관 지은희, 이영자 교수, 이현숙 선생님 등이었다. 여성주의, 여성학, 여성성, 남성성 등 모든 것이 처음 듣는 얘기라서 매우 흥미가 있었으며 그 강사들이 부르짖는 여성운동, 여성주의 속에 빠져들면서 그 무엇을 찾으려고 노력했다. 이것은 마치 대학 다닐 때 채플 시간에 하나님을 찾으려고 했던 때와 흡사하다는 생각을 했다. 느낌은 여자들만의 세상에 온 것 같았고, 나를 무조건 감싸줄 것 같았다. 그때 나의 표정은 매우 어둡고, 금방 봐도 뭔가 문제를 많이 안고 있는 사람으로 보였다.

1988년 6월 회원들과 대천으로 수련회를 간 기억이 생생하다. 저녁 때 먼저 교육받은 선배들과 모두 모인 자리에서 나는 나의 얘기를 전부 할 수 있었다. 어쩌면 한번도 하지 못했던 아픈 기억을 그렇게 실감나게 얘기할 수 있었는지, 내가 얘기하면서도 매우 드라마틱한 얘기를 잘도 풀어나간다고 생각했다. 모두들 숨을 죽이고 들었다. 나는 설움이 북받쳤다. 그들은 나의 어두운 표정을 이해했다. 그리고 마음으로 감싸주었다. 그런 나의 용기를 칭찬해주었다. 두 아이의 엄마로서 경솔한 행동이라고 나를 질타하지 않았다. 또 감싸주고 하염없이 지지해주었다 . 때로는 나의 거칠고 냉소적인 모습을 개성으로 봐주었다. 나의 모습을 멋있다고 했다.

여성주의가 무엇인가를 알게 해주는 계기였다. 자매애였고, 자존감을 높여줬고, 자신감을 불어넣어줬고, 너는 해낼 수 있다는 능력을 인정해주는 순간이었다. 그때부터 나는 이혼이 부끄럽지 않았고, 주눅 들지 않았다. 어디에서나 용감할 수 있었다. 이것이 여성주의에서 말하는 임파워먼트(empowerment)이다.

개인적인 것은 정치적인 것이다

왜 남편이 그렇게도 아무런 힘을 발휘하지 못하고 어머니를 택했는지, 왜 시어머니라는 사람은 며느리 위에 군림하려고만 했는지 설명되었다. 그러나 마흔이 넘어서 이렇게라도 눈이 뜨인 것이 다행이기보다는 억울했고, 너무나 안일한 생각으로만 살아온 내가 원망스러웠다. 그냥 잘 살아질 줄 알았지, 이 사회가 이렇게 남녀가 불평등하고, 여자라는 이유로 이렇게 많은 여성들이 고난을 당하는지 나는 몰랐다. 그러나 나는 나 자신에게 매우 이해하지 못하는 점이 있다. 나는 가부장적 가치관을 가지고 살았음에도 불구하고 시어머니와의 관계에서는 왜 가부장적 질서에 순응하지 못했을까 하는 것이다. 사는 동안 그렇게 차별적이라는 것을 못 느끼고 살았음에도 불구하고 왜 저항하는 힘은 컸을까 하는 것이다. "개인적인 것은 정치적인 것이다." 그러나 개인 성향도 포함되어 있나 보다 하는 생각을 한다.

나의 삶과 여성주의

이 물속에서 거침없이 헤엄쳐왔고, 거침없이 지내왔다.

나는 여성의전화를 사랑한다. 개인적인 차원에서 여성주의를 끊임없이 실현하고 있으며, 사회적인 차원에서 여성주의를 실현하고자 끊임없이 여성운동을 하고 있다.

여성의전화 운동가들은 여성의 사회적 가능성을 실현시키는 작업을 하며 회원들이 여성의 삶에 대한 사고의 지평을 넓히는 데 끊임없이 기여를 한다.

나의 생활 전부가 여성의전화이고 여성주의에 빠져들다 보니 모든 인간관계는 끊겼다고 해도 과언이 아니다. 나의 삶은 단조롭다. 나의 일과 생각과 나의 행동에 관계된 사람 외에는 만나기가 힘들다. 많이 용감해졌다고는 하지만 여성주의가 통하지 않는 곳에서는 어디에서도 나의 이혼경력을 얘기할 수가 없다. 자신을 많이 키웠음에도 불구하고 내가 먼저 얘기하지는 않는다. 그러나 기회가 되서 얘기를 한다 해도 처음과 같이 부끄럽지는 않다. 상대방이 나를 어떻게 볼까 하는 것도 전혀 두렵지 않다. 각자의 삶은 다 다른 것이니까.

이혼을 하면서 멀리한 동창회. 중학교 때부터 만난 아주 가까운 친구들은 가끔 만나지만 나는 마치 이방인 같다. 그들은 연륜과 함께 생활도 그 수준에 맞는 생활을 하기에 내가 추구하는 평등한 사회에 대한 얘기를 할 수가 없고 듣고 싶어 하지도 않는다. 저희들끼리 한참 얘기하다가 "니가 하고 있는 일이 무엇이라고 했지?"라고 잠깐 관심을 돌린다. 그러나 설명하고 싶지가 않다. 이해하지 못할 것 같기 때문이다. 나는 자주 외톨이가 되어

슬플 때가 있다. 그것은 아주 가까운 형제들한테서 느끼는 외로움 때문이다. 동생이 있는 미국에 형제들이 스스럼없이 드나들지만 나는 비자를 받는 데 어려움이 있었다. 그러나 여성의전화는 나의 보증인이었고, 많은 자유를 주었다. 여성의전화를 통해서 얻은 행운은 그 외에도 헤아릴 수 없이 많다. 그만큼 형제자매보다 훨씬 큰 지지자가 되어주었고, 또한 힘이 되었다는 것을 말하고 싶은 것이다. 때로는 거칠고 다혈질이고 직설적인 말 때문에 나로 인해 상처를 받은 사람도 많지만, 멀리하지 않고 감싸주었기에 이렇게 오래 머무를 수 있었던 것을 항상 감사한다. 천성적으로 욕심이 없고 앞에 나서기를 싫어하는 극히 내성적인 나였지만, 여성의전화는 자꾸 나를 앞으로 밀면서 나서기를 바랐고, 내가 해낼 수 없을 것 같은 조직의 리더로 밀기도 했다. 지금도 헌신한다고 하지만 능력은 다한 것 같은 생각이 든다. 여성의 권익을 위해 우리는 아직도 해야 할 일들이 너무 많다. 아직도 상담을 통해서 들려지는 불평등한 것이 너무 많고, 여성이기 때문에 받고 있는 고통들이 여전하기에 미력하나마 남은 시간 힘이 되고자 노력하고 싶다.

아직도 나에게는 분노가 남아 있고, 더 전문적인 상담가가 되기 위한 교육이 필요하다. 끊임없는 독서와 모임, 슈퍼비전에 대한 관심을 게을리 하지 않고 여성주의 상담가가 되기 위한 연마를 계속하고 있다. 여성주의를 통해서 나를 분석하고 성찰하는 데 게을리 하지 않는다. 남보다 늦게 여기에 뛰어들었고, 매우 가부장적인 남성사고에 더 많이 젖어 있는 나였기에 분석하고, 더 공부하고, 경험하고, 더 운동에 참여하려고 노력하고 여성의전화, 여성주의와 나의 삶을 동화시키기 위해 노력한다.

여성주의 상담과 만나다

나의 의식이 깨면서 동시에 이루어야 할 과제는 여성주의 상담이었다. 일정한 교육을 받고 끊임없이 선배들의 스터디에 참석하면서 공부하는 여성주의 상담은 꼭 나를 위해 마련된 것 같았다. 기본적으로 성품이 점잖고 근엄하게 심리를 파악하는 성향보다는 순발력과 순간포착에 빠른 나는, 여성주의 상담자와 내담자가 앉아 한 사람은 전문가이고 한 사람은 아픈 것이 아니라 상담자의 전문성, 즉 상담자의 전문적 훈련(인간, 상담, 제도화된 억압에 대한 지식)과 상담자 자신의 삶의 경험에 기초한 여성주의 상담에 적합했다. 나는 여성의전화에서 훈련된 지식과 내가 경험한 억압의 현실들이 있기 때문에 내담자와의 차이를 느끼지 않았고, 여성주의 가치와 내 가치가 일치함으로써 내담자에게 전달하는 힘이 있었기 때문이다. 어떤 형태든 가정 안에서의 억압과 학대가 내가 당하는 것과 같이 전해져 내가 먼저 분노하고 흥분하였는데, 많은 상담을 한 후에야 내가 얼마나 상담을 잘못하고 있는가를 깨달았다. 중립적이지 못하고 내담자보다 앞서 분노하기 때문이었다. 그렇지만 내담자 각자의 역량을 강화시키는 것이 무엇보다도 그들에게 강력한 힘을 준다고 자신한다. "나도 해냈는데 당신들이 못할 이유가 하나도 없다. 다 할 수 있다"는 것을 강하게 심어주는 것이다. 진심으로 평등한 관계를 형성한다고 생각하고, 내담자에게 나의 가치를 드러내면서 나의 개인적인 경험을 머뭇거림 없이 드러낸다. 그래서 신뢰를 얻고, 실질적으로 너무나 많은 장점을 가지고 있는 내담자에게 칭찬을 아끼지 않는다. 실질적으로 나보다 훨씬 지혜로운 생각, 솜씨, 능력 등을 가지고 있는 내담자들이 너무 많다는 것을 느끼기 때문이다. 여성의전화를 만난 내가 날개를 단 것 같은 느낌을 받은 것처럼, 내담자들에게도 날개를 달아주어야 한다고 생각한다. "개인적인 것은 정치적인 것이다"라는 명제에 나 자신이 뻥 뚫린 기분을 맛보았듯이, "당신 잘못이 아닙니다"라는 말 한마디에 자신의 인생이 바뀌었다고 하는 내담자는 지금도 자신 있게 자기 길을 가면서 감격에 젖는다.

생존자가 되다

나는 여성주의 상담을 통한 변화에 그치지 않고 더 많은 여성들에게 깊이 개입하고 싶은 생각으로 1992년에 쉼터를 맡아보라는 조직의 명(?)을 듣고 아예 쉼터 관리자가 되겠다고 자청을 했다. 그때 당시 저녁에 관리자가 없어서 밤에 일어날 수 있는 일에 속수무책인 것을 알게 됐다. 아침부터 제한된 상담자들이 쉼터에 드나들면서 상담하는 것을 보니 전적으로 한번 맡아보는 것도 괜찮을 것 같았다. 혼자 생활하는 내가 누구나 하기 힘든 일을 맡는다고 했을 때 조직 안에서도 매우 환영하는 분위기였다.

같이 먹고 같이 뒹굴면서 그들과 함께했으며, 나도 쉼터의 한 식구로서 생존자의 길을 같이 걷는 데 진정으로 함께했다. 이제는 내가 원하는 여성의전화와 쉼터 두 가지만이 나의 인생의 전부였고, 형제들조차 내가 어디서 어떻게 사는지도 몰랐다. 나는 세상을 등지고, 모두들 좋은 곳에서 잘 먹고 잘살려고 노력할 때 쉼터에서 그들과 울고 웃으며, 서로가 매우 의지하면서 살았다. 그러면서 그들은 오히려 더 좋은 바깥 생활에 대한 기대와 계획과 함께 상담자의 여성주의 설파에 힘을 얻고, 때로는 두려움에 때로는 혼자가 될 수도 있다는 공포에 젖는 것을 보았다. 그들은 나를 통하여 혼자 살 수도 있다는 것을 보았고, 아무것도 가진 것이 없어도 성실과 자신을 사랑하는 의지만 가지고도 살아갈 수 있겠구나 하는 생각을 하는 것 같았다.

3층에 있는 쉼터 아래를 항상 바라보며 죽을 생각만 하던 여성이 지속적인 상담을 통해 그 여성의 장점을 찾아내면서 지지한 결과, 자신의 장점을 찾아내고 무한한 능력이 있음을 발견했다. 그 여성은 자신이 자라면서 항상 리더 역할을 했으며, 사는 동안 자신의 허점을 드러내지 않기 위해 최선을 다했지만 그것이 남편의 열등감을 오히려 더 키웠다는 것을 몰랐음을 깨달았다. 그 여성은 남편을 변화시킬 수 있다는 지나친 자신감이 오히려 자신을 더 힘들게 하고 좌절감만 키웠으며, 죽어야 한다는 일념밖에는 아무 생각이 없었다는 고백을 했다. 할 수 있다는 자신감도 중요하지만 "모든 것을 할 수 있어. 못하면 죽을 수밖에 없어"라는 비합리적인 사고에는 치료가 필요함을 깨닫게 된 것이다.

10여 년을 지내면서 헤아릴 수 없이 많은 사례들이 있었는데, 자신이 받은 억압과 학대에 대한 분노가 있을 때 더 빨리 여성주의 시각을 받아들인다는 것을 알 수 있었다. 여성성이 깊이 내면화된 여성일수록 그것을 바꾸기에는 시간이 매우 오래 걸리고, 시행착오를 여러 번 겪은 후에야 무엇이 잘못되었는지를 돌아보는 것을 볼 수 있었다.

지금도 여성이라는 이유 하나 때문에 온갖 학대를 당하고 자신의 갈 길을 잃어버리는 피해자를 볼 때 나의 분노는 다스릴 길이 없다.

나는 항상 피해자들에게 "당신이 이렇게 당해야 할 아무 이유도 없다", "나답게 살 수 있는 방법이 분명히 있다", "방법을 찾아보자"라는 얘기를 많이 한다.

진정한 생존자가 되기 위해서 ……

여성에게 자식은?

어머니는 자식한테 항상 죄인이다. 자식한테 안 좋은 일이 생기면 모든 어머니들이 한결같이 하는 얘기가 있다. "내가 죄가 많아서"라는 것이다. 반면에 자식이 잘되면 "내가 한 것이 무엇이 있다고" 하며 숨는다. 왜 그럴까? 타고난 모성은 이런 것인가? 왜 자식이 잘못되면 모든 어머니들은 당신이 죄가 많아서라고 하고, 자식이 잘되면 또 뒤로 숨는가? 방송 프로그램 중에 <꼭 한번 만나보고 싶다>라는 프로가 있다. 나는 가끔 이 방송을 보면서 찔끔거린다. 가난 때문에 남편의 폭력 때문에 남편의 주벽 때문에 시어머니의 모진 시집살이 때문에 어쩔 수 없이 어린자식을 집에 놓고, 때로는 쫓겨나고, 때로는 아이를 입양시키고, 때로는 집을 도망 나와야 하는 여성들이 의외로 많은 것을 볼 수 있다. 그런 여성들은 하나같이 평생 죄의식에 시달리고 있다. 아마도 가해자들은 그렇지 않을 것이다. 어떤 고난이라도 참았어야지 하며 그 의무를 다하지 못한 여자를 저주하고 있을 것이다. 이렇게 여성들이 죄의식을 갖는 것은 자식을 기르는 의무를 다하지 못했기 때문이리라. 모두들 그 여성들을 자식을 버린 나쁜 여자라고 손가락질하기 때문이리라. 그렇기 때문에 이유를 막론하고 자연스럽게 여성들은 평생 죄인의 가슴을 안고 산다. 그래서인지 어머니는 자식을 찾으려고 하지 못하고, 대부분 자식들이 어미를 찾는다. 자식들은 핏덩이 때 헤어졌을지라도 장성해서는 어머니를 보고 싶어 한다. 우리는 입양아들의 사례를 보더라도 알 수 있다. 왜 그런가? 마치 이혼소송에서 유책관계에 있는 사람이 이혼소송을 낼 수 없는 것처럼, 가정이 이렇게 된 것은 어머니의 책임이라고 보기 때문에 파탄의 책임자가 되는 어머니는 자식을 찾을 자격이 없다고 생각하기 때문이다. 어머니들은 만남에서 첫마디로 "미안하다"라는 말을 한다. 나는 그 심정을 너무나 잘 안다. "미안하다." 그 말은 네가 필요로 할 때 같이 있어주지 못한 것이 미안하다는 얘기이다.

그러나 나는 그렇지 못했다. 거의 10년이 지난 후에야 만나서 내가 던진 첫마디는 "어느 대학에 들어갔니?"였다. 지금 생각해도 한심한 일이지만 나로서는 그렇게 하는 것이 최대한 자연스럽게 할 수 있는 표현이라고 생각했다. 굉장히 여러 생각이 북받쳤지만, 그 한마디는 오히려 어제도 그제도 만난 것처럼 보통 엄마의 얘기였다. 그렇게 시작함으로써 쑥스럽고 어색함을 넘겼던 것 같다. 내가 5년을 죽음과 같이 헤맸던 이유는 자식들 때문이었지 사실 다른 아무런 이유도 없었다. 그 감정을 단시간 내에 표현하기는 너무 힘들었다. 나도 마찬가지로 자식에 대한 죄의식을 많이 가지고 있는 사람이다. 그러나 장래에 대한 걱정 중 대학에 대한 걱정을 했던 것도 사실이다. 이제는 너무나 잘 키워준 사람들에게 감사할 따름이다. 모성은 가지고 태어난 것이 아니라 만들어진 것이라고 한다. 그러나 어머니가 갖는 자식에 대한 죄의식은 무엇으로도 설명되지 못한다.

돌아보면서

살다보면 예기치 못한 일들이 많이 생긴다. 그러나 어쩌면 예비된 일인 지도 모른다고 생각한다. 나를 혹독하게 단련시켜 여성주의 상담가로 키워준 사람은 역시 여성이었다. 나를 단련시킨 그 여성도 여성이기 때문에 받아야 했던 숱한 고난들이 있었음을 여성주의를 접하면서 이해했다. 피해자가 가해자가 되는 과정이라는 것을 ……

전통적인 젠더 유형적 행동에서 볼 때, 나의 대처방법이 나의 단호한 행동이 공격적이라는 것을 알았다. 내가 살아남기 위해서 취한 행동이 오히려 상대방에게는 가해가 되었다는 것을 알았다. 여성은 전통적인 여성역할과 자신과의 사이에서 선택해야 할 갈등에 처한다. 나는 항상 얘기한다. 문제를 문제로 볼 때 해결이 보인다고. 그것이 반응이고 행동이고 신호이다. 피해자가 가해자로 되지 않기 위해서는 자신에게 일어나고 있는 의식에 집중하고, 행동의 밑에 깔린 목적을 확인하고, 좀더 직접적으로 힘을 행사하는 행동을 추구하고 실천해야 한다.

나는 여성주의를 접하면서 더 독립적이며 자율적이고 자아실현적이며, 자긍심을 높이고 정치적으로 진보적인 것을 발견했다.

제6장
상처 입은 치유자로서의 여성주의 상담자

김민예숙*

상담자로서의 나의 정체성은 여성주의 상담자이다. 그리고 '자아초월적인 관점에서'라고 덧붙이고 싶다. 무엇이 나를 여기까지 오게 했는가? 돌아보면 여성의 조건으로부터 받은 상처, 상처에 대한 심리적 이해, 상처의 치유를 궁극적으로 가능하게 하는 자아의 초월이라고 할 수 있다. 그 요소들이 씨실과 날실로 만나며 나를 여성주의 상담자로 만든 것이다. 이 글에서는 그 실들이 나라는 천을 짠 과정을 써보려고 한다.

원가족 경험과 여성의식

나의 여성의식은 유년기에 싹텄다. 네 딸 중 막내면서 매우 내성적이던 나는 어머니와의 공생관계에서 오랫동안 빠져나오지 못했다. 셋째 언니와의 터울이 다섯 살이어서 언니들과 어울리지 못했고 친구들을 잘 사귀지

---

* 춘해보건대학교 교수, 여성주의 상담가.

도 못했던 나는 정서적으로 어머니에게 밀착되어 있었다. 문제는 어머니가 불행했다는 것이었다. 아마도 어머니가 불행했기에 나의 심리적 분화를 도와주지 못했고 그래서 나는 최초의 애착관계로부터 나아가지 못했을 것이다. 어머니의 불행의 첫 번째 이유는 남편과의 지적 불평등이었다. 1930년대에 선교사의 도움으로 미국에 유학을 가서 코넬대학을 다니던 아버지는 일본이 진주만공격을 하자 일본 국적 때문에 추방을 당하였다. 귀국하여서는 미국유학을 했다는 이유로 감옥에 구금되어 고문도 받았으며, 그 후 고등계 형사의 감시를 받으며 직업을 제대로 구하기도 어려운 처지에 있었다. 그 후유증으로 감시받는다는 피해망상에 시달리기도 했다. 미래에 대한 희망을 가지지 못한 아버지는 교회에 속한 유치원교사로 일하던 어머니와 1945년 3월에 결혼하였다. 불과 5개월 후에 해방이 되었고 남한으로 내려온 아버지는 미국유학의 조건이 날개가 되어 크게 성공하리라는 비현실적인 꿈을 가지게 되었다. 그러나 어머니는 사회적으로 아버지를 뒷받침해주지 못했다. 친정은 북한에 있어 남한에서는 고립되어 있었고, 어머니 본인도 말 없고 소극적이고 얌전한 여성일 뿐이었다. 아버지는 어머니를 짐으로 느꼈고 어머니는 열등감을 느끼며 살았다. 게다가 딸만 넷을 낳아, 돌아가신 시어머니를 대신하여 시어머니 노릇을 하던 맏동서로부터 구박을 많이 받았다. 참다못한 나는 중학생 때 큰어머니에게 "어머니를 괴롭히려면 우리 집에 오시지 말라"고 대들었다. 큰어머니를 가해자로 보았기 때문인데, 철이 들고 보니 큰어머니도 청상과부면서 단 하나뿐인 아이를 6·25전쟁에서 잃은 시대의 피해자였다. 어머니는 심리적으로 심하게 위축되어, 나에게 먹이고 입히는 육체적인 어머니 역할은 잘했지만 이해하고 수용하는 심리적인 어머니 역할은 하지 못했다.

　나는 그 당시 사회적 맥락을 이해하지는 못했지만, 아버지가 큰소리로 비난해도 아무 말 못하고 맏동서가 오면 옆집으로 도피하는 어머니를 보며 이름 붙이지도 못한 분노와 아픔을 느꼈다. 어머니와 동일시해서 딸로서 느끼게 되는 감정뿐만 아니라 어머니가 느껴야 하는 감정까지 내가 느껬고, 내 감정을 어머니로부터 수용받지 못하니 억압해야 했다. 물론 자신에게 빠져 사는 아버지도 나를 수용해주지 못했다. 그래서 어려서부터 마음이 어둡고 무거웠다. 가슴이 답답하여 한숨을 많이 쉬었다. 삶이 너무 힘들어서 초등학생 때 일기에 "나를 미워하려면 왜 낳았느냐"라는 글을 써서 식구들이 볼 수 있는 곳에 놔두었으나 그 누구로부터도 아무 말도 듣지 못하였다. 부모와 언니들 모두 나를 돌볼 여유가 없었던 것이고, 나는 심리적으로 혼자 생존해야 했던 것이다. 그 누구도 나를 불러주지 않았고, 그래서 나는 그 누구의 꽃도 되지 못하였다. 나는 내 존재가 뿌리내리지 못하고 허공에 떠 있는 상처를 보호하느라 꽃씨의 상처를 숨겼고, 세상과의 거리를 만드는 두꺼운 방어벽을 쌓았다. 두려움 속에서 나를 살리겠다고 만든 벽이 내 생명을 뻗어나가지 못하게 하는 감옥임을 뒤늦게 깨닫고도 그 벽을 녹이는 데는 많은 시간이 걸렸고 큰 사랑이 필요했다. 감사한 것은 내 벽이 투명했든지 그 벽 뒤에 사랑이 있음을 보고 나에게 사랑을 주어 벽을 조금씩 녹여준 사람들이 많이 있었다는 것이다. 뒤늦게나마 그들은 나를 불러주었고, 나는 천천히 꽃잎 한 잎씩을 피워나갔다. 그리고 나는 나처럼 상처 입은 꽃씨들을 불러주어 꽃이 되게 도와주는 상담자가 된 것이다.

초등학교 시절에는 학교에 가도 어머니 생각이 나서 불안하여 공부에 집중할 수 없어 공부를 잘 하지 못했다. 한편 어머니를 저 불행에서 구원하고 싶다는 뜻을 가졌고, 다른 한편 어머니를 원망하며 어머니처럼 살지 않겠다고 결심하였다. 철이 들어서야 아버지도 불행했고, 부모의 불행은 성격과 삶의 기술 부족이라는 개인적인 원인과 함께 피식민지화와 분단 그리고 가부장제라는 시대적이고 사회적인 원인에 기인한 것임을 알게 되었다.

어머니뿐만 아니라 그 누구도 나의 감정을 수용해주지 않았기 때문에 나는 나라는 느낌을 제대로 느끼지 못한 채, 내가 누구인지 모른 채 오랫동안 살았다. 본능적으로 사용한 방어기제가 억압이었다. 감정억압으로 인해 중·고등학교 시절에는 신경질이 많았고, 대학 시절에는 우울한 편이었다. 내면적으로는 불안했고 외면적으로는 적응하기 어려웠다. 그리고 나에게 심리적인 문제가 있다는 것을 알면서도 드러내는 것을 수치스러워하여 이야기하지 않았다. 중·고등학교 시절에는 상담교사에게 가볼까, 대학 시절에는 학생상담연구소에 가볼까 하는 생각을 하면서도 결국 가지 못했던 기억이 난다. 심리상담에 대한 사회적 이해가 없었던 1970년대이니 그랬을 텐데, 나로서는 나를 추방당한 이방인같이 느낄 수밖에 없었다. 남다름에 위축되지 않으려고 더욱 남다르려고 하기도 했다. 여성적 분야가 아니라고 여겨지는 철학을 선택하고, 모자를 쓰고, 남들이 잘 입지 못하는 개성 있는 옷을 입고, 담배를 피웠다. 아버지가 교수인 중산층가정에 태어난 나를 불행하게 하는 가장 억압적인 조건이 여성의 조건이었기에 성역할 고정관념에 반항하려고 했던 것이다.

여성학과의 만남

감정이 나를 너무 고통스럽게 했기에 나는 감정을 싫어하였다. 그래서 대학에 입학하여 전공을 정하는 제도하에서 철학을 선택하였다. 이성이 발달하여 세상만사를 이성적으로 판단하고 그에 따라 행동하면 삶을 제대로 살 수 있을 것이라고 믿었다. 감정은 억압하려고만 하였다. 여대생들이 선배를 언니라고 부르는 관습이 감정을 조장한다고 생각하여 언니라고 부르기를 거부하고 누구누구 씨라고 부르기까지 할 정도였다. 그러다가 철학과 4학년이던 1977년, 이대에서 행해진 한국 최초의 여성학강의를 듣고 해방감을 느끼게 되었다. 노동자나 농민만이 아니라 여성이라는 조건이 인간을 억압한다는 사실을 학문적으로 이야기할 수 있다는 것이 너무 기뻤던 것이다. 교육을 더 받고 싶어 크리스천아카데미를 찾아가 일반여성을 대상으로 하는 여성사회 중간집단 교육을 대학생이지만 받게 해달라고 졸라 교육을 받았다. 그 당시 여성사회 간사가 현 국회의원인 한명숙 선생님인데, 여성을 해방시키는 교육을 하고 있는 분이 있다는 사실이 고마웠고 감격스러웠다. 실천도 해야 한다는 생각으로 그 당시 여성의식이 있는 젊은 여성이 모이던 여성유권자연맹이라는 여성단체에 가입했다. 여성운동가가 되고 싶다는 생각마저 했는데, 내성적이고 아웃사이더의 삶을 좋아하는 내게는 맞지 않는다는 자각으로 학자의 길을 선택했다. 그러나 순수한 선택만은 아니었는데, 복수심에서인지 딸 중 하나는 아버지처럼 교수가 되기를 바라는 어머니의 기대에 부응하려는 동기와 외적으로 성공하고자 하는 동기도 있었고, 가족과 한국사회를 떠나고 싶은 동기도 있었다. 여성운동을 해도 한국사회에서는 자유를 느끼기 어려웠기 때문이다.

그 후 미국에 유학을 가서 철학과 대학원을 다니면서도 여성주의 철학 등의 과목이 있으면 꼭 수강했다. 여성학을 전공하지는 않았지만 내 삶을 위해서 여성의 관점에서 여성의 문제를 논하는 학문의 필요를 늘 느낀 것이다. 그리고 수업 중에 읽은 여성학 고전 중에서 슐라미스 파이어스톤(S. Firestone)의 『성의 변증법』을 최초로 번역하게 되었다. 지금 돌이켜보면 급진적 여성주의의 고전을 번역한 것이 우연이 아닌지도 모른다는 생각이 든다. 여성주의 상담의 중요한 원리인 "개인적인 것은 정치적인 것이다"를 말한 것이 급진적 여성주의이기 때문이다.

여성주의 상담과의 만남

내가 여성학을 수강할 때 우리 조의 토론지도자가 현 국회의원인 이계경 선배였고, 그 인연으로 친하게 지냈다. 대학졸업 후 우울해하며 한숨만 쉬는 내게 행복해지라며 노란 프리지어를 선물했던 기억이 난다. 경직되어 인간관계에서 막대기같이 뻣뻣한 나에게 인간관계훈련도 권했는데, 나는 나를 드러내는 것이 두려워서 거부했다. 그 선배가 1983년 여성의전화 창립 당시 대표직을 맡게 되자 나는 1기 상담원교육을 받고, 건물의 옥상과 지하실로 옮겨다닌 상담실에서 6개월간 자원봉사를 하였다. 그 당시에는 여성주의 상담을 이해한 것도 아니고, 더구나 나와 내 가족의 문제를 심리적으로 이해해본 것도 아니었지만, 막연하게 나와 관련이 있다는 느낌을 받았다. 아마 언젠가는 내 문제를 심리적으로 파헤쳐보아야 한다는 것을 직관하여 끌림은 느꼈으나, 아직 내게 문제가 있다는 것을 진심으로 인정할 수는 없었던 것이다. 사람에게 해결할 문제가 있을 때 문제가 있다는 것을 전심으로 인정하는 것이 첫 단계인데, 그 인정이 얼마나 어려운 것인가는 나를 돌이켜볼 때 또 내담자들을 볼 때 확인하게 된다.

실존적 문제의 인정과 치유의 시작

나는 미국의 철학과 대학원 두 곳에서 박사과정 공부를 했다. 처음에 유학 갔던 피츠버그(Pittsburgh)대학은 주로 분석철학을 가르치는 곳이었다. 이성을 발달시키려 선택한 철학이라 논리철학 등의 분석철학을 전공하려고 갔는데, 시간이 가면서 내 실존과 너무 멀어져서 그 분열을 견딜 수 없어 중단하였다. 그래서 대륙철학을 가르치는 매사추세츠(Massachusetts)주립대학으로 학교를 옮겼다. 니체(Nietzsche), 키르케고르(Kierkegaard), 프로이트(Freud) 등을 배울 수 있어 좋았다. 특히 키르케고르의 『죽음에 이르는 병』은 너무 내 이야기 같아 그것에 대해 학위논문을 쓰고 싶었다. 그러나 이번에는 실존에 대해 배우면서 어려서부터 억압시켜온 내 감정이 폭발하여 공부에 집중할 수 없어 중단하게 되었다. 나는 어머니와 동일시하면서도 어머니처럼 살기를 거부해왔기에, 어려서부터 심한 자기분열 상태에 있었다. 무력한 어머니와 동일시하여 무력화되었고, 동시에 어머니와 달리 힘 있는 존재가 되려고 안간힘을 쓴 것이다. 동시에 그 모든 것을 자각하지 않으려고 심하게 억압하며 살아왔는데, 그 억압이 무너져버린 것이다.

　감정폭발은 거대했고 나는 구체적인 내용을 정확히 알 수 없는 감정의 분출과 그 동요로 공부에 집중할 수 없었다. 너무 고통스러워 자아를 놓고 싶었으나, 그러면 미치는 것이니까 용암 속을 떠다니는 자아를 붙잡고 겨우 생존해 있었다. 정신분석가인 빌헬름 라이히(Wilhelm Reich)는 "미친 사람은 영웅이면서 동시에 희생자이고 용감하면서도 파멸할 운명이다"라고 말했는데, 나는 가부장제의 모순을 몸으로 사는 또 하나의 미친 여성이 되어 파멸하고 싶지는 않았던 것이다. 자신을 통제하지 못해 타인이 좌지우지하는 존재가 된다는 것은 생각만으로도 끔찍했다. 자기통제를 놓치는 것이 두려워서 술을 마신 적이 없을 정도로 나는 늘 자기통제의 상실을 두려워했다. 원인이야 무엇이든 내가 내 마음과 내 삶을 그 지경까지 몰고 갔다는 사실에 자책감이 커서 자살도 생각하였다. 그러나 자살의 용기도 나지 않았고, 내 삶의 의미도 찾지 못한 채 꽃도 피워보지 못하고 죽는 것도 억울했다. 그리고 광기를 피할 수는 없었지만, 진정한 나는 그 이상의 존재라는 어려서부터의 깊은 믿음이 내가 완전히 무너지는 것을 막아 주었다.

　그래서 수치심과 자책감 가운데서 내게 심각한 심리적 문제가 있다는 것을 처음으로 깊게 인정했다. 시련 속에서 처음으로 실존을 만나는 존재에의 용기를 내게 된 것이다. 그리고 살길을 찾기 위해 상담심리 책을 읽으며 내면으로 들어가 마음공부를 하기 시작하고 정신을 발달시키기 시작했다. 멘토를 찾고자 30여 명의 여성의 삶에 대한 책을 읽었는데, 가장 기억에 남는 여성은 대행스님이다. 내 마음을 들여다보고, 친구와 이야기하고, 책을 읽고 하면서 일기를 쓰기 시작한 것이 20여 년이 된다. 마음공부를 하면서 알게 된 것은 자각이 마음을 닦는 방법이라는 것이다. 자각을 하기 위해서는 자각할 나를 투사할 대상도 필요하고, 투사된 나 ― 대체로 보기 싫은 나 ― 를 직시하려는 내 의지도 필요하다. 나에 대해서 그리고 나를 형성하게 한 사회에 대해서 자각할 때만 치유될 수 있다. 미국대학 학생상담연구소에서 일정기간 상담을 받기도 했으나, 나를 변화시킨 상담자는 자각하는 나라고 할 수 있다. 상담자가 되기까지 나는 학교공부를 통해서도 배웠지만, 내 치유의 경험을 통해서 더 많이 배운 것이 아닌가 싶을 때도 있다. 내가 내담자에서 상담자로 변화한 과정은 내게는 그대로 상담공부의 과정이었다. 내가 끝없이 유년기의 상처 등에 대해 지겨울 정도로 쏟아놓을 때 나를 떠나지 않고 남아 있어준 언니들과 친구들과 남편이 있었기에 가능해진 과정이었고, 필요할 때 필요한 사람을 만나게 해주는 생명의 흐름을 믿었기에 그 과정은 존재 가능했을 것이다. 그래서 나는 상담자로서의 역할이란 내담자가 따라가는 생명의 흐름에서 필요한 기간 동안 필요한 사람의 역할을 해주고 떠나는 것이라고 생각한다.

사랑과 영성과의 통합

이성을 발달시켜도 내 실존의 문제가 해결되지 않는다는 경험을 하면서 내게 절실해진 것은 사랑이었다. 내 가슴에 우리 가족에 대한 사랑이 없어 마음이 아팠다는 것을 알게 되었던 것이다. 나는 더 이상 상처받지 않으려고 굳게 닫았던 마음을 조금씩 열려고 했고, 친구도 사귀게 되었고, 연애도 하였고, 결혼도 했다. 나는 나를 대등한 인격체로 대하고 자유롭게 해주는 남자가 아니면 결혼하지 않겠다고 생각해왔다. 대학 시절부터 이상적으로 생각했던 것은 시몬 드 보부아르(Simone de Beauvoir)와 사르트르(Jean-Paul Sartre)의 계약결혼이었다. 보부아르는 여성의 조건으로부터 자유로운 삶을 사는 지성적인 여성이었기 때문에 선망했던 것이다. 그러면서도 아버지가 자신에게 빠져 사느라 나를 딸로서 사랑해주지 못했기 때문인지 교수를 사모하는 등 나이 많은 남자들에게 끌렸다. 또래의 남자는 내 가슴을 충분히 채워주지 못하는 것 같았다. 20대 중반에 연상의 유부남을 짝사랑하는 열병도 앓았다. 그 끌림이 진정한 사랑이 아니라는 것은 자각했으나 자각이 끌림을 끝내주지는 못했다. 미국 유학 시절 크리스티앙이라는 남자친구가 있었는데, 내가 미국에 와서도 교수를 사모하자 그는 내게 "그런 남자에게 끌리는 것은 미해결과제 때문일 것이고, 그렇게 살면 평생 수직관계에서 헤어나지 못할 것"이라고 충고했다. 그리고 그것은 여성주의자에게 어울리지 않는 일이라고 덧붙였다. 나에게 그 충고는 큰 자극이 되었고, 나는 나를 압도하는 관계에의 끌림을 어느 정도 극복해 평등한 관계의 남자와 결혼할 수 있었다. 남편과 살면서 평등한 관계란 생각해서 창조하는 것이지 그냥 주어지는 것은 아니라는 것을 알게 되었다.

나는 만 30살에 결혼했는데, 그때까지도 어머니와의 정서적 문제가 해결되지 않아 나 자신이 어머니가 될 수는 없다고 생각했다. 그래서 아이를 낳지 않아도 좋다면 결혼하겠다는 조건을 제시했고, 사귀던 남자가 그 조건을 받아들여 결혼을 하였다. 평등한 결혼을 지향하여 1980년대 중반에 동시입장을 하였고, 다이아몬드반지를 거절하였고, 예단으로 시집식구들에게 은수저 한 벌씩만 주었다. 그러나 나의 심리적 방황은 결혼으로 끝난 것이 아니었다. 아이를 낳지 않았을 뿐만 아니라 여성에게 기대되는 성역할을 잘 하지 못하였고 — 의식적으로 거부한 것은 괜찮으나 할 의도가 있어도 내 심리적 문제에 빠져 하지 못한 것도 있었다 — 일상적인 생활도 잘 하지 못하였다. 남편이 농담으로 자신이 "곰 같은 남자라 도망가지 못했다"고 할 정도로, 내 문제에 빠져 주위를 살피지 못했던 시기도 있었다. 정서적 어머니 같은 여성들과의 관계가 훨씬 더 중요하게 여겨지기도 했다. 어쨌든 20년에 가까운 긴 결혼생활을 경험하면서 사랑에서 열정은 한 요소이고 존중과 정직과 신뢰 등이 핵심요소임을 배우고 있는데, 인생의 초기에 어머니든 누구든 중요한 대상과 안정되고 긍정적인 관계를 가지고 성장한다는 것이 얼마나 중요한가, 그리고 그 후에도 인간에게는 그런 관계가 얼마나 필요한가를 새삼 확인하게 된다.

그러나 인간관계가 아무리 좋아도 자아의 경계 안에 있는 심리로는 내면의 평화에 이를 수 없다는 것을 경험하였다. 그래서 자아를 초월하는 영성을 추구하게 되었다. 내면으로 들어가서, 육체를 기반으로 형성된 자아를 확장하여 모든 것이 하나인 영적 상태를 추구하는 영적 추구가 주는 희열을 경험하면서 진정으로 사람과 삶을 사랑할 수 있게 되었다고 할 수 있다. 사람을 행위로 판단할 때는 마음에 드는 사람이 별로 없었는데, 행위가 아니라 영혼으로 보게 되니 점점 더 동요 없이 사랑할 수 있게 된 것이다. 나는 사람을 삼층집으로 이해하고 있다. 개인 무의식이 묻혀 있는 지하층과 다른 사람들과 어울리며 일상생활을 하는 1층과 혼자 내면으로 들어가 영성을 만나는 다락방이 있는 삼층집. 다락방까지 갖추고 나니 비로소 내가 된 듯한 평화를 느낄 수 있었다. 그래서 뒤늦게 박사과정을 다시 시작하였는데, 자아초월심리학을 공부할 수 있는 미국의 세이브룩(Saybrook) 대학원을 찾아가서 자아초월심리학을 공부하고 있다. 지금은 여성주의 상담과 자아초월심리학을 가르치며 두 분야를 어떻게 통합해야 여성들에게 도움이 될까 생각 중이다.

여성주의 상담자

두 번째 유학이 실패한 후 나는 심신이 피폐해져 쉬어야만 했다. 그래서 남편의 직장을 따라 이사한 인천에서 4년 동안 전업주부생활을 했다. 주로 누워서 쉬는 생활이었는데, 혼자되신 어머니가 돌아가실 때까지 모신 기간이기도 하고, 내가 평생 주부로 살아야 할지도 모르겠다는 생각으로 임신을 시도해본 기간이기도 하다. 진심으로 아이를 원한 것이 아니었기에 그때 임신하지 않은 것이 다행이라고 생각한다. 어머니 장례를 치르면서는 내 할 일을 다했다는 생각을 했으며, 결국 어머니와 함께 행복해지는 상태에 가지 못했기에 슬픔을 많이 느꼈고 동시에 해방감을 느꼈다. 나는 미국에서 개인상담할 때도, 한국에서 집단상담할 때도 어머니 이야기를 거의 하지 않았다. 너무도 내밀한 이야기를 모르는 남들에게 하는 것이 어머니에 대한 배신같이 여겨졌기 때문이다.

개인상담을 안 한 지 거의 20년 만인 작년에 나는 상담이 받고 싶어졌다. 그래서 인천여성의전화에서는 나의 내담자였고 그 후에 친구가 된 현 기독교여성상담소 부소장 윤귀남 선생님에게 상담을 몇 번 받았다. 인사동의 찻집에서 상담을 받으며, 내담자가 상담자가 된 우리 관계가 여성주의 상담에 어울리는 평등한 관계라는 생각을 했다. 그 후 내가 우리 나이로 쉰인 2004년 캐나다 상담자인 밴맨(Banmen) 선생님에게 1회 상담을 받으며 어머니와 완전한 이별을 했으니, 우리 모녀는 대단한 인연이 아닐 수 없다. 어머니가 가장 행복했던 시절이라 했던 유치원교사 시절, 그리고 현재의 나를 생각하니 어머니와 함께 행복해질 수 있었다. 비록 살아계실 때는 아니었지만 우리가 행복한 두 여성일 수 있다는 것이 너무 기뻤다. 결국 어머니를 순수하게 사랑하게 되어서야 나는 치유되었다. 어머니를 병들게 하여 사랑하기 어려운 사람으로 만든 가부장제에 대한 승리이기도 했다. 나 역시 가부장제 속에서 미친 여성이 되지 않고 사랑스러운 여성이 되고 싶다. 그래서 밴맨 선생님이 내담자들이 다 나 같으면 좋겠다며 나를 슈퍼스타라고 불렀을 때―그는 내담자를 스타라고 부른다―내 노력의 결실을 보는 듯한 기쁨을 느꼈다. 상담의 매력을 실감한 순간이기도 했다.

어머니가 돌아가셨을 때 내가 쓴 시 중에 다음과 같은 것이 있다.

어머니는
제 심장에 깊이 박힌 화살입니다.

수없이 저를 죽인 화살입니다.

아프기 싫고
피흘리기 싫어
빼내려 하고 꺾으려 한 화살입니다.
그 아픔이

제 심장이 되었습니다.

그 심장이 이제 보니 사랑이었다. 나는 수용하기 어려운 것을 붙잡고 씨름하다 사랑을 배운 것이다. 이것이 여성주의에서 필요한 자매애가 아닌가 싶다.

4년 중 3년을 대학동창이며 현 국회의원인 홍미영이 운영하는 해님방이라는 공부방에 가서 어린이에게 철학을 가르치는 자원봉사를 하며 보냈다. 나는 그 동창이 "많이 받았으므로 사회에 돌리고 싶다"는 생각으로 저소득층 지역에 살면서 지역운동을 하는 것에 감동받아 자원봉사를 하게 된 것이었다. 그러다가 그 동창의 권유로 인천여성의전화 준비위원회의 위원이 되었고, 1994년 창립된 인천여성의전화 회장이 되었다. 지금도 그렇지만 여성을 차별하는 사회구조 자체보다는 그 사회구조가 여성의 심리에 어떻게 만영되었으며 그 심리를 어떻게 탈바꿈할 것인가에 더 관심이 많은 나는 여성단체의 회장을 맡는다는 것이 주저되었다. 그래서 전 여성부 장관인 지은희 선배에게 물었더니, 내가 회장이 되는 것이 "1970년대라면 적절하지 않겠지만 1990년대에는 적절할 수 있다"라고 답을 해주었다. 나는 시대의 변화를 받아들여 회장이 되었다.

같은 해에 심리학과 대학원에 입학하여 상담심리를 전공하였다. 전공을 심리학으로 바꿀 수 있었던 데에는 나를 반강제로 집단상담에 데리고 가는 등 내가 대단히 심리적인 사람임을 알게 해준 전 심리학 교수인 김예자 선배의 자극이 큰 역할을 했다. 철학과 지도교수였던 선생님은 철학 박사과정을 하다 심리학 석사과정을 시작하는 것을 반대하셨지만, 나는 내가 심리에 대한 공부를 해야만 한다는 것을 알았던 것이다. 그렇지만 유학을 중단한 지 5년 만에 다시 공부를 하려니 자신이 없었는데, 그래도 자아를 성장시키는 노력은 계속하여 자아실현이 좌절당한 억울함은 풀어야 한다는 생각으로 두려움을 이기고 만학도로 진학을 하였다. 인천여성의전화는 내가 여성주의 상담자의 길로 들어서게 하는 직접적인 계기가 되었다. 나는 상담원교육을 하였고, 활동가 상담자로 상담을 하였다. 그곳에서 나는 여성주의 상담자가 된 것이다. 지금도 첫 면접 내담자의 이름을 기억하며, 내가 서툴러서 큰 도움이 되지 못했다는 것도 기억한다. 만 5년간 회장으로 있으면서 나는 많은 여성들을 만나며 그들을 이해하게 되었고 여성주의 상담의 필요성을 실감하였다.

여성주의 상담 연구자

여성주의 상담이 무엇인가를 진정으로 이해하게 된 것은 춘해대학 상담심리과에 재직하여 여성주의 상담을 가르치고 그에 대해 연구를 하면서부터이다. 춘해대학 상담심리과는 우리나라에서는 드물게 여성주의 상담과 자아초월심리학을 가르칠 수 있는 곳이어서 나는 자유롭게 연구를 할 수 있었다. 여성단체에 있으면서 읽은 여성주의 상담에 관련된 글은 몇 개 되지 않았다. 제대로 알고 싶어 연구를 시작하게 되었고, 미국에서 구입한 20여 권의 책을 읽으면서 여성주의 상담의 역사와 발달과정 그리고 원리와 기법 등을 이해하게 되었다. 인천여성의전화에서의 현장경험을 바탕으로 현장에 도움이 되려고 논문을 몇 편 쓰면서 연구자가 된 것이다.

그리고 전문상담자로서 개인상담과 집단상담을 시작하였다. 인천여성의전화에서 활동가 상담자로서 했던 상담은 짧으면 1회, 길어야 10회로 끝났다. 그러나 전문상담자로서는 몇 십 회의 개인상담을 할 수 있어서 여성심리를 더 깊이 이해하게 되었다. 집단상담을 하면서는 여성주의 집단상담 프로그램 두 가지를 만들어 시도해보았다. '여성의 섹슈얼리티 나누기' 집단은 여성들이 섹슈얼리티에 대해 모든 것을 정직하게 이야기해보는 내용이고, '여성의 삶 그리기' 집단은 여성의 삶을 전체적으로 보게 하는 내용을 가진 것이다. 집단상담 중에서 특별했던 것은 성폭력 생존자 집단이었다. 그들이 서로에 대해 자매애를 바탕으로 여러 가지 경험을 하며 소생하는 모습은 감격스러웠다. 그리고 여성주의 상담을 배우겠다고 제자들이 찾아와 '김민예숙 여성주의 상담 연구실'을 시작하였다. 그들은 여성주의 상담의 필요성을 이해하는 사람들이어서, 나와 공부하며 여성주의 상담자로서의 정체성을 형성하여 그것을 필요로 하는 여성들에게 도움이 되는 상담자로 커가기를 바라고 있다. 그들에게는 여성주의 상담자로서 멘토로서 멘토링을 하고 있는 것인데, 여성주의적으로 평등한 관계로 멘토링을 하려고 노력하고 있다.

상처 입은 치유자

나는 상담을 할수록 여성의 조건으로 인해 깊은 상처를 받은 여성이 많음을 알게 된다. 나 자신이 그 조건으로 인해 상처를 받았으나 치유된 여성이기에 나는 상처 입은 여성들을 치유하고 역량강화를 촉진하는 일에 의미를 느낀다. 내가 상담자가 된 치유과정을 정리해보면 다음과 같은 요소들이 있다.

심리학

최초의 애착관계인 어머니와의 관계 그리고 아버지와의 관계에서 나는 아이가 필요한 수용과 지지를 받지 못했다. 특히 가부장제하에서 양육의 일차적인 책임자인 어머니가 가부장제에 의해서 인간성이 손상되는 바람에 나는 한 개체로서 성장에 필수적인 촉진을 받지 못한 것이다. 현대 정신분석의 용어로 설명해보면 공생관계에서 나라는 개체로 분화되지 못한 것이다. 이것은 마치 나라는 건물의 기초공사가 안 된 것과 같아서, 나는 한편으로는 남들처럼 사회적으로 적응하며 자아라는 건물을 세우고, 다른 한편으로는 남들보다 다지지 못한 기초공사를 하느라고 오랫동안 이중노동을 해야 했다. 속으로는 개체성이 온전하게 형성되지 않았고 병리가 있었는데, 겉으로는 개체성이 강한 듯 살려니 힘들 수밖에 없었다. 마치 아이가 어른 행세를 한 셈이었다.

부모로부터는 생명 에너지를 받을 수 없자 정서적 어머니와 정서적 아버지 노릇을 해줄 여성들과 남성들을 찾아 에너지를 받으려 한 것이다. 때로는 받을 수 없으면 뺏으려 하기도 하였다. 따뜻한 공생의 경험을 하고 거기에서부터 분리되어 자아를 창조하는 인간되기 작업에 대한 지지를 받으려 한 것이다. 재미있는 것은 누가 에너지를 나누어줄 사람인지를 본능적으로 알아 찾아낸다는 것이다. 그 본능 덕에 나는 많은 이로부터 치유 에너지를 받을 수 있었다. 동시에 더 이상 상처를 받지 않으려고 여러 가지 방식으로 자아방어를 하였다. 내 감정을 존중하였고, 삶을 지적으로 이해하려 하였고, 타인과의 경계를 분명히 하여 침해받지 않으려고 했다.

이 모든 과정의 목표는 대물림을 하지 않겠다는 것이었다. 나는 어머니의 여성심리를 물려받고 싶지 않았으며, 기초공사가 안 된 상태로 어머니가 되고 싶지 않았다. 동시에 남성적이고 싶지도 않았다. 이 세상에는 성취를 한 뛰어난 남성들이 많았으나, 닮고 싶기에는 너무나도 자아중심적이었다. 방어를 하느라 나도 자아중심적이 되었으나, 내 감수성은 그런 자아중심성을 근본적으로 싫어하였다. 내가 어머니같이 되지 않은 데에는 많은 여성학, 여성심리학 책이 도움을 주었다. 그러나 내가 원하는 새로운 존재가 되는 데에는 충분한 도움이 되지 않았다. 감사한 것은 나라는 존재는 어떤 상황에서 병리적 상태에 이르고 병리적 행위까지 했다 하더라도, 궁극적으로는 그 이상의 존재라는 믿음이 어려서부터 그냥 있었다는 것이다. 존재와 행위를 구별한 그것은 배움 이전의 직관적 앎이었다. 내 삶이 최악이라고 느껴지던 시기에도 그 믿음이 있었기에 버틸 수 있었다.

자아초월심리학에서는 인간 내면에는 모든 생명을 하나라고 감각하는 초의식의 자기(Self)가 있다고 설명하는데, 아마 그 자기를 감지했던 것 같다. 개체로서의 나라는 자아(self)와 그 자아를 초월한 자기(Self)의 합일이 가능하다는 경험을 하기 시작하면서 나는 진정한 내가 된다는 느낌을 받게 되었다. 칼 융(Carl G. Jung)의 분석심리학 용어로 표현하면 개성화가 이루어지기 시작한 것이다. 그 자기는 가부장제 같은 사회문화를 넘어서는 것으로, 여성들이 그 자기의 힘으로 현실을 살아낼 때 진정으로 가부장제를 극복할 수 있을 것이라고 믿는다. 현재의 문명이라는 건물을 뜯어고치는 것이 아니라 새로운 문명을 창조하게 될 것이다. 자기란 자아와 육체를 부정하는 곳에 있는 것이 아니라, 자아와 육체를 있게 해주면서 깊이 존재하기 때문이다. 비유하면 자아는 파도이고, 자기는 바다인 것이다.

의식의 혁명

진정한 여성주의 혁명은 파도를 변화시키는 것이 아니라 바다로 들어가는 것이라고 나는 믿는다. 그런 의미에서 나는 새로운 문명을 창조하고 싶어 여성주의 상담을 한다. 어머니와의 관계에서 나는 삶은 혁명이어야 함을 배운 것이다. 나는 대학 졸업논문집 후기에 "나는 삶이란 혁명(의식혁명)의 연속이어야 한다고 믿는다. …… 인간의 의식에 자극이나 변화가 없으면 인간의 정신은 기성화되거나 비정신화되어 버리고, 그렇게 되면 인간답게 사는 것은 불가능해지기 때문이다. 나는 살아 있는 한 인간의 인간화를 이상으로 살고자 한다. …… 철학을 선택했다는 것이, 젊고 개혁적인 삶의 선택으로서의 출발점이 되었으면 한다"라고 썼다. 젊어서 여성운동을 같이 했던 대부분의 사람들이 현재 정치적으로 개혁하려고 하고 있다. 그러나 나는 의식과 심리에서 혁명을 하고 싶다. 크리슈나무르티(Krishnamurti)가 말했듯이, 의식혁명 없이는 진정한 혁명을 할 수 없다고 믿기 때문이다.

『여성과 광기』를 보면, 어떤 여성 정신과의사가 심리학자 필리스 체슬러(Phyllis Chesler)에게 "그처럼 끔찍한 조건화를 견디고 나면 대다수 여성들은 끔찍하게 조건화되죠. 당신은 그들과 일하고 싶어요? 그러려면 더 많은 힘이 필요할 텐데. 난 그건 못하겠어요"라고 말했다고 한다. 조건화된 여성을 여성이라고 생각하여 "나는 여성이 싫어"라고 말하는 여성들이 있다. 그 조건화의 기제인 가부장제를 넘어서는 길은 조건화된 의식의 탈바꿈뿐이다. 나는 조건화된 어머니와 관계하며 어느 정도 조건화되었고 그것이 조건화임을 아프게 자각했기에, 그 조건화에서 자유로워지기 위해 내 의식을 탈바꿈시키는 노력을 줄기차게 해왔다. 그것이 내가 할 수 있는 유일한 일이었고 최선의 일이었기 때문이다. 나는 조건화된 내가 싫더라도 여성임을 거부하거나 남성화되어 어머니와 나를 배신하고 싶지 않았기 때문이다. 나는 제3의 길을 찾고 싶었다. 그 결과 내 마음에서 나도 어머니도 해방시킬 수 있었고 다른 여성들을 해방시키는 힘도 키우게 되었다. 모녀의 정치라고 부를 수 있지 않나 싶다. 방어나 공격을 하지 않으며 상처를 힘으로 탈바꿈시키는 정치.

성스러운 인간관계

『기적수업』에서는 우리가 자아를 벗어나서 하게 되는 인간관계를 성스러운 관계라고 한다. 여성으로의 조건화로부터 사회적으로나 정신적으로 벗어나서 인간으로보다는 더 깊은 존재 자체로 만나게 될 때, 진정으로 행복해질 수 있다고 나는 믿는다. 이런 가치를 추구하여 함께 경험을 공유할 수 있는 여성들이 있었기에, 그런 소중한 만남이 있었기에 나는 자아초월적 여성주의 상담자가 될 수 있었다.

여성주의 상담자로서의 삶

그렇게 상담자가 되어 상담을 하면서 때로는 나도 여성들이 사회적 조건의 영향에서 벗어나지 못하는 것을 답답하게 느끼기도 한다. 그러나 결국은 여성들을 사회적 조건의 영향의 지평선 너머에 있는 존재의 풍요로움으로 초대하는 여성주의 상담자의 역할을 하고 싶어 하는 나를 발견하곤 한다. 그것은 일찍이 내가 어머니에게 하고 싶었던 역할이기 때문이다. 그런 의미에서 나를 여성주의 상담의 상담자로 만든 것은 나의 어머니이다. 나는 나의 어머니의 어머니가 되고 싶었던 것이다. 이제는 가끔 나는 육체의 어머니는 되지 않았으나 사회적 어머니는 되었다고 느끼기도 한다. 나는 집단상담을 시작할 때 "내 정원에 온 것을 환영합니다"라는 말을 한다. 상담자로서의 내 이미지가 아직은 활짝 피지 못했으나 활짝 피고 싶어 하는 여성들을 그렇게 되도록 촉진하는 정원사이기 때문이다.

처음에 말했듯이 내가 짜온 내 삶이라는 한 폭의 천을 돌아보았더니, 그 안에는 사람들이 있음을 보게 되었다. 어머니부터 시작하여 많은 사람들 특히 많은 여성들이 있었고, 대부분 고마운 사람들이었다. 그들과 만나고 헤어지며 나는 사람이 되었다. 상담자로서 나는 내담자들이 짜는 천의 일부가 되어 그들이 사람이 되는 과정을 돕고 있는 것이다. 또한 내담자들은 내가 짜는 천의 일부가 되어 내 성장을 돕고 있다.

산다는 것은 우리가 서로에게 무늬가 되어주며 아름답게 천을 짜는 것이 아니겠는가. 궁극적으로는 우리 마음이 조각천들을 꿰맨 조각이불이 아닌, 이음새 없는 한마음임을 알 때까지. 우리 모두가 바다로 돌아갈 때까지.

제3부
여성주의 상담은 어떻게 하는가

여성의전화에서 활동하면서 항상 목말랐던 부분이 여성주의 상담에 대한 일관된 지침이었다. 대부분의 사람들이 "여성주의 상담은 이론이 아니라 철학이다. 혹은 여성운동에서 그 뿌리가 나왔기 때문에 하나의 원리로 설명하는 것은 불가능하다"고 입을 모았다. 체계적으로 진행되는 다른 상담이론과정과 비교해서 여성주의 상담은 혼란스럽고 정리되지 않은 미지의 개척지 같은 느낌이었다. 대학원에서도 가르쳐주지 않고 기타 전문과정도 마련되지 않은 여성주의 상담. 도대체 어떻게 하는 것이 정통적인 여성주의 상담이란 말인가? 마치 장님이 코끼리 만지듯 여성주의 상담을 찾아가는 탐색의 과정이 시작된 것이다.

3부는 이와 같은 갈증을 느끼고 있을 상담자들이 쉽게 그리고 보다 실제적으로 여성주의 상담에 접근하도록 도와주려는 목적으로 쓰였다. 1장은 여성주의 상담원리를 소개하고 사례분석을 첨가했다. 사례는 본회『쉼터 매뉴얼』에서 발췌한 것과 본회 상담원들의 사례를 모아 수록했다. 인용된 사례들은 모두 가명을 사용했다. 2장은 여성주의 슈퍼비전 이론을 소개하고 상담축어록을 통해서 이를 적용해보았다. 3장과 4장은 의식향상훈련과 여성주의 집단상담이론 및 프로그램을 담고 있다. 각 장은 읽는 이들의 이해를 돕고자 가능한 한 구체적인 예를 통해 설명하고자 노력했다. 각 장을 다 읽고 나서 "아하, 이렇게 하는 것이 여성주의 상담이구나"라는 통찰을 얻게 되기를 기대한다.

참고로 1장에서 제시한 기본이론은 엔스(Carolyn Zerbe Enns)의 저서 *Feminist Theories and Feminist Psychotherapies*(1997)와 워렐(Judith Worell)과 리머(Pamela Remer)의 *Feminist Perspectives in Therapy: An Empowerment Model for Women*[1992, 『여성주의 상담의 이론과 실제』(김민예숙·강김문순 옮김), 2004]에서 빌려왔다. 집필자들과의 토의를 거쳐 한국적인 상황에 적합한 네 개의 원리를 선정한 후 사례와 함께 정리하는 방식을 취했음을 밝혀둔다.

제 7 장
여성주의 상담원리와 사례

이미혜[*]

1. 개인적인 것은 정치적인 것이다

여성주의 상담의 원리로 제일 먼저 꼽히는 것이 "개인적인 것은 정치적인 것이다"라는 명제이다. 역설적으로 상담자들은 가장 많이 회자되는 이 명제가 제일 설명하기 어렵다고도 말한다. 왜 그럴까. 아마도 여성주의 상담의 제1원리가 말하고자 하는 내용이 동시대 사람들의 사회적인 통념에 반하는 지점에 서 있고, 그렇기 때문에 기존의 인식을 하나하나 바꾸어가면서 사람들에게 이해시키는 작업이 쉽지 않다는 경험에서 나온 말일 것이다.

그러나 이 원리는 내담자와의 상담장면에서 확실한 위력을 발휘한다. 여성주의 상담자들은 남편의 구타를 더 참지 못하고 자신이 살기 위해 자식을 두고 나왔다며 한없이 자책하는 여성들에게 "당신의 잘못이 아니다"라고 말한다. 한 내담자는 상담자의 이 말에 "인생이 확 열렸다"는 극적인

---

[*] 서울여성의전화 인권운동센터장.

응답을 보냈다. 제1의 원리는 미리암 그린스팬(M. Greenspan)이 지적한바 모든 문제는 자신에게서 비롯된다는 전통치료체제의 신화를 단호히 거부한다.

"개인적인 것은 정치적인 것이다"라는 원리가 잘 적용되는 대표적인 내담자들로 아내구타 피해자나 성폭력 피해자 같은 여성 폭력피해자들을 들 수 있다. 개인적이라는 의미는 너와 나라는 특수한 관계에서 발생하는 너와 나만의 문제라는 것이고 정치적이라는 의미는 사회문화구조 속에서 발생하는 여성과 남성의 문제라는 것이다.[1] 여성폭력문제는 가부장적 사회와 여성을 비하하는 사회문화구조를 기본 바탕으로 발생한 문제로 전제한다. 바로 이런 시각에서 가정폭력방지법이나 성폭력특별법을 제정해 여성폭력의 문제를 해결하려고 하는 사회적 맥락을 이해할 수 있을 것이다.

워렐(Worell)은 제1원리 중 '정치적인 것'의 측면을 사회적 성제성이라고 개념화하여 좀더 다각적으로 접근한다. 모든 개인은 복잡한 사회문화 안에서 몇 개의 사회적 위치에 속하며,[2] 이들 각 위치에서 각기 다른 정체성 발달수준을 갖는다.[3] 상담자는 이를 평가하고 개인적 정체성과 사회적 정체성이 어떻게 상호작용하는지에 대해 내담자가 자각할 수 있도록 돕는다.

워렐은 이 원리를 상담에 적용하는 방법을 총 3단계로 보여준다. 첫 번째 단계는 '내적인 것에서 외적인 것 분리하기'이다. 여성주의 상담은 내담자가 사회규칙, 성역할 사회화, 제도화된 성차별, 개인의 경험에 따른 다른 종류의 억압을 분류하도록 하며, 내담자가 자기문제의 외적 원천과 내적 원천을 분리할 수 있도록 돕는 데 집중한다.

두 번째는 '병리를 다시 구성하는 것'이다. 내담자들의 '증상'을 건강하지 못한 환경에 대처하는 전략으로 본다. 예를 들어 여성의 우울은 억압받는 것에 대한 자연적이고 합리적인 반응으로 볼 수도 있다. 여성주의 역량

---

1) 김명희, 「외도」, 『쉼터 매뉴얼』, 여성의전화, 2001, 83쪽.
2) 워렐은 젠더, 민족, 사회계층, 성적 취향, 나이, 신체적 능력과 특성 등을 예로 든다.
3) 전 지각 — 만남 — 빠져듦 — 통합과 행동.

강화상담자[4]는 여성이 자신의 분노를 표출하는 것을 배우는 것뿐만 아니라 그 분노를 자신의 환경과 자기 자신을 변화시키는 에너지의 원천으로 사용하는 것 또한 중요하다고 믿는다. 이 변화의 초점은 내담자가 해로운 환경으로부터 내면화된 신념들을 교정하도록 돕는 데 있다.

세 번째 단계는 '사회변화 주도하기'이다. 여성주의 상담의 궁극적인 목표는 성차별과 소수집단에 대한 억압이 존재하지 않는 사회를 만드는 것이다. 따라서 가족, 학교, 종교, 직장, 경제, 법률, 정치적 구조와 같은 제도의 변화가 핵심이다. 개인과 사회 변화라는 목표를 성취하는 한 방법은 사회변화에 수준의 연속성이 — 큰 거시수준에서 작은 미시수준으로 — 있는 것으로 보는 것이다.[5]

사례 1) 김정화 — 27세, 미혼 직장여성

내담자는 대학을 졸업한 영특한 인상의 여성이다. 하지만 자신과 어울리지 않는 지방의 한 직장에서 소외된 생활을 하고 있다. 내담자는 자신이 나쁜 과거를 갖고 있는데도 아무 탈 없이 명랑하고 활기에 넘치는 사람처럼 행동하고 있으며, 다른 사람과의 관계에서 고통과 슬픔을 감추는 거짓된 자기를 살고 있어서 고통스럽다고 했다.

내담자는 어린 시절 믿고 따르던 친척남자에게 오랫동안 성폭력을 당했고 성인이 되어서도 강간한 사람과 잘해보려고 관계를 지속했다. 그리고 어머니의 거듭된 재혼이라는 불행한 과거를 갖고 있다. 내담자는 자신에게 나쁜 요소가 있어서 성폭력을 당했다고 생각하고 이후의 모든 문제들

---

4) 여성주의 상담자와 동의어.
5) 워렐에 따르면, 예를 들어 거시수준의 사회변화는 정치적 정당에 의한 정책변화가 될 것이고, 다른 변화사례는 과거 20년 동안 일어난 강간법의 변화이고, 미시수준의 변화사례는 한 여성이 직장에서 인종차별과 성차별적 행위에 대해 자신의 관리자에게 맞서고 사무실의 절차 그리고 관리자의 태도변화를 가져온 것이라고 말한다[주디스 워렐·파멜라 리머, 『여성주의 상담의 이론과 실제』(김민예숙·강김문순 옮김), 한울, 2004, 114~120쪽].

도 이에 끼워 맞추어 설명하려 했다. 숨어서 괴로워하고 우연한 장면이 단서가 되어 섬광처럼 기억이 떠오르며 자주 우울증을 겪고 있다. 활기에 찬 우수한 학생이 되기 위해 굉장히 노력을 했으나, 이는 그녀 때문에 고생한다고 말하는 어머니를 위한 것이었다. 하지만 어머니는 구타당하는 여성으로 오히려 그녀가 어머니를 위로하는 역할을 하고 있다. 내담자는 상담자에게 자신이 정상인지 진단과 해석을 요구했다.

■ 원리적용 및 변화

내담자는 자신에게 무엇인가 문제가 있어서 어린 시절 성폭력이 발생했다는 생각을 갖고 있고, 이는 성인이 된 이후의 삶에도 계속 부정적으로 작용하고 있다. 내담자의 이런 생각은 성폭력 발생시 피해자에게 책임을 묻는 우리 사회의 피해자 유발론과 같은 맥락이다. 집안에서의 자신의 지위를 이용해 어린 내담자를 성폭행한 친척어른은 죄책감 없이 잘 살아가고 있는 반면 내담자는 자신이 순결치 못한 여성이라 생각하며 어두운 삶을 살아간다. 이는 성폭력을 폭력으로 보기보다는 순결이데올로기와 성관계라는 시각에서 보고 피해자를 죄인으로 모는 사회적 통념과 닿아 있다. 상담자는 이런 신념하에 무조건적인 지지와 수용으로 상담을 이끌어갔다. 상담자는 "어른에게 의존하는 무능한 어린아이가 옳고 그른 판단을 할 수 있다는 이야기인가? 불행한 일이 단지 나에게 그냥 일어난 것이 아니라 무슨 원인이 있다는 얘기인가?"라며 내담자를 감싸주었다. 성폭력은 누구에게나 일어날 수 있는 사회적인 폭력이지 개인적인 문제가 아니라는 것이다. 내담자는 얼마간 우울증을 겪고 다시 자발성과 창의성이 살아났다. 자신은 흠이 있어서 순결치 않고 나쁘다는 왜곡된 믿음을 벗어나 새로운 성장을 시작한 것이다. 10개월의 상담기간 동안 친구들에게 자신의 비밀을 공개하고 그 가운데 같은 경험을 갖고 있는 친구를 만나게 되었다. 어머니와 아버지에게 부담을 느끼지 않고 자신을 솔직하게 내보일 수 있었고, 오랫동안 쓰지 못했던 글도 쓰기 시작했으며, 이성으로 느껴지는 남자

친구를 만나는 것도 시도하게 되었다.

사례 2) 김옥경 ─ 55세, 전업주부

남편은 데이트할 때도 폭력을 썼으나 내담자는 부모님이 고혈압으로 일찍 돌아가셨기 때문에 결혼이 절박했다. 어떤 날은 왜 때리느냐고 따졌더니 "대장장이가 쇠를 자기가 필요한 대로 만드려면 이리저리 때려서 다듬어야 한다"고 했다. 그런데도 부모님이 안 계시니 아무것도 자신이 없었다. 결혼 후에는 말할 것도 없이 폭력이 심했다. 매사에 폭력을 하고 본다는 식이었다. 결벽증까지 있어서 시집식구들이 다녀가도 비누로 청소를 해야 했고, 항상 남편은 "너는 청소를 못하는 것이 가장 큰 결점"이라고 비난했다. 어려운 살림에도 불구하고 13평짜리 아파트를 마련했으나 기쁨도 잠시, 남편은 회사 어린 여직원과 외도하고 심지어는 데리고 와서 재우라고까지 했다. 결국은 회사에서 쫓겨나 택시운전을 하게 됐지만 외도는 계속됐고 경기가 안 좋다고 하면서 생활비까지 안 주었다. 너무나 많이 시달리다보니 내담자는 신장이 극도로 나빠져서 투석을 해야 살아갈 정도였다. 가슴이 늘 막막하고 우울증도 심해서 아파트에서 뛰어내리자고 수없이 생각했다. 현재는 구타당할 때 아들이 말리고는 있지만 아들은 아버지의 행동을 증오하기보다는 오히려 닮아가는 것처럼 보여서 걱정이다. 남편은 "엄마를 왜 그렇게 때리느냐?"는 아들의 말에 "여자는 또 얻으면 된다"고 했다. 아들도 "나중에 내 아들이 어른이 되어서 내 편보다 어머니 편을 들면 열날 것이다"라는 얘기를 했다. 이런 아들이 실망스럽다. 이렇게 고생했는데 재산분할은 1/3 정도밖에 안 된다고 하니 더욱 억울하다.

■ 원리적용 및 변화

내담자는 결혼 전에 폭력이 있었음에도 불구하고 여자는 나이가 들기 전에 결혼을 해야만 하고, 부모가 없다는 것은 결혼조건에서 매우 약점이라고 생각하고 있다.

사회적 통념을 확실히 내면화하고 있는 여성으로서 참는 것만이 이겨내는 것이라고 생각하고 있다. 남편은 매우 가부장적인 남성으로서 남자는 때려서라도 여자를 초반에 잡아야 하고, 외도는 남성이 할 수 있는 특권이라고 보고 전혀 죄책감이 없으며, 드러내놓고 해도 별로 문제될 것이 없다는 사고방식이다. 성역할에 대한 신념이 투철하여 청소나 살림 못한다는 트집으로 폭력을 쓰면서도 죄의식을 못 느끼는 남성우월주의자이다. 상담자는 현재 건강이 매우 심각하게 나빠지고 있는 것과 아들이 폭력을 그대로 학습하고 있는 것에 대한 심각성을 알렸다. 또한 빨리 쉼터를 이용하여 자신의 문제를 더 객관적으로 보고, 이 모든 문제가 사회적인 문제라는 것을 정확하게 인식하도록 했다.

2. 상담자와 내담자는 평등하다

상담하면서 상담자와 내담자는 새로운 관계를 체험한다. 이 관계의 질은 상담의 성공을 좌우할 수 있는 주요 측면이다. 상담자는 내담자를 갈등과 부조화 그리고 좋은 점과 나쁜 점을 모두 갖춘 있는 그대로의 개인으로 수용한다.6) 심리치료에서 성공적인 결과(변화)에 중요한 요인은 상담자와 내담자 사이의 작업동맹의 질이라고 본다. 보르딘(Bordin, 1979)은 작업동맹에 대해 상담자와 내담자 사이의 신뢰와 애착의 정서적 유대와 치료에 대한 전반적인 목표 및 목표를 성취하는 과제에 대한 합의로 구성되어 있다고 보았다.7)

여성주의 상담자는 상담관계에서 내담자와의 평등성을 추구한다. 이 평등성은 상담자와 내담자라는 역할을 떠나 여성 일반이 갖는 사회적인 조

---

6) 윤순임 외, 『현대 상담심리 치료의 이론과 실제』, 중앙적성출판사, 1995, 246쪽.
7) 이은순, 「상담에서의 변화와 상담자」, 이화여자대학교 학생생활연구, 1993.

건을 인식하는 데서 출발한다. 수용성이나 작업동맹과 비교해볼 때 여성주의 상담이 추구하는 평등한 관계는 훨씬 더 현실적이고 구체적인 삶의 문제와 맞닿아 있다.

그것은 상담자와 내담자가 같은 여성으로서 가부장적 사회 속의 피해자라는 공통된 인식이다. 김민예숙은 가부장적 억압과 차별의 여성피해자들을 직접적인 피해자와 간접적인 피해자로 나눈다. 직접적인 피해자란 매맞는 아내나 강간당한 여성이나 성매매 여성처럼 개인적인 손상을 당하는 여성들이다. 간접적인 피해자란 성장과정에서 여성에 대한 고정관념에 의한 양육과 교육에 의해 가부장적 가치를 내면화하고 살아가는 여성들을 말한다.[8] 간접적인 피해자 속에 여성상담자나 여성운동가들이 속할 수 있다. 상담하면서 내담자 속에서 자신을 발견하는 경우가 많다. 내담자들이 사회가 요구하는 완벽한 어머니, 아내, 여성이 되기 위해 자신을 희생하고 애쓰는 모습을 보면 상담자의 삶과 오버랩된다. 상담자는 내담자가 기뻐하거나 분노할 때 같은 여성으로서 자연스럽게 공감한다.

또한 여성주의 상담자는 내담자를 자신의 삶에 관한 최고의 전문가라고 인정한다. 이들을 희생자가 아닌 생존자로 바라보는 것이다. 이들은 폭력관계에서 살아남기 위해 자기만의 삶의 기술을 발달시켜왔고 성실하게 실천해온 사람들이다. 실제로 쉼터 내담자들은 요리나 가사솜씨, 대인관계, 경제적인 면에서 능력을 갖춘 사람들이 많다. 내담자를 자신에 관한 전문가로 대우하는 것은 그들의 삶의 경험을 존중하는 것이다.

평등성은 상담관계 안에서 어떻게 나타날까. 여성주의 상담은 상담자와 내담자 사이에서 발생할 수 있는 권력관계를 줄이는 데 초점을 둔다. 우선 여성주의 상담자는 자신의 가치관을 내담자들에게 숨기지 않고 개방한다. 여성주의 치료자들은 가치중립적인 상담을 하는 것이 불가능하다고 믿고 있다. 그 결과 상담자들에게 그들의 가치관을 명료하게 하는 것이 필수적

---

[8] 김민예숙, 「여성주의 상담에 관한 소고」, 『춘해대학 논문집』 10집, 1988.

이라고 여기며, 내담자에게 그들의 가치관이 잠재적인 영향력을 끼칠 수 있다는 것을 알고 있다.9) 또한 여성주의 상담자는 내담자의 가치(성역할 기대, 성적 행동, 의존성 등)가 뚜렷해지도록 용기를 북돋아준다. 그리고 그것을 통해서 내담자가 자신의 개인적인 경험에 영향을 주는 전통적인 사회규범에 의해 야기되는 문제들을 원만하게 해결할 수 있는 방법을 탐색하도록 한다.10)

여성주의 상담자는 내담자의 문제와 관련이 있다면 선택적 자기노출(자신의 현재와 과거 삶의 경험에 대한 정보를 나누기)과 내담자에 대한 자기참여(자신의 지금 여기 반응을 나누기)를 한다. 이는 심리 내적 초점에서 관련된 사회적·외부적 초점으로 이동하는 중요한 방법이다. 자기노출과 자기참여는 신중하게 사용되어야 한다. 그것들은 내담자의 문제와 관련될 때, 내담자가 그것들을 지절하게 다룰 수 있을 때, 그리고 그것들이 내담자의 심리적 성장에 도움이 될 것이라는 생각이 들 때 사용되어야 한다.

사례 1) 박혜란 — 37세, 전업주부

결혼 후 10년 이상 외며느리로 잦은 제사를 혼자 담당해야 했다. 처음에는 며느리로서 당연히 해야 할 일이라 생각하고 담당했다. 몸이 고달팠으나 참고 일을 하였다. 그러나 잠도 못 자면서 며칠 동안 혼자 일을 해도 그 누구로부터도 칭찬 한번 못 들었다. 자기중심적인 시어머니에 맞춰 일만 해야 했다. 10년이 지나고 나니 제사를 위해 시집에 가는 것이 너무 두렵고 괴로웠다. 남편과 가족을 위해 참으려고 했으나 제사 때가 오면 병이 날 정도가 되었다. 그래서 어느 해 추석부터 시집에 가지 않겠다고 선언하고 가지 않았다.

---

9) Carolyn Zerbe Enns, *Feminist Theories and Feminist Psychotherapies*, The Harrington Park Press, 1997, p.13.
10) 강문순, 「여성주의 상담의 원리와 전망」, 계명대학교 여성학과 석사학위논문, 2003.

처음에는 남편의 비난이 있었으나 지난 10년간의 상황을 설명하고 결혼 생활과 제사 중에서 선택하라고 하였다. 단순히 하기 싫은 정도가 아니라 병이 날 정도로 심해진 경우이니 제사를 선택한다면 살기 위해 이혼할 수 밖에 없다는 단호한 뜻도 밝혔다. 남편은 내담자의 의사를 전적으로는 아니더라도 수용하게 되었다. 고심 끝의 결정이었으나 이를 알게 된 주위 사람들이 비난하여 죄책감을 느끼고 있다.

■ 원리적용 및 변화

상담자는 내담자에게 가족이나 며느리보다 한 여성으로서의 인권이 더 중요하다는 가치관을 밝히고 상담했다. 이는 여성주의 상담자가 자신의 가치관을 내담자들에게 숨기지 않고 개방함으로써 상담관계의 평등성을 지향하는 것이다. 또한 내담자 자신의 가치관이 뚜렷해지도록 용기를 북돋아주었다. 외며느리로서 자신 내부에서도 죄책감을 느끼면서 또 한편으로는 자신의 삶을 존중받고 싶은 문제로 갈등하던 내담자는 상담자가 자신을 지지하는 입장을 분명히 밝히자 편안하게 상담에 임했다. 상담자는 주위 사람들과는 달리 내담자를 비난하지 않고 내담자의 말을 믿으며 이해했다. 그 결과 혼자라는 외로움과 위축감에서 벗어나 자신을 어느 정도 돌보고 나면 시집과의 관계 개선을 할 수 있으리라는 희망을 갖게 되었다.

사례 2) 김미순 — 54세, 전업주부

훤칠한 키에 당당해 보이는 내담자는 남편의 학대로 집을 나와서 쉼터에 머무르고 있다. 공부를 하고 싶었으나 완고한 할아버지 때문에 할 수 없었고 서울에 올라와 배우를 꿈꾸다가 지금의 남편을 만나 결혼했다. 내담자는 사사건건 간섭하고 학대하는 남편과 맞지 않아 몇 차례 집을 나왔고 이번에는 이혼을 하려고 마음먹었다. 힘든 상황 속에서도 공사장에서 함바식당을 운영해서 3년 만에 목돈을 만들 정도로 뛰어난 능력을 갖고 있다. 자식들은 장성해서 중국에 살고 있는데 내담자가 중국으로 와서 손자들을 돌보면서 노년을 보내라고 요청한다. 하지만 내담자는 인생 후반기에 몇 년이라도 자신을 펼치는 삶을 살고 싶고, 신세 지는 것이 싫어서 자식들의 요구를 거부하고 있다. 또한 대놓고 말은 못해도 자식들이 엄마를 이해하기보다는 엄마의 삶을 자신들에게 맞추기를 바라고 있는 것 같아 섭섭한 마음을 갖고 있다.

■ 원리적용 및 변화

여성주의 상담자는 내담자를 자신의 삶에 대한 최고의 전문가로 보고 경험 속에서 발전시켜온 삶의 기술을 존중한다. 상담자는 특별히 경제적으로 자립하기 위해 노력해온 부분을 적극적으로 지지했다. 또한 예순이 가까운 나이에도 자식들에게 의지하지 않고 적극적으로 자신의 삶을 개척하려는 부분에 칭찬과 격려를 아끼지 않았다. 내담자는 어느 정도의 자본과 몇 년간의 시간이 주어진다면 목돈을 마련할 수 있다는 자신감을 갖고 있어서 인상적이었다. 내담자는 자신이 할 수 있는 자영업을 찾아 계획을 세웠고 필요한 건강검진도 차근차근 준비해서 쉼터에서 나갈 무렵 택시운전을 하기 위해 1종 운전면허를 취득했다.

3. 역량강화

내담자들에게 상담소감을 물어보면 대개 두 가지가 좋았다고 한다. 오랫동안 아무에게도 말할 수 없었던 고민을 털어놓아서 후련하고, 상담자가 자신을 적극적으로 지지해주어서 고맙다고 한다. 사실상 이들이 금단의 영역처럼 감추어두었던 자기 얘기를 시작하는 그 순간부터 변화는 시작된 것이고, 여성주의 상담자의 긍정적인 강화를 받으면서 새로운 역사는 쓰이기 시작한다. 여성주의 상담의 세 번째 원리인 역량강화(Empowerment)는 내담자들이 자신에게 도움이 되지 않는 현재의 상황이나 관계에 적응하기보다는 어떻게 변화를 지향하도록 이끌 것인지가 관건이다.

여성주의 치료에서 임파워먼트(Empowerment)는 다음과 같은 것을 포함한다. ① 사회 권력구조의 분석, ② 여성들이 어떻게 무력함을 느끼도록 사회화되는지에 대한 토론과 인식, ③ 여성들이 개인적·관계적·제도적 영역에서 어떻게 힘을 성취하는지에 대한 발견, ④ 여성의 이익을 옹호하는 기술의 사용 등.[11]

여성주의 상담자들은 내담자들이 다른 누구보다 자신을 돌보도록 격려한다. 많은 내담자들이 가족을 포함한 타인의 욕구를 먼저 배려하고 자신이 원하는 것을 충족시키지 못한다. 엔스(Enns)는 자기 자신을 돌보는 것은 자신을 가치 있는 사람으로 인정하고, 개인의 행복에 기여할 것을 우선순위에 놓는 것을 포함한다고 한다. 상담자들은 특히 내담자들이 즐거움과 지배의 느낌[12]을 갖도록 도와야 한다고 말하고, 구체적인 예로 목표 수립해보기, 운동 같은 육체적인 훈련, 개인적인 돌봄, 스트레스 관리기법, 직업선택에 도움이 되거나 배우는 기쁨을 경험할 수 있는 과정에 등록하기 등을 제안한다.[13]

또한 내담자들이 사회적 관계에서도 힘의 균형을 이루도록 격려하며 특히 경제적 독립을 강조한다. 사회적인 직업활동만이 경제적 독립을 의미하는 것은 아니다. 전업주부의 경우라면 가사노동의 가치를 인정받고 가정 내에서 재산권을 획득할 수 있도록 부부재산 공동명의, 자기이름 통장 갖기 등을 계획으로 세워볼 수 있다. 또한 어떤 내담자들은 정치적·법적 문제들에 대한 정보를 얻음으로써 그리고 사회변화를 이루는 데 초점을 둔 시민 또는 지역사회조직에 참여함으로써 새로운 에너지를 경험하게 될 것이다.[14]

---

11) Carolyn Zerbe Enns, op. cit., 1997, p.26.
12) 여성주의 치료자는 여성들의 특별한 공헌과 힘과 성취들을 환기시킴으로써 증진된 자존감을 경험하도록 도와야 한다.
13) Carolyn Zerbe Enns, op. cit., 1997, p.30.
14) Ibid., p.23.

이러한 일련의 과정에서 분노는 중요한 역할을 한다. 내담자가 자신이 처한 현실을 정확히 인식할수록 분노가 올라오고 적극적으로 표현하게 된다. 학대기간이 길고 강도가 심했던 피해여성들은 가해자에 대해 분노하지 않는다. 아니, 하지 못한다는 표현이 적절할 것이다. 이런 내담자들은 그만큼 회복기간이 길어지고 예후가 좋지 못하다. 이들은 아직도 자신이 부족해서 상황을 이렇게 만들었다는 죄책감을 갖고 있다. 자신의 장점을 칭찬하는 상담자의 말을 받아들이지 않는다. 분노는 더 이상 그렇게 대우 받고 싶지 않다는 자존감의 표현이다. 여성주의 상담가는 내담자가 분노와 같은 힘 있고 강한 감정들을 표현하는 긍정적이고 기술적인 방법들을 발견하도록 돕는다.

여성주의 상담자로서 내담자 역량강화의 목표지점을 분명히 해야 한다. 여성주의 상담은 개인 내적 변화와 사회변화를 동시에 추구한다. 예를 들어 여성주의 치료자는 외상 후 스트레스 장애나 매 맞는 여성 증후군에 대해 전문적인 증인으로 도울 수 있고, 내담자가 종합적인 지역사회 서비스 망이나 정신건강체계와 연계하도록 돕거나 제도적 정책이 그녀의 운동을 가로막을 때 내담자를 변호할 수 있다.15) 실제로 상담자들이 작성하는 상담일지는 이혼소송과 같은 법률적인 사안 발생시 자료로 활용되며, 때로 내담자와 법정까지 동행하거나 증인으로 법정에 직접 서는 경우도 있다. 여성주의 상담자는 사회변화를 위한 활동에 일정부분 자신의 시간을 할애해야 한다.

사례 1) 장미경 ― 42세, 전업주부

평범한 인상의 내담자는 남편의 외도 때문에 불면증과 소화불량에 걸려 있다면서 어떻게 하면 남편의 외도를 멈추게 할 수 있느냐고 물었다. 남편

---

15) Ibid., p.28.

은 지방에 사는 연상의 유흥업소 주인과 수년째 외도를 하고 있는데, 돈 문제가 걸려서인지 끊어질 듯하면서도 계속 관계를 갖고 있었다. 최근에는 남편이 상대여성이 불치병에 걸려서 얼마 살지 못할 것 같으니 이해해 달라는 말까지 했다. 내담자는 상대여성과 남편이 만나는 음식점을 급습해서 삼자대면을 했으나 그 여성이 보는 앞에서 남편에게 구타를 당해 자존심에 큰 상처를 입었다. 현재도 계속 그 여성에게 자꾸 전화를 하고 싶은 충동에 휩싸이고 자신도 외도를 해서 남편에게 복수를 하면 어떨까 하는 생각까지 하고 있다.

■ 원리적용 및 변화

상담자는 내담자가 외도문제에 개입하기보다 자신을 양육하고 돌보는 것에 초점을 두었다. 이를 위해 외도문제가 내담자가 아닌 남편이 저지른 문제이며 그 문제의 해결 역시 남편이 해야 한다는 것을 알려주었다. 또한 계속 상대여자에게 전화통화를 시도하거나 복수하기 위해 맞바람을 피우는 것도 남편의 외도문제에 휘말리는 행동이며, 하면 할수록 내담자에게 부정적인 결과가 돌아온다는 것을 알려주었다. 남편은 유약한 성격으로 정서적인 만족을 위해 여성을 찾는 경우였다. 내담자는 이혼을 원하지는 않았으나 남편에게 짓밟힌 자존심을 회복하고 싶어 했다. 상담자는 우선적으로 자신의 건강을 돌보고 자존감회복을 위해 경제활동을 하도록 조언했다. 내담자는 외도문제보다는 자신의 삶에 집중하는 쪽으로 방향을 잡기 시작했다. 남편이 집으로 돌아온 후 남편과의 관계를 평등하게 유지하기 위해 직업을 가졌다.

사례 2) 차윤아 ─ 36세, 전업주부

취학 전 아동 자녀가 둘인 엄마이다. 어린 자녀들을 키우며, 돌봄을 받지 못한 자신의 아동기가 떠올라 자녀를 돌보기보다는 자신을 돌보고 싶어져 갈등을 느낀다. 예를 들어 자녀를 위하여 늘 집에 있기보다 자신이 배우고 싶은 것을 배우러 다니고 친구들과 놀러다니고 싶은 것이다. 이러한 자신의 강한 욕구를 어머니의 의무를 내세워 억압하면, 집에 있더라도 자녀들에게 무관심해지고 화를 내게 된다. 반대로 욕구를 앞세워 집을 비우고 자녀들을 소홀히 하면 엄마로서 죄책감을 느끼게 된다고 한다. 결국 무엇을 선택해도 즐겁지 않고 괴로움으로 끝이 난다.

게다가 주위에서 아무도 자신의 갈등을 이해해주지 않으니 자신이 나쁜 사람 같아 죄책감을 느끼게 된다. 이렇게 갈등이 있는 불안한 상태에서 생활하는 것이 싫다.

■ 원리적용 및 변화

상담자는 내담자의 자기양육을 목표로 하여 엄마의 역할을 잘하기 위해서도 먼저 자신의 욕구를 돌보아야 함을 이해해주고 지지해주었다. 내담자를 엄마보다 개인으로 보았다. 상담자는 아이를 친정이나 시집에 맡기고 원하는 공부나 놀이를 하는 것을 선택할 수 있다는 것을 지지했다. 우선 하고 싶은 일을 나열한 후, 아이의 필요와 갈등을 일으키는 경우를 찾아보고 스스로 선택하게 했다. 그 결과 내담자는 죄책감 없이 자신을 돌보는 시간을 가졌고, 일정기간 후에 자녀에게 관심을 갖게 되었다.

사례 3) 김순자 — 43세, 전업주부

내담자는 남편이 동네에서 칼까지 들고 심하게 구타를 해서 신고했지만 경찰서에서 바로 나올 것 같아 불안하다며 도움을 신청했다. 중학생 딸과 정신지체 고등학생 아들을 두었는데 남편이 수시로 자신과 딸을 구타한다. 20년간 폭행을 당하다가 몇 년 전부터 신고를 하기 시작했는데 그때마다 경찰서에 갔다가 바로 나왔고, 나와서는 신고한 자신과 아이들을 더 심하게 구타하기 때문에 걱정이다. 남편은 술 핑계를 대며 구타한 기억이 없다고 잡아뗀다. 내담자는 "그때마다 신고를 안 한 것만 못해서 제가 망신만

당해 더 비참해지고 남편은 오히려 더 기세등등해진다"고 말한다. 남편은 가정폭력은 경찰에서 어쩌지 못한다는 것을 아는 듯이, 이번에도 경찰서에 가서 "나 제발 구속 좀 시켜줘", "감방에 좀 보내줘" 하며 막 즐기는 듯한 모습을 보여주었다고 한다. 내담자는 이혼이라도 좋으니까 아이들하고 가슴을 좀 펴고 살았으면 좋겠다고 희망한다.

■ 원리적용 및 변화

여성주의 상담자는 개인의 변화와 사회의 변화를 동시에 추구하기 때문에 이를 위해 적극적으로 내담자 문제에 개입한다. 상담자는 상담을 마치고 나서도 관련 기관에 적극적으로 알려서 내담자를 보호했다. 내담자가 아이들과 우선 피신할 수 있도록 쉼터를 안내하고 본회 면접상담에 오도록 유도했다. 그리고 관할 파출소 관련 사항을 메모했다가 피의자를 바로 석방하지 않도록 관할 파출소에 알려서 내담자가 시간을 갖도록 도와주었다. 현재 내담자는 남편과 이혼하고 아이들과 자립의 길을 가고 있다.

4. 여성의 시각으로 재조명한다

내담자들의 이야기를 듣다 보면 어딘가 앞뒤가 맞지 않는다는 느낌을 받을 때가 있다. 직장에서 여직원회 회장을 할 정도로 활발했던 사람이 결혼 후 매사에 자신 없고 소극적인 사람으로 변했다. 또는 고통스러운 얘기를 할 때도 웃고 있거나 석회석처럼 무표정한 얼굴로 남의 이야기를 하듯 읊조리기도 한다. 이들은 오랫동안 있는 그대로의 자기를 인정받거나 이해받지 못한 여성들이다. 따라서 자신의 판단에 자신이 없고 사회가 요구하는 완벽한 여성에 자신을 맞추려다 좌절하고 자책감에 빠진다.

여성주의 상담자는 이들이 '누락'시킨 자신의 이야기를 회복하도록 돕는다. 우선 여성 자신의 시각에서 세계를 바라볼 것을 제안한다. 이는 여성의 경험에 입각해서 삶의 개인적·사회적 측면을 재구성한다는 의미이다. 여성은 그들 자신의 경험에 대한 신뢰를 토대로 자기규정하도록 촉진된다. 스터디반트(Sturdivant)는 이 현상을 '여성이 정의한 여성'이라고 부른다. 공감, 양육, 협력, 직관, 상호의존, 관계집중이 가치와 우선권을 갖는다. 자기가 여성으로서 현재(Here and Now)를 살면서 보고 느끼고 생각하고 행동한 것을 온전히 자기 것으로 소유하고 인정하는 것이다.

"여성주의 상담은 여성이 자신의 사회화된 평가절하된 측면들을 찾아내고 약함을 강함으로 부정적 결점을 긍정적 장점으로 재개념화하는 것을 돕는다. 여성과 관련된 특성들의 평가절하는 여성에 대한 이중구속이라는 결과를 낳는다. 그것은 '적합한' 여성이 되도록 강제하는 동시에 그렇게 되는 것을 평가절하한다. 예를 들어 많은 여성들은 그들의 가족을 돌보고 가족구성원의 욕구를 자신의 욕구에 우선하도록, 그리고 삶의 에너지를 '가정을 관리하는 데' 바치도록 배운다. 그러나 여성은 자신의 가족에 빠져 있다고, 경제적으로 남성에게 의존한다고 비난받는다. 전형적으로 여성에게 적용되는 공의존(codependency) 개념은 그들이 남성에게 베풀고 배워온 돌봄과 애착행동 때문에 여성이 어떻게 병리화되는지 보여주는 중요한 예이다."16)

여기에서 적합한 여성이란 사회가 요구하는 완벽한 여성을 말한다. 황경숙17)은 구타상황에 머무르는 아내가 그렇지 않은 아내들보다 사회적으로 부과한 완벽주의 성향이 높고 성역할 태도가 전통적이라고 밝힌 바 있다.

사례 1) 최미자 ─ 60세, 주부

다소 딱딱해 보이는 인상의 내담자로 잘 웃지 않고 집단상담을 시작하자 머리가 아프다고 호소하며 적극적으로 참여하지 않았다. 성격유형검사

---

16) 주디스 워렐·파멜라 리머, 앞의 책, 2004, 125~126쪽.
17) 황경숙, 「매 맞는 아내의 완벽주의 성향과 성역할 태도와의 관계」, 서강대학교 상담심리학과 석사학위논문, 1998.

후 주도적이고 리더역할을 하는 유형으로 결과가 나온 것을 설명해주었다. 내담자는 자신이 지금은 이렇게 살지만 결혼 전에는 직장에서도 적극적으로 일했고 특히 친정에서는 큰아들같이 모든 대소사에 다 관여했다고 하며 검사결과가 맞다고 말했다. 하지만 결혼 후 남편은 내담자가 직장생활을 하는 것을 싫어하고 또 친정집에 못 가게 해서 점점 대인관계도 줄어들었다. 결혼생활 내내 "할 줄 아는 게 없다", "무능하다"는 비난을 듣다 보니 어느새 소극적이고 무기력한 노인이 되어버렸다고 울먹였다.

■ 원리적용 및 변화

상담자는 내담자의 결혼생활을 듣고 폭력으로 인해 내담자의 성격이 왜곡되고 진정한 자기가 억압되었음을 설명해주었다. 성격검사결과를 계기로 내담자의 숨겨 있던 진짜 자기모습을 드러내줌으로써 결과적으로 자신의 경험을 믿고 신뢰할 수 있도록 돕게 되었다. 몇 차례의 상담과정을 통해 내담자가 보인 주도적인 면(연장자로서 전체를 아우르는 태도, 동료에 대한 정확한 피드백 등)을 칭찬하자 얼굴이 밝아졌다. 주변 동료들에게 이렇게 나이가 들고 보니 몸은 아프고 후회만 남는다며 자신을 죽이지 말고 적극적으로 살라고 조언해주어서 집단원들이 힘을 얻었다.

사례 2) 박혜숙 ─ 30세, 주부

내담자는 시종일관 횡설수설하고 극심한 구타상황에 대해서 이야기할 때도 분노나 절망의 표현 대신 웃고 있었다. 자신이 스스로 억제할 수 없는 감정을 갖고 있다는 것을 더군다나 여러 사람 앞에서 인정할 수 없는 듯 보였고, 타인의 감정을 잘 이해하지 못해 대인관계에서 자주 오해를 일으켰다.

어느 날 집단상담에서 구성원들이 각자 부부의 성관계에 대해 이야기를 할 때, 불안하게 말없이 앉아 있던 내담자는 충격을 받은 듯이 큰소리로 무릎을 만지면서 통증이 온다고 호소했다. 개인상담을 통해서 내담자가 본능적·신체적·감정적 욕구들을 열등한 것으로 취급하는 가정에서 자랐다는 것을 알게 됐다. 엄한 아버지는 기독교적 정신이나 희생을 강조하고 물질에 집착하지 않는 검소한 생활을 추구했다. 자식들이 싸우거나 울 때에는 단체로 체벌하였다. 아이들이 감정적이 될 때에는 돌과 같은 차가운 표정을 지었다. 어머니는 있으나 없는 것 같은 존재였고 대신 아버지는 절대적인 존재로 아버지를 미워하면서도 이상화했고 그와 같이 되려고 했다. 내담자는 친구와 만나거나 영화구경을 하면서 느끼는 즐거움을 하찮은 것으로 치부하였고, 직장과 야간 기독교대학 그리고 교회활동만으로 젊은 시절을 바쁘게 지냈다. 결혼도 서로 기독교적인 정신만 있으면 된다고 생각해서 처음 만나서 결정했다. 남편과의 성관계에서 전혀 느낌이 없었으며 남편의 요구를 거의 거절했다.

■ 원리적용 및 변화

여성을 무성적 존재가 되도록 강요하는 집안 분위기 속에서 여성성을 억압하고 특히 성에 관해 왜곡된 태도를 갖게 된 사례이다. 상담자는 성장과정 속에서 극도로 억압된 내담자의 여성성이 되살아나도록 도왔다. 감정을 초월하려는 듯한 태도, 성적인 면의 거부를 지적하고 대신 기독교적인 정신을 과대평가하고 수집광으로 도망치는 자신을 보도록 직면시켰다.

상담이 지속되면서 내담자는 비밀이라면서 "하지만 나한테도 여성적인 면이 있다"며 작고 예쁜 물건들을 수집하는 것이 취미이며 이것은 나만을 위한 것이고 다른 사람이 이것을 건드리면 말할 수 없이 화가 난다고 했다. 내담자는 쉼터 퇴소 후에도 직장을 다니면서 지속상담을 받았다.

제 **8** 장
여성주의 슈퍼비전

배인숙*

1. 여성주의 슈퍼비전의 특성과 과정

1) 여성주의 슈퍼비전의 개념

여성주의 슈퍼비전이란 상담자가 여성주의 상담원리에 맞게 상담할 수 있도록 지도, 감독하는 것이다. 슈퍼바이지[1]는 슈퍼비전을 통해서 상담기법과 기술을 배우고, 상담자와 내담자가 상호작용하는 방법을 배우게 된다. 즉, 슈퍼바이저[2]는 일반상담과는 다르게 슈퍼바이지로 하여금 내담자의 문제를 심리 내적으로뿐만 아니라 사회문화적 영향의 맥락에서 이해하도록 교육해야 한다. 그리고 상담자와 내담자의 평등한 관계를 지향하기 위하여 자기개방을 하는 것과 마찬가지로, 슈퍼바이저는 슈퍼바이지를 존중하며

---
* 서울여성의전화 부설 여성중부쉼터 관장.
1) 슈퍼바이지(supervisee): 슈퍼비전을 실시할 때 상담사례를 제출하고 슈퍼바이저로부터 훈련과 교육을 받는 사람.
2) 슈퍼바이저(supervisor): 상담에 대한 지식과 경험이 풍부한 상담자로서 슈퍼바이지(상담자)의 상담능력 향상을 목적으로 훈련시키거나 교육하는 사람.

가능한 한 평등한 관계를 유지하도록 노력해야 한다. 일반적인 상담에서는 상담자에게 일정부분 권위를 부여하며 가치중립적인 위치를 유지하도록 하지만, 여성주의 슈퍼비전에서는 상담자가 여성주의원리에 입각한 가치개입을 적극적으로 시도할 것을 촉진하는 것이다. 그리고 평등성의 원리에 맞게 상담자가 자신의 여성주의적 가치를 내담자에게 개방하여 내담자로 하여금 선택할 수 있게 한 후에 상담에 임하도록 교육하여야 한다.

슈퍼바이지가 성역할 고정관념으로부터 자유로워지게 도와주고, 상담자의 자아존중감 및 적응력을 높여주며 용기를 주고, 장점을 강화하며 죄의식을 줄이고 확신과 자신감과 함께 정서적 안정감을 갖게 해준다. 이러한 슈퍼비전 과정에서 이루어지는 여성주의원리에 입각한 가치개입과 정서적 지지는 여성주의 상담자로 하여금 소진되는 것을 방지한다. 궁극적으로 상담을 통하여 내담자는 삶의 걸림돌이 되는 사회화된 전통적 가치관을 변화시키고, 개인의 문제를 해결하여 상담목표를 달성하므로 상담자로서의 역량을 강화시키는 것이다.

2) 슈퍼비전의 과정과 원리

포터(Natalie Porter, 1995)는 다음과 같이 네 단계의 여성주의 슈퍼비전 과정을 설명하고 있다.3)

1. 첫 번째 단계는 상담사례를 여성주의적으로 이해하는 단계이다. 내담자의 문제를 전통적 상담의 관점에서 이해하는 것과 여성주의적 관점에서 이해하는 것의 유사점과 차이점에 관해서 슈퍼바이지와 토론하기도 하고, 여성주의 상담의 관점을 슈퍼바이지에게 교육시키기도 한다.
2. 두 번째 단계는 내담자에 대한 사회의 영향을 이해하는 단계이다. 즉, 사회에 존재하는 성차별주의와 성역할 고정관념을 슈퍼바이지와 함

---

3) 김민예숙, 「여성주의 슈퍼비전에 관한 소고」, 『춘해대학 논문집』 제12집, 2000.

께 탐색하고, 그러한 고정관념이 여성의 삶에 어떻게 영향을 미치는지 탐색한다. 그리고 슈퍼바이저는 슈퍼바이지로 하여금 내담자의 관점을 심리 내적이고 비역사적인 관점에서부터 더 넓은 사회문화적 관점으로 바꾸어 사회구조가 개인에게 끼친 영향에 대한 통찰을 얻을 수 있도록 돕는 역할을 촉진하는 것이다.

3. 세 번째 단계는 상담자의 편견과 그것이 임상에 어떻게 영향을 미치는지 탐색하는 단계이다. 가부장사회에서 태어나 살면서 성역할 고정관념과 성차별을 내면화해온 슈퍼바이지의 반여성적 태도와 행동이 여성주의적인 것이 되도록 도와주는 역할을 하는 것이다. 이 단계는 여성주의 상담의 원리 중 상담자와 내담자의 관계의 평등성과 관련되는 부분이라고 하겠다.

4. 네 번째 단계는 상담에 대해 집단적인 관점을 취하는 단계이다. 이것은 내담자의 문제를 해결하는 데 개인 중심의 상담 이외에 사회운동, 자조집단 등 지지자원을 찾아낼 필요가 있다는 것을 슈퍼바이지가 알게 하는 것이다. 슈퍼바이지로 하여금 내담자에게 도움이 되는 지역사회 자원을 탐색하고 접촉하도록 격려하고, 어떤 자원이 내담자에게 이로울 것인지를 결정한다. 슈퍼바이지는 그 지식으로 다음 상담에서 내담자에게 자원을 소개할 수 있는 것이다. 이처럼 여성주의 슈퍼비전 과정은 상담과정에 적용되는 여성주의 상담의 원리들을 점검하는 것이라 할 수 있다. 궁극적으로는 상담자를 통하여 내담자에게 가장 효과적이고 충분한 서비스를 제공하고자 하는 상담목표를 달성하기 위해서는 다음과 같은 슈퍼비전 지도원리를 적용해야 할 것이다.

■ 여성주의 슈퍼비전 지도원리[4]

원리 1. 여성주의 슈퍼바이저는 슈퍼바이저와 슈퍼바이지 사이의 힘의

---

[4] 주디스 워렐·파멜라 리머, 『여성주의 상담의 이론과 실제』(김민예숙·강김문순 옮김), 한울, 2004, 467쪽.

역학과 차이를 분석하는 데 긍정적으로 행동하고, 슈퍼바이지를 위해 힘을 사용하는 모델을 만들고, 힘을 남용하거나 오용하는 것을 경계하며 피한다.

원리 2. 여성주의 슈퍼비전은 협력관계, 슈퍼바이지의 자율성과 다양한 관점을 격려하며 상호존중하는 관계에 토대를 둔다.

원리 3. 여성주의 슈퍼바이저는 개방성, 온전성, 융통성, 평생교육과 자기반성의 가치를 모델로 보여주면서 융통성 있는 상호작용과 슈퍼바이지의 자기반성을 촉진한다.

원리 4. 슈퍼비전은 여성의 인생과 맥락의 다양성에 유의하고 강조하는 사회적 맥락에서 이루어진다.

원리 5. 여성주의 슈퍼바이저는 젠더의 사회적 구성과 성별화된 사회를 유지하는 데 언어가 하는 역할에 주의를 기울인다.

원리 6. 여성수의 슈퍼바이저는 주창하고 행동하는 여성주의 원리의 모델을 만들고 진전시킨다.

원리 7. 여성주의 슈퍼바이저는 슈퍼바이지의 유능함과 윤리성을 보장하는 기준을 유지한다.

원리 8. 여성주의 슈퍼바이저는 슈퍼비전 과정에서 일어나는 발달의 전환에 주의를 기울이고 슈퍼바이지의 기술수준, 발달수준, 성숙수준에 자극을 공급한다.

원리 9. 여성주의 슈퍼바이저는 그들이 실천하는 교육과 훈련 장면에서 슈퍼바이지와 내담자를 위해 주창한다.

3) 여성주의 슈퍼비전의 특성

슈퍼바이저는 상담에 대한 지식과 경험이 풍부한 상담자여야 한다. 슈퍼비전의 과정에 여성주의 상담원리를 적용하는 것이므로 슈퍼바이저는 여성주의 상담원리를 잘 알고 그에 따라 상담을 하는 상담자여야 한다.

즉, 여성주의 상담자여야 한다는 것이다. 그러므로 여성주의 상담의 이론과 실제 경험을 고루 갖춘 여성주의 상담자가 여성주의 슈퍼비전의 슈퍼바이저가 되는 것이다. 다시 말하면 슈퍼비전이란 상담자의 상담이라고 말할 수 있다. 모든 상담에서 내담자 중심으로 라포(Rapport) 형성을 잘하는 것이 상담을 성공적으로 이끌듯이, 슈퍼비전의 전 과정은 슈퍼바이지를 중심으로 진행하여 슈퍼바이지의 성장과 상담자로서의 기량이 향상되도록 하여야 할 것이다. 또한 슈퍼바이저는 슈퍼바이지가 진행과정에서 많은 것들을 학습할 수 있도록 참여자에게 슈퍼바이지의 성장을 위한 배려로서 부정적인 것보다는 긍정적인 것에 초점을 맞추어서 피드백을 주어야 할 것을 참여자에게도 미리 교육하여야 한다.

슈퍼바이지는 사례를 준비할 때부터 슈퍼비전 전 과정에 걸쳐서 여러 가지 두려움과 긴장을 경험하게 된다. 그러므로 슈퍼바이저는 슈퍼바이지가 개방적인 태도로 슈퍼비전에 임할 수 있도록 하여 학습효과를 높이는 데 힘을 기울여야 한다. 구체적으로 설명하면 슈퍼바이지가 긴장되고 힘든 감정을 표현할 수 있도록 슈퍼바이지에게 현재 어떤 느낌인지, 준비하면서 힘들었던 점은 무엇인지 질문하는 것은 슈퍼비전을 시작하면서 슈퍼바이지의 긴장을 해소할 뿐만 아니라, 슈퍼바이지로 하여금 개방적인 마음을 갖게 하여 학습효과를 극대화할 수 있는 효과적인 방법이라고 볼 수 있다.

4) 슈퍼비전을 시행할 때 발생하는 스트레스

슈퍼바이저는 여성주의 상담가로서의 전문성을 갖고 슈퍼비전이 이루고자 하는 목표를 달성시켜야 하는 것에 대한 부담감을 갖게 된다. 이를테면 슈퍼바이지에게 여성주의 상담원리를 잘 적용시킬 수 있도록 교육해야 하며, 진행과정에서 슈퍼바이지가 상담에 대한 자신감을 확보할 수 있도록 해야 하는 것이다. 또한 슈퍼바이저는 슈퍼바이지가 슈퍼비전을 받기 위해서 적절한 사례를 녹음하고, 녹음을 풀어 적는 등 준비하는 동안이나 진행과정에서 여러 가지 다양한 스트레스에 노출될 수 있다는 것을 이해하고 그에 대한 배려를 아끼지 않아야 한다. 우선적으로 슈퍼바이지의 스트레스로 인한 긴장을 완화시키고자 하는 노력은 슈퍼비전의 효율성을 높이기 위해서 상당히 중요한 의미를 갖는다.

슈퍼바이지는 슈퍼비전을 진행하면서 자기노출에 대한 것과 여성주의원리를 받아들여야 하는 것에 대한 어려움에 직면하게 된다. 다른 한편으로는 내담자에 대한 공감과 수용적 태도를 요구하는 상담원칙에서 오는 스트레스를 받거나, 상담효과에 대해 스스로 의심하거나 발전하는 느낌이 없거나 미래의 불확실성 속에서 클라이언트의 인생에 영향을 미치는 결정을 내려야 할 경우 이에 대한 죄의식과 불안감으로 인한 스트레스를 받기도 한다.

슈퍼바이저가 극복하지 못한 미해결 과제가 사례에서 드러날 경우에는 슈퍼바이지의 문제에 대한 객관성을 유지하여 적절한 거리를 유지하는 것을 어렵게 하거나 개입에 대한 두려움으로 회피하게 될 수도 있다. 이러한 경우 문제해결을 위한 직면을 할 수 없게 되어 슈퍼비전에서 효율적인 학습이 이루어지지 못하는 경우도 있으므로 슈퍼바이저는 내적 성찰을 통한 성장을 위하여 부단히 노력하여야 할 것이다.

5) 슈퍼비전 진행방법

슈퍼비전을 진행하는 방법은 직접관찰,[5] 동반상담,[6] 오디오테이프와 비디오테이프 점검, 사례협의,[7] 사례분석[8]으로 이루어진다. 집단 슈퍼비전이 특히 적절하다고 할 수 있는데, 슈퍼바이저의 피드백뿐 아니라 동료의 피드백도 받을 수 있는 이점이 있기 때문이다.

---

5) 슈퍼바이지가 상담하는 것을 직접 관찰하는 것.
6) 슈퍼바이저가 함께 상담하는 것.
7) 여럿이 함께 사례를 분석하는 것.
8) 상담자가 혼자 사례를 분석하는 것.

슈퍼바이지는 슈퍼비전을 준비하는 과정에서 자신이 실시한 상담에 대해서 스스로 평가하고 정리하는 시간을 경험할 수 있고, 이러한 경험을 슈퍼비전 시간에 나누는 것은 상당히 중요한 학습의 기회이다. 서울여성의전화에서는 주로 1년 이상 상담활동을 한 회원을 대상으로 전화상담사례를 녹음하여 슈퍼비전을 실시하고 있다. 슈퍼비전을 집단으로 실시하는 것을 원칙으로 하고 있고, 슈퍼바이저뿐만 아니라 참여자의 피드백을 들을 수 있으며, 이러한 방법은 여러 명이 동시에 학습을 할 수 있어서 효과적이다. 의식향상의 정도에 따라서 참여자들 모두의 삶 속에서 일어나는 생생한 경험을 통한 풍성한 이야기를 나누며, 여성에 대한 개인적·사회적·역사적 이해를 나누는 시간이기도 하다. 녹취내용은 슈퍼비전에 참석할 모든 사람에게 일주일 전에 보내서 미리 읽어보고 참석하도록 하여야 한다.

(1) 슈퍼비전의 준비

슈퍼바이지는 상담테이프와 녹취록을 슈퍼바이저에게 최소한 일주일 전에 제출하도록 한다. 슈퍼바이저는 상담 전체를 미리 들어본다. 사례를 받으면 여유를 갖고 하루에 한 번 정도 읽어가면서 상담의 흐름을 파악하고 슈퍼비전할 내용을 미리 준비하도록 한다. 슈퍼바이지는 간략하게 다음 아홉 가지 내용을 적어 녹취록과 함께 제출하도록 한다.

1. 슈퍼바이지 경력
2. 내담자 인적사항
3. 호소내용 요약
4. 내담자가 본 자신의 문제
5. 상담자가 본 내담자의 강점 및 문제점
6. 상담 목표 및 전략
7. 여성주의 상담원리 적용
8. 관계형성을 위해서 사용한 기술

: 경청, 공감, 지지, 명료화, 요약, 탐색을 위한 질문, 자기개방, 판단보류
9. 상담자에 대한 평가

(2) 슈퍼비전의 전개

① 도입

슈퍼비전을 실시할 경우 슈퍼바이지는 자신이 비판받거나 평가받게 되는 시간이라고 생각하여 자신이 잘못한 부분을 찾아내서 자기비하 내지는 자기반성적인 태도로 임하는 경우를 종종 볼 수 있다. 그러므로 슈퍼바이저는 녹음테이프를 듣기 전에 "슈퍼비전이란 효과적인 상담을 하기 위하여 참석자 모두 함께 협조하며 학습하는 기회"라는 설명을 통해서 슈퍼바이지를 포함한 모든 참석자에게 슈퍼비전의 긍정적 의미를 강조할 필요가 있다. 슈퍼바이지에게 "슈퍼비전을 준비하면서 어떤 생각을 했는지?", "제출한 상담사례에 대해서 스스로 어떤 점을 어떻게 보는지?" 등 자기평가를 해보는 시간을 갖도록 한다. 대다수의 슈퍼바이지의 경우 준비과정에서 자신의 상담 패턴을 파악하고, 자신의 장점과 단점을 알게 되거나 상담을 다시 한다면 이렇게 하면 더 좋았을 거라는 등 자기평가 시간을 경험하면서 스스로 많은 것을 학습하게 된다. "슈퍼바이저가 슈퍼바이지에게 상담할 때의 느낌은 어떠했는지?", "슈퍼비전을 받기 위해서 앉아 있는 지금의 느낌은 어떤지?", "다시 한다면 어떻게 할 것인지?", "아쉬운 점은 어떤 것인지?" 등의 질문을 함으로써 슈퍼바이지가 준비하면서 학습한 내용을 발표할 수 있도록 하는 것은 슈퍼바이지의 자기성장과 상담역량강화에 상당히 긍정적인 영향을 끼치게 된다. 내담자나 슈퍼바이지가 문제에 대한 인식을 어떻게 하고 있는지, 상담과정에서 어떻게 드러나는지 살펴본다.[9] 상담장면에서 슈퍼바이지나 내담자가 보여주는 삶에 대한 자세는 상

---

9) ① 문제의 존재를 인정하는가? ② 문제의 중요성을 인정하는가? ③ 문제해결 가능성을 인정하는가? ④ 문제해결능력을 인정하는가?

담 전 과정에서 상당히 중요한 의미를 지니고 있으며, 자신이나 타인에 대해서 긍정적 태도를 가질 때 효과적인 상담이 이루어질 수 있는 것이다. 그러므로 "슈퍼바이지가 자신이나 타인에 대해 긍정적인가 혹은 부정적인가?", "내담자는 자신과 타인에 대해서 긍정적인가 혹은 부정적인가?"를 탐색해보도록 질문하는 것은 상당히 중요하다. 때로는 상담이론과 관계없이 슈퍼바이지의 발달단계에 따라서 적합한 방법을 학습하거나 논의하기도 한다. 대부분의 경우 슈퍼비전을 하면서 자신의 내적인 모습을 들여다보거나 가치관을 새롭게 확인하는 경험을 하기도 한다.

② 전개
참석자들은 슈퍼비전 진행과정에서 다루어야 할 부분과 그 이유에 대해서도 축어록에 자신의 생각이나 느낌을 간략하게 기록하면서 듣도록 한다. 참여자들의 활발한 토론은 여러 가지 다양한 대안을 찾을 수 있는 기회를 제공하며 슈퍼바이지로 하여금 개방적이고 적극적으로 토론에 참여할 수 있도록 북돋운다.

ㄱ. 구조화가 잘 되었는지 살펴본다
상담에서 한정된 시간 내에 효과적으로 상담을 하기 위해서는 상담 초기에 구조화작업을 해야 한다. 구조화작업으로 상담 시간과 목표를 정하는 것은 상담의 성패를 좌우하기도 한다. 상담목표는 상담자와 내담자가 함께 정하는 것이며 일종의 계약이라고 할 수 있다. 상담계약은 내담자 중심으로 이루어지는 것이 원칙이며, 계약을 하기 위한 질문을 예로 들면 어떤 도움을 받고 싶은지 또는 상담이 끝나면 어떤 것이 좀 나아졌으면 좋겠는지를 질문할 수 있다.

ㄴ. 상담기술을 잘 활용하여 반응하는지를 살핀다
우선적으로 살펴야 할 것은 내담자가 호소하는 어려운 부분에 대해서 차분한 마음으로 머물러주고 서두르지 않는 상담자(슈퍼바이지)의 자세는 상담과정에서 일관되게 유지되어야 한다는 것이다. 상담자가 내담자에게 질문할 때는 상담자의 알고자 하는 욕구에서 비롯된 것인지, 내담자에게 도움이 되는 질문인지를 숙고할 필요가 있다. 흔히 볼 수 있는 현상으로 초보자들은 상담기술이나 이론들을 실제 상담장면에 적용하는 데 어려움을 겪는다. 이러한 경우 슈퍼바이지가 이미 배운 이론이 어떤 요인 때문에 능력발휘가 안 되는지 진단한다.

슈퍼바이지 자신의 가치관이나 사고방식, 심리적인 문제점이 상담장면에서 어떤 영향을 끼치는지 파악한 후 장애요인이 되는 경우에는 직면시키기도 한다. 초보자의 경우에는 내담자가 겪은 사실에 대한 확인으로 상담이 진행되는 경우가 많은데, 그보다는 내담자의 호소내용에 대해서 적절한 상담기술을 발휘하여 내담자와 관계하도록 교육한다. 과정기술로는 개방적으로 질문하는 방법, 공감적 경청과 지지, 구체화 전략, 요약하고 초점 맞추기, 판단 보류하기, 자기 개방하기, 내담자 강점 찾기, 내담자에게 피드백 받기 등이 있다.

ㄷ. 여성주의 상담원리 적용

내담자 개인의 문제를 심리 내적인 관점으로만 보는 것이 아니라 사회적 맥락에서 조망할 수 있도록 해야 한다. 상담과정에서 여성주의적 원리 네 가지가 잘 적용되고 있는지를 살펴보도록 한다. 원리 I: 개인적인 것은 정치적인 것이다, 원리 II: 상담자와 내담자는 평등하다, 원리 III: 역량강화, 원리 IV: 내담자의 문제를 여성의 시각으로 재조명한다에 맞춰 개입하였는지 살펴보도록 한다. 만일 그렇지 못한 경우에는 슈퍼바이지의 사고체계에 대한 적절한 개입을 시도하여 슈퍼바이지로 하여금 여성주의 상담원리를 잘 적용할 수 있도록 교육하여야 한다.

ㄹ. 목표달성의 정도를 확인해본다

슈퍼바이저는 슈퍼바이지에게 "목표달성이 어느 정도 되었는지?", "안 되었다면 어떻게 하면 좀더 효과적으로 목표달성을 할 수 있을지?" 등의 질문을 통해서 목표달성을 효과적으로 할 수 있는 방법에 대한 탐색을 해보는 시간을 갖도록 한다. 이때 참여자들도 목표달성에 관한 여러 가지 생각들을 자유롭게 표현할 수 있도록 한다.

마무리해야 할 시간이 되면 슈퍼비전을 참석했던 사람들 모두에게 골고루 발표하도록 한다. 먼저 동료상담원, 슈퍼바이지, 슈퍼바이저의 순서로 피드백을 듣는 시간을 갖도록 한다. 진행과정에서 느낀 점, 배운 점, 정리된 생각, 아쉬운 점, 슈퍼바이지의 장점 등을 이야기하는 시간을 갖는다. 주로 긍정적인 것에 초점을 맞추어서 이야기하는 것은 슈퍼바이지에게 자신감을 불어넣어줄 뿐만 아니라 학습효과를 극대화시킬 수 있다.

2. 여성주의 슈퍼비전 사례

1) 상담자 경력

1988년부터 여성의전화 전화상담원으로 활동하기 시작했다. 집단상담, 면접상담을 두루 경험했고, 현재 가정폭력 피해여성 보호시설에서 위기관리 및 개인상담을 하고 있다.

2) 내담자 인적사항

이름 : 박경아(가명)
나이 : 53세
직업 : 자영업

결혼기간: 15년

3) 내담자 호소내용 요약

　내담자가 이혼하고 혼자 지낼 때 지금의 남편이 내담자의 가게에 자주 드나들어서 가까워지게 되어 결혼까지 이르게 되었다. 돈 있는 남자는 외도할까 봐서 돈 없는 남자를 선택했다. 결혼 후 경제적인 것은 내담자가 다 맡아서 챙겼다. 결혼 초부터 사흘에 한 번씩 무차별적으로 심하게 폭력을 당하고 살았다. 남편이 화를 내고 욕을 퍼붓기 시작하면 내담자는 남편이 더 큰 사고를 저지를까봐 남편을 달래야 했다. 그럴 때마다 잘못한 것도 없이 그러는 자신이 너무나 싫었지만, 다른 사람의 이목과 가게를 계속 운영해야 한다는 생각으로 참고 지냈다. 애를 낳으면 나아질까 해서 노력을 해보았으나 남편이 불임수술을 했기 때문에 실패했다. 남편은 자신만 위해달라고 하며 친정식구나 친구를 못 만나게 했다. 심지어 외도상대가 생기면 내담자에게 "나가라"거나 "죽어라"고 하면서 집안살림을 부수고 주먹질이나 발길질을 무차별하게 행사한다. 최근에도 남편이 외도상대가 생겨서 내담자를 자주 괴롭혀왔다. 가까운 이웃사람에게 의논을 했더니 남편이 살림살이를 부셔도 치우지 말라고 해서 그대로 내버려두었다. 남편은 집안에 들어와서 부서진 물건이 어질러져 있는 모습을 보더니 내담자에게 욕설을 퍼붓고 나서, 술을 먹고 내담자가 운영하는 가게문을 때려 부셨다. 너무나 무서워서 친구 집에 피신하여 지내다가 집으로 들어갔더니 남편이 내담자의 멱살을 잡고 행패를 부려서 경찰에 신고하게 되었으나 차마 남편을 고소할 수는 없었다. 그 후 남편과 말 한마디 안 하고 남남처럼 지냈는데, 어느 날 내담자가 자고 있는데 남편이 이불에다가 물을 부었다. 내담자가 다른 이불을 덮으면 다시 물을 부어서 잠을 잘 수가 없었고 너무나 화가 났지만, 남편을 달래서 가라앉히고 다음 날 친구와 같이 급한 짐만 들고 집을 나와 쉼터에 들어오게 되었다.

4) 내담자가 본 자신의 문제

남편의 폭력과 외도에도 불구하고 가정을 지키기 위해서 아내로서의 역할에 맞게 최선을 다해서 참고 살았다. 자신의 노력으로는 폭력을 해결할 수 없어서 쉼터에 오게 되었다. 그동안 노력하고 참은 것에 대해서 배신감과 분노를 느낀다. 남편이 두렵고 생명의 위협을 느끼기 때문에 관계를 끊기 위해서는 재산을 포기해야 할 것이라는 생각을 한다.

5) 상담자가 본 내담자의 강점 및 문제점

(1) 강점

봉사단체에 참여하여 활동하는 등 매사에 적극적이고, 타인에 대한 배려를 잘하고 인내심이 강하다.

(2) 문제점

① 폭력의 최소화

상담실에서 내담자가 느끼는 대로 표현하지 않고 자신의 감정을 왜곡되게 표현하는 태도는 피해여성들에게서 흔히 볼 수 있다. 이러한 모습은 현실 상황에서 느끼는 감정을 그대로 표현하는 것이 너무나 고통스럽기 때문에 덜 고통스러운 방법을 선택하는 것이라고 볼 수 있다. 가정폭력이나 성폭력 등 억울한 상황을 당했을 때 분노를 표현하거나 자신의 권리를 주장하여 문제해결을 위한 변화를 시도하기보다는, 정작 다루어야 할 중요한 본질을 외면하고 적응하려는 모습이라고도 볼 수 있다. 이러한 대처방법은 위기상황에서 살아남기 위한 생존전략으로 사용할 수는 있지만, 폭력을 근절시키기보다는 폭력을 수용하는 방식으로 작용했다고 보여진다. 이러한 소극적인 수용의 태도를 선택하는 모습은 일반여성들에게서도 흔히 나타나는 모습이기도 하며, 자기방어의 일종이다.

② 타인 중심의 삶

어려움을 밖으로 드러내서 표현하거나 외부에 알려서 도움을 청하기보다는 속으로 삭이면서 혼자 해결하고자 하기 때문에 감정을 드러내지 않는다. 타인의 마음을 알아채는 능력이 뛰어나다고 스스로 자부심을 느끼며, 그러한 능력을 강화하면서 살아가는 삶의 태도는 자기파괴적인 결과를 가져왔다고 보여진다. 자신을 지키거나 보호하기보다는 타인의 기대나 욕구에 부응하여 타인을 조정하거나 통제하려는 욕구가 내담자의 내면에 자리 잡고 있는 것이라고 볼 수 있다.

6) 상담목표 및 전략

내면의 감정을 드러내는 것이 문제해결에 도움이 될 것이라고 생각되어 감정을 잘 드러낼 수 있도록 촉진하고, 내담자의 생각을 재확인하고 지지하여 역량강화를 한다.

7) 여성주의 상담원리 적용

(1) 원리 I: 개인적인 것은 정치적인 것이다
여성은 ○○해야 한다는 사회적 기대에 맞추어 살아왔던 내담자의 모습이 드러날 때 원리 I을 적용하여 직면시켜서 내담자의 자각을 촉진하였다.

(2) 원리 II: 상담자와 내담자는 평등하다
상담자가 자기개방을 통해서 같은 사회에서 살아가는 여성으로서 평등한 관계를 유지하고자 하는 시도를 하였다.

(3) 원리 III: 역량강화
내담자가 TV를 시청하다가 여성의전화 전화번호를 적어두어서 폭력이 발생했을 때 사용한 것과 함께 그동안 애지중지했던 영업장을 닫고 문제해결을 위한 행동으로 쉼터에 들어오기로 선택한 내담자의 능력을 지지하고 격려해줌으로써 역량을 강화해주었다.

(4) 원리 Ⅳ : 여성의 시각으로 재조명한다
심각한 폭력 상황에도 불구하고 가정을 지키는 것이 여자의 도리이자 반듯한 행동이라고 생각하며, 남편의 폭력에도 불구하고 삶을 자기파괴적인 방향으로 이끌어왔다고 보여진다. 상담장면에서 이러한 내담자의 선택이 현재 어떤 결과를 초래하였는지 알게 하고 자신의 삶을 다시 되돌아볼 수 있도록 개입하였다.

8) 관계형성을 위해서 사용한 기술

▲ 공감 — 잘함, ▲ 경청 — 보통, ▲ 지지 — 잘함, ▲ 명료화 — 잘함, ▲ 요약 — 잘함, ▲ 자기개방 — 잘함, ▲ 탐색을 위한 질문 — 보통, ▲ 판단보류 — 잘함

9) 상담자에 대한 평가

(1) 강점 : 공감, 경청, 지지, 명료화작업이 잘 이루어졌다.
(2) 약점
: 여성주의 상담원리를 적용하여 내담자의 가치체계를 변화시킬 수 있는 기회를 적절히 활용하여야 함에도 불구하고 직면해야 할 시점에서 놓치고 있다.
(3) 상담자의 정체성 발달단계는 어디에 있는가
: 전통적인 여성상을 내면화한 상태로 여성의전화에서 상담을 시작하였다. 초기 3년 동안은 가족 안에서 경험한 억압에 대해서 재인식하는 시기를 거쳤다. 다른 한편으로는 상담자원봉사자들로 구성된 스터디 모임에서 만난 친구들과 자매애를 느끼고, 정서적 유대감을

경험하며, 삶에 대한 가치를 재정의하는 과정을 거쳤다. 지금은 모든 인간은 행위와는 무관하게 존중받고 사랑받을 만한 가치 있는 존재라는 인간의 존엄성에 대한 긍정적인 생각을 갖게 되었다.
→ 스스로 생각할 때 나의 정체성단계는 3단계를 넘어서 4단계 '참여'의 지점에 있다고 생각된다.

3. 축어록10)

상 1 : 어떤 얘기를 하고 싶으세요?
내 1 : 제가 생각지도 않았던 쪽지를 받아보았을 때, 지금까지도 거기에 대한 생각을 하고, 어떤 때는 잠이 안 오고 신경이 쓰여요. 지금 제가 한약을 지어놓았어요. 가슴앓이 하는 것 같더라고요.
상 2 : 남편에게서 받은 쪽지요? 지난번에 보여주신 전단지요?
내 2 : 내가 거기에 대해서 기가 막히니까, 사실은 그 쪽지에 대한 내용은 내가 써야 할 내용인데, 오히려 남편이 반대로 자기가 바라고 싶다고 ······
상 3 : 쪽지를 보면 오히려 내가 써야 된다. 그런데 남편이 이렇게 썼다 그러셨는데 내가 쓴다면 어떤 내용을 쓰고 싶으세요?(구체화를 잘해주었다)
내 3 : 대충 변호사님한테 내 생각을 조금은 썼는데요, 여자가 써야 될 내용을 우리 아저씨가 썼잖아요. 집에 살림살이, 빨래며 자질구레한 것까지 남자인 자기가 다 했다는 등 뭐 치사한 문제지.
상 4 : 잠이 안 온다고 하셨는데 어떤 느낌이 올라오는 건가요?
내 4 : 그리고 이제 쪽지를 보고서 조금만 안면 있는 사람한테 다 배포해버리니까 내가 크게 잘못한 거 없는데도 남이 볼 때는 아! 이 여자가 이랬구나 하며 얼마나 욕을 먹을까? 하는 생각에 그것 때문에 잠이 안 온다니까요.
상 5 : 남편이 뿌린 전단지를 보고서 남들이 어떻게 생각할까? 그 생각 하면 잠이 안 온다("나 같으면 나 자신의 안전을 더 걱정할 것 같은데 ○○씨는 남의 이목을 더 생각하시네요" 하고 여성주의 상담원리 II를 적용하여 상담자와 내담자의 평등성에 입각해서 자기개방을 하는 방법으로 개

---

10) 2004년 상담실시(3개월), 중·후반기 이후 1회분 상담축어록.

입하거나 혹은 "남들한테 욕을 먹을까봐 잠이 안 오세요?", "왜 남들 생각이 그렇게 중요한가요?" 하고 질문할 수도 있다. 여자로서 마땅히 해야 할 일을 하지 않은 나쁜 여자로 보여질까봐 걱정하는 내담자의 생각이 드러나는 부분이다. 내담자가 역할수행을 위해서 너무나 오래도록 참아왔기 때문에 지금의 어려움을 겪는 것이라는 점을 알려주도록 한다. 여성들이 주변의 비난을 받을까봐 염려하고 두려워하는 마음 때문에 죄책감으로 힘들어하는 경우들을 흔히 볼 수 있다. 이러한 문제는 내담자 혼자만의 문제가 아니고 우리 사회에서 많은 여성들이 겪는 사회적인 문제라는 점을 설명해줄 필요가 있다. 즉, "개인적인 것은 정치적인 것"이라는 여성주의 상담원리 I을 적용시켜 내담자를 일깨워서 의식화할 수 있는 기회이다. 내담자의 정체성 발달단계는 "여성은 ○○해야 한다"라는 사회에서 기대하는 메시지를 수용하는 단계에 있다).

내 5 : 사실은 남들이 뭔지, 남들도 사실 중요하잖아요. 주위에 사람이 없으면 홀딱 벗고 다녀도 되지만 남이 있으니까 옷을 입고 다니고 예의도 지키는데, 가정싸움 일어나면 남한테 내색도 안 하고 살았는데, 지금에 와서 이런 일이 벌어지니까 오히려 집안에 있으면서 일을 벌이면서 해결을 봤으면, 죽든지 살든지 뭔 일이 났겠는데, 만날 이웃을 생각하다 보니 쉬쉬하다가는, 제가 이렇게 나오게 됐잖아요. 그러니까 내가 뒤집어쓰게 됐지(내담자가 자신의 안전보다는 타인의 시선에 신경을 쓰는 모습을 볼 수 있다).

상 6 : 남들이 어떻게 생각할지 몰라서 그걸 감싸 안고, 감추고 그러셨군요(반영적 경청을 잘해주었다. 여성주의 상담원리 I, "개인적인 것은 정치적인 것이다"에 해당된다).

내 6 : 그러다가 오히려 더 심하게 나타나는 것 같아. 차라리 집에서 같이 해대고 그랬으면 이 집에는 부부싸움이 잦구나, 이러면 주위에서 알고 이럴 텐데, 그걸 만날 나 혼자만 감당하다가 그 힘든 과정을 이겨내다가 지금에 와서 남들은 남편 말만 듣고 이 여자가 이런 여자였다. 그러니까 남편 말 듣지 내 말은 안 듣거든요. 그러니까 나 혼자 해결하려고 하다가 혼자 당하는 것 같은 기분이 든다니까요.

상 7 : 그러니까 지난 세월 동안 남편이 괴롭히는 것에 대해서 그냥 가정 안으로 싸안은 게 후회가 된다는 말씀이시군요?(남편은 내담자가 여성의 역할을 잘못한 것에 대해서 비난하지만, 내담자는 남편이 역할을 제대로 못한 것에 대해서는 말하지 못하고 있다. 여성주의 상담원리 I, "개인적인 것은 정치적인 것이다"에 해당된다)

내 7 : 진짜 후회가 됐어요. 한 일이 년 전만 해도 신고도 하고, 진짜 후회했는데, 그 전에는 혼자만 당했어요.

상 8 : 그러면 지금 그 시점으로 되돌아간다면, 지금이라면 어떻게 하시겠어요?(구체화를 위한 질문으로 적절하다)

내 8 : 만약에 처음으로 다시 돌아간다면, 그때 바로 내가 해결을 할 것 같아요.

상 9 : 어떻게 해결을 할 것 같아요?(구체화를 잘해줌)

내 9 : 하다못해 동네방네 알더라도, 가게문을 닫는 한이 있더라도 너하고 못산다, 큰소리치면서 해결을 볼 것 같아요. 지금은 바보같이 감싸고 그러다가 나이 먹고, 지금 시점에 와서는 후회스러워요.

상 10 : 그러니까 뒤집어쓴다는 억울한 게 있으시네요. 잠이 안 올 때는 억울한 감정이 올라오고 …… (어떤 것에 대한 억울함인가를 구체적으로 질문해보거나 "지금에 와서는 남의 이목이 전부다 중요하지 않다는 말씀이시네요", "오래 참지 않고 남편한테 당했을 때 바로 주변에 알렸다면 훨씬 더 빨리 해결을 봤을 거라는 말씀이시군요", "그렇게 했다면 ○○ 씨는 지금 어떻게 살고 계실 것 같으세요?" 하고 질문해볼 수 있다. 쉼터에 피신했던 여성들의 변화된 모습을, 예로 들어 내담자의 억울함은 혼자만 느끼는 것이 아니라는 점을 설명해주도록 한다. 여성주의 상담원리 I, "개인적인 것은 정치적인 것이다"에 해당된다)

내 10 : 속에 삭이다 보니까, 두 시간 자고 아침인가 하고 눈떠 보면 두 시간밖에 안 잤더라고요.

상 11 : 잠을 별로 못 주무시는군요(반영적 경청을 잘해줌).

내 11 : 그래 가지고 속앓이를 했는지 위장병이 생겼는지, 따끔따끔한 느낌을 받아서 한약방에 가서 약을 지었어요.

상 12 : 한약방에 가셨댔어요?("남편 때문에 속앓이를 해서 위장병이 생겼는데 다른 데는 괜찮으세요?" 등의 질문으로 건강을 살펴주는 것이 좋을 것 같다. 너무 참다 보면 신체화증상이 나타나는 경우도 많이 발견된다는 이야기를 해주도록 한다. 여성주의 상담원리 I, "개인적인 것은 정치적인 것이다"에 해당된다)

내 12 : 네.

상 13 : 남편이 그렇게 한 거 오히려 내가 써야 된다 그러셨잖아요. 그렇다면

남편이 돌린 전단지 대신 내가 써야 하는 내용이 있다면 어떤 게 있을까요?(명료화를 잘해줌)

내 13 : 내용이 있다면 반대죠. 시어머니한테 잘못했다는 내용이 있는데, 그 집 형제들이 오남일녀인데, 며느리 네 명, 둘째아들은 돌아가시고, 며느리 중에는 제가 셋째거든요. 거기서 어머님이 좋아하시고, 며느리라 생각하면 고부간에 힘드니까 딸이라고 생각하시고, 어머니 편안히 좋게, 눈빛을 보면 알잖아요. 그렇게 좋게 했는데 막상 이런 일이 벌어지니까 한번도 안 찾아보고, 나 몰라라 한 것처럼 냉정한 말로 적어놓고 모든 부분이 실제 내 생활하고는 딴판이잖아요. 형제들이 많았어도 시어머니 칠순잔치도 내가 우리 집에서 다 지내드리고 그랬거든요. 남편이 진짜 월세방이라도 얻어놓은 거 들어갔으면 조금이라도 이해가 가는데, 내가 다 얻고 내가 다 벌어가지고 뒷바라지 다 해주고 그 집안 모든 식구들, 십이월 망년회 때면 가게에다가 사돈에 팔촌까지 다 불러갖고, 망년회까지 해마다 하고, 그 집안에서 없었던 행위를 내가 한번씩 하면 제일 큰집에서 큰형님이 우리가 해야 될 것을 동서가 한다고, 미안해하는 마음으로 이렇게 헤어졌는데 지금에 와갖고 이런 일이 벌어지니까, 모든 게 나만 나쁘다고 하니까, 거기에 대해서 조금 섭섭한 감이 들지요. 하도 내가 속이 분해가지고, 이 집 식구들은 내가 만일 이렇게 해서 이혼하거나, 도망갔다고 하고 계획적으로 사기결혼 했다고 했는데, 억울한 부분을 큰집에다가 전화를 했어요. 내가 조금 억울해서 나왔는데 ……

상 14 : 최근에 했어요?(사실확인보다는 억울함에 대한 공감을 해주고, 여성주의 상담원리 II, "상담자와 내담자는 평등하다"를 적용해서 상담자가 자기감정 개방을 해서 상담자가 보기에는 당신이 당한 일이 조금 억울하다기보다는 땅을 치고 통곡할 일인데 어떻게 조금 억울한지 질문할 수 있다. 시집이 내담자에게 지지적이지 않다면 전화해서 이야기한 것이 과연 내담자에게 도움이 될 것인지 질문해서 내담자에게 확인시켜줄 필요가 있다)

내 14 : 나쁜 부분은 이 집안에서 사촌들한테 얘기를 안 할 거란 말이에요. 이 사람한테 결혼해서 14년 동안 보다시피 열심히 살아오지 않았냐? 내가 맞고 살아서 못 참아가지고 내가 나왔습니다. 그러니 그런 점을 전화했다는 점을 얘기해도 좋고, 또 알면, 저쪽에서 사촌들한테까지 얘기했냐? 속상해할지 모르니까 알고 계시라고 전화를 드렸습니다.

상 15 : 누구한테 전화를 하신 거예요?
내 15 : 제일 큰집 큰형님한테.
상 16 : 남자분한테요?
내 16 : 이 집 형님 말고 이 집안에 큰형님.
상 17 : 아! 장손.
내 17 : 제일 큰집의 큰형님한테 전화를 했어요.
상 18 : 친형이 아니겠네.
내 18 : 사촌형, 자기네 형제끼리 땡 끝나고 말 거니까, 테두리의 사촌들한테는 나만 덤테기를 쓰니까, 사기결혼 했다고 하니, 나는 사실 사기결혼은 아니거든요. 당하면 내가 당했지, 그런 부분을 알고만 계세요. 죄송합니다. 제가 열심히 가정을 버리지 않으려고 아무리 해도 안 되니까 제가 해결을 보려고 일단은 집에서 나왔으니까 그냥 그렇게만 알고 계세요. 그러니까 아이구, 그러시냐고 알았다고, 막 그러더라고. 이 집 친형님, 아주비님 말고 우리 큰형님한테 전화를 해서 형님 제가 결혼 당시에 저희 남편이 어떤 사람이었는지, 아이구, 동서 어떻게 자네가 다 벌어…… 내가 그런 얘기 하기 전에 자네가 다 벌어서 먹고사는 거 우리도 다 아니까, 만날 고생한다는 얘기를 하거든요. 만나자마자 우리가 기분 좋아도 만나면 고생한다고 우리가 그런 거 형님이 아시죠? 그러니까 알다마다, 그래 뭔 일인가? 그래 형님 죄송하지만 지금 집에 안 있고 이렇게 나와 있습니다 하니까 나보고 그러지 말고 집에 들어가라고, 거기는 뭘 모르니까, 형님 나보고 들어가라고 그러면 계속 더 맞고 살라는 것밖에 안 되니까, 나 이제는 더 맞을 능력도 없고, 나이 먹어갖고, 남는 건 병밖에 없고, 사방 멍들어갖고, 이제는 더 이상 힘이 없소. 나 이제는 더 이상 맞을 힘이 없어서 못 참겠으니까, 그래서 내가 나왔다고 그러니까, 그러면 쓰겠냐고, 들어가라고 이러더라고. 그런 줄만 알고, 다음에 전화할게요. 그러면 언제 시간 나면 한번 내려오게, 그렇게 하고 끊었거든요.
상 19 : 말이 안 통했네요("전화한 것이 어떻게 도움이 되셨나요?" 하고 긍정적으로 반영하는 것이 더 좋을 듯하다).
내 19 : 네. 안 통했어요.
상 20 : 전할 말만 전하신 거네("말씀을 들어보니까 이해받지 못할 줄 알면서 전화하신 건데 알면서도 그러신 이유가 무엇인지 궁금하네요"라고 질문해볼 수 있다. 내담자의 시도가 무모하다고 느낀 상담자의 감정을 내담자에게 드러내서 자기개방을 할 수 있는 부분이다. 여성주의 상담원리 II, "상담자와 내담자는 평등하다"가 적용된다).

내 20 : 그래서 나왔다는 ······

상 21 : 남편의 제일 큰사촌형하고 동서한테 그러셨는데, 그렇게 하시면서 ○○ 씨가 억울했던 건 그게 아니다. 사실은 이만저만해서 이렇게 살아왔고, 힘들어서 나왔다. 그렇게 얘기하고 나니까 좀 어떠세요?

내 21 : 아직까지 자세한 얘기를 다 못했어요. 인사하는 정도로 하고 내가 이런 상황이니까 그냥 내가 그런 줄만 알고 있으란 얘기만 했지 내 자세한 얘기는 못해서 시원하지는 않아요.

상 22 : 좀더 자세한 이야기, 핵심 이야기를 한다면 어떤 얘기를 더 할 수 있을까요?(구체화를 잘함)

내 22 : 핵심얘기를 한다면 내 억울한 얘기, 내가 진짜 이렇게 열심히 이씨 집안에 들어와서 나는 진짜 여자로서 내 할 도리는 다했어요. 그렇다고 어디 하나 다리 하나 병신도 아니고, 눈이 하나 없는 것도 아니고, 남이 볼 때는 멀쩡하게 생겨가지고, 왜 저렇게 두들겨 맞고 병신같이 돈 벌어다 바치는 행위를 내가 했는지 남이 봐도 이상하잖아요. 부잣집 남자 돈 많은 남자한테 붙어가지고, 돈 보고 사는 오해도 받았거든요. 알고 보니까 사실은 그게 아니잖아요. 근데 ······

상 23 : 가까운 사람들은 많이 이해를 했겠네요?(상담자가 지나치게 빨리 개입하고 있어서 내담자의 이야기를 중단시키고 있다. 좀더 여유 있는 개입이 바람직하다).

내 23 : 이해를 하죠. 이해를 하는데 내가 누구랑 가까워서 사생활에 대해서 얘기를 잘 안 하니까, 보통 남편이 돈 잘 벌어주는 부잣집 신랑인 줄만 알죠. 그냥 이렇게 이런 사람이라는 이야기를 하면 내 얼굴에 똥 칠하니까 못하죠. 어디 가서.

상 24 : 그러니까 부잣집 남편이니까, 학대받고도 붙어사는구나("내 얼굴에 똥칠한다는 것이 무슨 뜻인지요?"라고 질문하여 구체화를 시도하는 것이 좋다).

내 24 : 학대받고 사는 것도 잘 몰라요.

상 25 : 말을 안 하시니까.

내 25 : 그냥 남이 볼 때는 남자가 허우대가 멀쩡하니까, 나 주위에 아는 사람은 남자 집이 괜찮고 그래도 돈 벌러 다니는구나, 뭐 하는지도 얘기를 안 하니까, 그렇게만 생각하고 묻지는 않지. 그런데 대충 아는 사람은 운동하러 다니는 건 알아요. 만날 여자가 가게나 하고, 운동 왔다 갔다 하는 기본은 알지. 자세하게는 얘기는 안 해줘도 자세한 얘긴, 이 일이 벌어지고, 여기 와서나 자세히 하지 우리 형제들도 몰라요.

상 26 : 그동안 그렇게 다 숨기고 덮고 그러고 사시다가 여기 와서 사실 그대로를 말씀하시는 거잖아요. 쉼터에 와서 처음으로. 그죠? 처음으로 이 이야기하면서 어떤 생각이 드세요? 폭로라 그럴까? 그렇게 말할 수도 있을 텐데("쉼터에 와서 처음으로 이야기하니까 어떠셨어요?" 정도가 적절하다. 폭로라는 말은 지나치게 강한 표현이다).

내 26 : 그냥 제가 산 그대로를 이야기하고, 오히려 다 못했어요. 그 수십 년 살아온 …… 예를 들어서 일년 동안 있었던 일을 하루아침에 한번에 얘기를 하려니까 그게 다 기억이 안 나거나 그러는 경우가 많아요.

싱 27 : 얼마나 벅차겠어요, 그걸 히러면(**공감을 잘해줌**).

내 27 : 몇 년 동안 겪었던 것을 한번에 하려니까 긴 세월 기가 막힌 거를 못하지만 그거를 조금이나마 털어놓는다는 게 그게 나는 이게 너무 좋다고 봐요. 진짜 쉼터가 얼마나 좋다는 것을 제가 또 느끼고, 아! 우리 대한민국에도 이렇게 좋은 데가 있어서 진작 해결을 볼 것을, 집에 있을 때에는 내 속으로 어디 가서 지푸라기라도 잡을까? 좀 그런 생각을 많이 먹었어요. 누가 나를 안 도와줄까 하고 생각하고 또 생각했는데, 막상 여기 오니까, 뭐 이렇게 진작 가게고 뭐고 문 닫고 해결을 봤으면 진작 해결을 봤을 것 같은데, 그걸 내가 진작 생각을 못하고는.

상 28 : 제가 늘 ○○ 씨가 쌓인 게 많을 거다, 그런 짐작을 하면서도 정작 이렇게 털어놓는 시간은 제가 제공을 못해드린 것 같아요. 사실 솔직히 보면 그런데 저는 ○○ 씨가 잘 해결하겠거니 하는 믿는 마음이 있었거든요. 그동안 이렇게 감추고 싸안고 혼자 뒤집어쓰고 있다가 여기 오시면서 폭로하신 거잖아요. 어떤 계기가 있어서 그렇게 폭로하게 됐는지요?(쌓인 게 많을 거라는 단정을 하기보다는 "쌓인 게 있는지요?"라는 질문을 통해 내담자가 이야기하도록 하는 것이 적절하다. 상담자가 자기개방을 하며 개입을 시도하고 있다. 여성주의 상담원리 II, "상담자와 내담자는 평등하다"를 적용한다).

내 28 : 폭로하게 된 계기는 이제 상대가 성인이면서도 어느 정도 둘이 대화만 되면 집에서도 분명히 해결될 수 있는 부분인데도, 우리 남편은 무조건 너 나가 그러니까, 대화가 안 되잖아요. 그러니까 여기까지 빌리게 되서, 한 대라도 덜 맞으려니까 여기 온 거는 피해 있는 거잖 아요. 서로 대화만 되면 둘이서 얘기하고 끝내면 되지만, 한 대라도 덜 맞으려니까, 여기 와서 하고 싶은 거는, 이제 마주 보고 얼른 끝났 으면 하는 생각이 드는데 서로 보지 않은 상태에서 법적으로만 의존 하고 있으니까 그 세월이 어느 정도인지는 모르지만 좌우지간 좀 답 답한…… (현재 내담자는 답답한 심정이다. 앞으로 어떻게 정리하고 어 떤 계획을 갖고 있는지 질문할 필요가 있고, 아울러 쉼터에 와서 내담자 들이 겪어가는 과정을 설명할 필요가 있다)

상 29 : 그러니까 바람직한 거는, 남편하고 대화가 된다면 마주 앉아서 풀고 싶었다. 그런데 대화가 안 되니까, 대화가 안 되고 폭력이 나오니까, 내가 이쪽으로 와서 법적으로밖에 해결할 수 없다. 그게 ○○ 씨의 정리된 생각이네요(요약, 정리를 잘해줌).

내 29 : 그게 답이죠. 재산을 반반 한다거나, 살림살이 다 갖고 싶으면 내가 줄 수도 있는 마음도 있는데, 우리는 내가 먼저 당신이 나를 정 싫어하면 좋은 사람 만나서 가든가, 내가 그냥 이대로 이혼하자면, 너 어떤 남자가 있구나! 너 나가! 지가 이혼하자 하면 그럼 그렇게 해, 그냥 나가라는데 어떻게 해결을 봐요 그럼 되잖아요. 우리는 두 마디 말이 필요 없잖아요. 한마디로 그냥 나가! 안 그러면 예를 들어 내가 두 마디 하면 잔소리라 하고 그냥 가만 얼굴 보면 화 하나도 안 내. 그런 상태에서 싹 때려 부수니까 내가 건드리면 안 되니까, 가만있는 거예요. 그렇게 되고, 두 마디 넘어가면 시끄럽다는 식으로 잔소리한다고 던져버리니까. 내가 말대꾸라도 시원하게 안 해봤어요. 던지고 때려 부수는 게 아까운 게 아니라 이제는 치우는 게, 내 청소하는 게 힘들어가지고, 처음에는 살림 살이가 아깝더라고요. 그런데 자꾸 때려 부수니까 살림살이는 안 아까운 데 청소, 내가 어떻게 할까?("일방적으로 폭력을 수시로 행사하는 남편을 통해 무엇을 느끼는가?"에 대한 질문을 하는 것이 필요하다)

상 30 : 어느 정도까지 되면 그런 생각을 하실까……

내 30 : 내가 이거를 어떻게 치우나, 이 생각부터 때려 부수는 순간에 그릇이 아까워야 하는데, 이거를 어떻게 힘들게 청소해야 되나, 이 생각이 먼저 떠올라요 그래 갖고 한 번씩 청소를 안 하면, 그 다음에는 그냥 칼이고 가스불이고 터트린다 하고, 그냥 난리를 치잖아요. 그래 저녁에 들어오면 기분 좋으라고, 내가 싹 치워놓으면 본인도 아무 말 안 하고 있긴 있어 …… (폭력을 당한 후에도 가정을 유지하기 위하여 안간힘을 쓰는 내담자의 모습이 드러나고 있다. 직면해서 해결하기보다는 회피하거나 폭력 상황이 빨리빨리 지나가기만을 바라며, 남편이 변화되기를 참고 기다리는 가정폭력 피해여성의 특징이 뚜렷하게 드러나고 있다)

■ 폭력의 사이클*

ⓐ 1단계: 긴장
- 신경질적으로 되거나, 말을 하지 않는다거나, 무언가 심상치 않은 상태인 남편을 느낄 수 있다.
- 문제를 함께 애기해보려고 하지만 의논할 수 없다.
- 남편은 무시, 멸시, 비난의 말로 학대하기 시작한다. 무엇을 했는지 혹은 어디를 갔다 왔는지 등 모든 것을 따지고 감시하기 시작하고, 돈을 최소한으로 주면서 제한하기 시작한다.
- 남편의 말처럼 "내가 잘못했기 때문에" 혹은 "내가 못나서" 화가 난 것이라고 느끼게 된다.
- '내 잘못'이라는 느낌은 내가 잘하면 폭력이 발생하지 않고 이것으로 끝날 것이라고 믿게 한다. ― 이 기간은 경우에 따라서 몇 주일, 몇 달, 또는 몇 년 계속된다.

ⓑ 2단계: 폭력
- 더 이상 참을 수 없을 정도로 긴장이 고조된다. 남편은 이성을 잃고 공격한다.
- 처음에는 밀거나 잡아당기는 것으로 시작한다. 점차 뺨 때리기, 머리카락 잡아당기기, 패기, 발차기 등으로 심해지고 결국에는 몽둥이나 칼을 이용해 신체에 심각한 해를 끼친다.
- 남편은 상처를 주려는 것이 아니었고 가르치려고 한 짓이라고 상대를 비난한다.
- 남편은 자신의 행동을 술 때문에 직장에서의 스트레스 때문에 혹은 불행한 어린 시절 때문이라고 변명한다.
- 아내는 남편의 합리화와 비난을 받아들인다. 두 사람은 함께 상처가 별것 아니라고 단정지어버린다.

---

* 가정폭력 피해자를 효과적으로 돕기 위한 자료를 함께 수록했다.

ⓒ 3단계 : 화해
- 두 사람은 모두 가라앉은 이 상태를 반긴다.
- 남편은 걱정이 되고 보상하려고 애쓴다.
- 어떤 경우는 아내가 도망가지 않을까, 자기를 싫어하지 않을까 두려워하기도 한다.
- 여러 가지로 잘해주면서 좋은 남편이 된다. 어떤 때보다도 더 부드럽고 열정적으로 사랑해준다.
- 일반적으로 남편들은 다시는 그러지 않을 것이라고 스스로 믿는다.
- 피해여성도 그러는 남편을 믿고 싶어 한다.
- 남편은 "너 없으면 난 못 산다" 등의 말로 어린아이처럼 의존하는 듯하다. 둘은 전보다 더 감정적으로 밀착되어 서로 의존하기 시작한다.
- 피해여성은 모든 책임이 자신에게 있는 것으로 느끼기 시작하고 죄책감을 갖기 시작한다.
- 이 기간은 깨지고 다시 긴장상태가 돌아온다. — 이런 순환이 반복되는 속에서 "나아지 겠지" 하면서 몇 년이 지나간다.

상 31 : 없었던 일처럼.

내 31 : 네. 없었던 일처럼.

상 32 : 그동안 고생이 참 많으셨어요(공감을 잘해줌).

내 32 : 네. 사흘들이로 그랬어요.

상 33 : 사흘들이로(사흘에 한 번씩 맞는데도 불구하고 어떤 이유로 참을 수 있었는지 질문하여 직면시키도록 한다. 남편의 폭력에도 불구하고 여성은 가정을 지켜야 한다는 사회적 메시지를 확인할 수 있는 부분이다. 이러한 메시지를 내면화한 많은 여성들이 이와 같이 고통스럽고 자기파괴적인 선택을 한다는 점을 설명해줄 필요가 있다. 여성주의 상담원리 I, "개인적인 것은 정치적인 것이다"에 해당된다).

내 33 : 예를 들어 한 달에 한 번이거나 육 개월에 한 번씩 이런다면 이해가 가는데 사흘이야, 사흘들이. 그래 갖구요, 제가요 진짜 이 억울한 걸 어디 가서 하소연해야 되는지 억울해서 죽는 줄 알았어요(여성이 맞을 짓을 해서 맞았다는 통념은 가정폭력 피해여성들의 수치심, 소외감을 가중시키고, 이러한 통념으로 인한 수치심은 피해여성이 폭력을 당하고도 피해사실을 외부에 알리기를 주저하게 하여 문제해결을 어렵게 한다. 만일 잘못된 통념을 수용하고 있는 상담자를 만날 경우에는 폭력의 책임을 내담자에게 돌리고 변화할 것을 촉구하거나, 심지어는 참으라거나 할 경우 내담자의 고통이 심화되거나 내담자의 안전을 위협하는 결과를 초래하기도 한다. 상담자가 내담자에게 이러한 수치심과 소외감이 내담자에게 끼치는 악영향에 대해서 교육해야 하는 중요한 부분이다).

■ 아내구타의 통념

- 남편은 회사에서 스트레스를 받으니까 그럴 수도 있다.
- 남자는 여자를 때릴 수도 있다.
- 여자가 맞을 짓을 하니까 맞는다.
- 시간이 지나면 혹은 더 잘 대해주면 폭력은 없을 것이다.
- 폭력은 교정 혹은 치료될 수도 있다.
- 남편이 나를 사랑하니까 때린다.
- 나는 남편의 폭력으로부터 벗어날 수 없다.

상 34 : 그렇게 억울했는데 억울한 걸 어떻게 풀면서 지내셨어요.("쉼터에 온 많은 여성들이 억울하다는 이야기를 하지요"라고 일반화기법을 사용해서 개입하도록 하여 여성주의 상담원리 I, "개인적인 것은 정치적인 것이다"라는 것을 공유하는 시간을 갖는 것이 바람직하다. 혹은 "그럼에도 불구하고 일상적인 상태로 돌아올 수 있었던 힘은 어디에서 나온 것이죠?"라고 질문하여 내담자의 힘을 재확인해줄 수 있는 기회이기도 하다).

내 34 : 제가 성격이 이상해서 돌아서면 헤 그래요. 남편한테 직사하게 두들겨 맞아도 남편이 없거나 하면 진짜 나쁜놈이다, 내 속으로 진짜 너는 어디 가서 죄받을 거야, 그렇게 생각하면서 돌아서면서 헤 거리잖아요. 저녁이 되면 ……

상 35 : 나쁜 거는 빨리 끊어버리는군요.("당신이 그런 행동을 했을 때 당신 남편은 당신을 어떻게 보았을까요?"라고 질문해보는 것은 자신을 객관화하는 데 도움이 될 것이다. 가정폭력 피해여성이 무기력해지는 희생화과정이 드러나고 있다. 상담할 때 가정폭력 피해여성의 희생화과정을 교육할 필요가 있다).

■ 가정폭력 피해자의 희생화과정

ⓐ 제1기(분노의 시기)
폭력을 당하는 초기에는 분노와 수치심, 자존심의 손상으로 가득 찬다. 수치심 때문에 외부에 사실을 알리지 못한다.

ⓑ 제2기(공포의 시기)
폭력 상황이 끝나도 또다시 폭력을 당할까봐 공포에 떨고 보복이 두려워서 아무에게도 하소연 못하고 침묵을 지킨다. 이때부터 죽음(공포)의 재경험이 일어나는데, 폭력 상황 혹은 남편과 관련된 상황을 회상하거나 기억에 떠오를 때는 공포에 휩싸인다. 더러는 꿈속에서도 그런 현상이 일어나기도 한다. 그 밖에 불면증, 심계항진, 호흡곤란 같은 자율신경과민이 생기면서 정신이 멍해지는 현상도 생겨서 전형적인 외상 후 스트레스 장애가 생긴다.

ⓒ 제3기(무기력의 시기)
폭력에 계속 시달리면 외상 후 스트레스 장애 증상이 나타나고 자존심의 손상과 공포 때문에 독립심이 전혀 없고 아주 무기력하게 된다. 문제해결을 못하고, 이 핑계 저 핑계로 빠져나가기만 한다. 남편의 폭력에 대처할 아무런 힘도 없고 맞아 죽더라도 남편에 의지해서 살 수밖에 없다는 철저한 체념 속에서 산다. 무기력의 시기라고도 할 수 있고 우울의 시기라고도 할 수 있다. 더러는 자살을 하거나 일시적인 정신착란에 빠지기도 하고, 아주 드물게는 정신착란 상태에서 남편에게 대항하여 살해하는 경우도 있다.

내 35 : 제가 제 자신을 위해서.
상 36 : 나 자신을 위해서.
내 36 : 나 자신을 위해서 담고 있으면 병 생길까봐 내가 나를 보호하는 거예요. 나를 보호하기 위해서 빨리 잊어먹고, 어떤 때는 아이쇼핑을 한다거나, 물건을 사면 그냥 시원하고, 그날 하루 밥솥이 없어졌거나, 저녁에 필요한 게 달아나면 사다놔요. 그리고 이런 생각을 해요 보통 다른 엄마들은 화가 나면 머리 싸매고 눕거나 말을 안 하거나 어디를 간다든가 그런다는데, 어떤 여자들은 남편하고 싸우면, 아침도 안 해주고, 이불 뒤집어쓰고 누워 있거나, 이런다는 얘기를 많이 들었거든요. 나 말고 다른 사람하고 살아보면 이 다음에, 니가 한번 뉘우치라고. 우리는 싸우고 나면 그날 저녁에 진수성찬으로 일부러 해놔요. 해놓고 또 화가 진짜 났는지 안 났는지 확인하려고, 빨간무 그거 사다가 갈아서 준다거나, 토마토를 갈아서 주거든요. 안 받으면 안 풀린 거야……

상 37 : 아, 그걸로 테스트를…… ("그렇게 테스트하면서 남편의 눈치를 살필 때 어떤 느낌이 드셨나요?"라고 질문해서 내담자가 감정을 잘 드러낼 수 있도록 돕는다)

내 37 : 그걸로 테스트하는 거야. 한잔 갈아갖고 주면 안 먹어 그런다고. 처음에는 드세요, 내가 드시라고, 못 이기는 척하고 먹는 날은 풀어지고, 끝까지 안 먹는 날은 속에 아직까지 뭐가 있는 거야. 이제 남편은 여자가 하나 생기면 마누라가 없어져야 되는 거야. 딱 스타일이 아주 그러니까 괘씸하지.

상 38 : 괘씸하죠(더욱더 강하게 공감을 해주면 좋을 것 같다).

내 38 : 괘씸하죠. 딱 네가 여자가 생기면, 내 마누라라고 가정을 지킨다면 더 잘해야 하는데, 이거는 마누라가 죽어서 없어지거나, 어디로 집을 나가줘야 되는데, 지 생각에는 지도 죽겠나 보지. 그래, 내가 어디 좋은 여자 있으면 가라고까지 했어. 우리 호적은 정리 안 했어도 니기 기기까진 이해한다. 거기까지 했는데, 남편은 그런 거 하나는 철두철미하게 해요. 나쁜 행위를 내 눈으로 확인하면 시인하는데, 나쁜 행위를 내가 아는데도, 내 눈으로 가서 단둘이 딱 부딪쳐서 이렇게 안 하면 끝까지 아니라고 버티는 사람이거든. 내가 그런 현장을 잡으려고 많이 노력했는데, 고스톱 치는 거는 내가 현장을 많이 잡았어요. 실제 이제 우리 남편이 다방을 전전해요. 그 일대 다방아가씨는 다 놀아난다고 봐야 돼. 빼짝 마르고 나이 어리고 생머리 길고 하면 전부 다 자기 거라 하면 돼. 내가 어느 다방 가면, 그런 거 있어. 그러면 내가 일부러 차 사줘 갖고 물어보고, 내가 부인이란 이야긴 안 하고, 이런 사람이 내가 돈을 빌려줬는데 그 남자가 알고 보니 이혼하고 혼자 살더라 하고 일부러 엿매겨주는 거지. 그럼 그 여자는 가만히 듣고 있어. 부인이라 하면 거부감 일어나니까. 그리고 이제, 그 남자는 다방마다 다니면서, 애인이 너무 많더라고 해줘버리지. 그러면 첩이 첩꼴 못 본다고, 그 여자한테는 할 말이 없잖아요. 왜 우리 남편하고 사귀냐는 둥 하면 안 되니까, 내가 일부러 엿매겨버리는 거야. 여자 떨어지라고.

상 39 : 그렇게 하면서 속이 편하지는 않으셨을 텐데, 어떻게 그렇게 하고 다니셨을까?("어떤 이유 때문에 엿매기고 다니셨는지?" 혹은 "그렇게 하는 것이 지금 볼 때 도움이 되었는지?"라고 질문할 필요가 있다.)

내 39 : 제가 그런 면에서 강해요.

상 40 : 그러니까("그런 면이라는 것이 어떤 면을 말씀하시는 건가요?", "남편의 외도상대를 찾아다닐 때 고통스럽지는 않으셨나요?", "지금 이야기를 들어보니 견디는 힘은 강하다는 말로 들리는데, 그렇게 찾아다니신 것이 도움이 되셨어요?"라고 질문할 필요가 있다. 남편과의 관계를 직면할 수 있는 기회로 활용할 수 있었던 부분이다. 내담자가 강점이라고 이야기하는 점에 대해서 상담자의 적극적인 개입이 필요한 부분이다.)

내 40 : 제가 스물두 살인가 스물세 살 때부터 사업을 하다 보니, 사람이 정신적으로 사람을 다루다 보면 자신도 모르게 어른스러워지는 마음이 있잖아요. 그때 당시에는 저보다 나이 많은 사람도 제가 다루고, 나이 먹어서는 나이 어린 사람도 다루면 하다못해 반시어머니 역할이 되잖아요. 사람을 한 달에 칠팔 명씩 다루다 보면 종업원이 별 사람이 다 있잖아요. 그거를 똑같이 대하다 보면 성격도 틀리고 얼굴도 틀리지만, 생각하는 것이 각각 틀리고, 주인이라 해서 일러바치는 사람도 있지만, 내가 종업원을 평등하게 생각을 하고, 어른스러워지는 게 빠르고, 사람들 상대하다 보니까, 나이는 삼십대라고 해도 마음은 칠십 먹은 노인네처럼 행동해야 했어요.(내담자 자신이 고통을 당하면서도, 적극적으로 해결하기보다는 개입하지 않은 채로 적당한 거리를 유지하면서 무마시키려는 태도를 선택해서 자신을 죽이는 방식으로 행동했던 것이 결혼생활에서 도움이 되었는지 질문하여 직면시킬 필요가 있다. 이러한 행동은 우리 주변의 많은 여성들이 선택하는 방식이므로, 당신만 그런 것이 아니라 우리 사회에서 여성들로 하여금 이러한 방식으로 반응하도록 길들여왔다는 것을 알려주어 내담자에게 사회구조와 자신의 관계를 볼 수 있도록 해주어야 한다. 즉, 여성주의 상담원리 I, "개인적인 것은 정치적인 것이다"라고 분석할 수 있는 부분이다. 칠팔 명씩 다룬다는 대목에서 상담자는 내담자가 타인을 대상화하고 있다고 판단하였다. 상담 중에 상담자와 내담자의 가치충돌이 일어나고 있음에도 불구하고 상담자는 직면이나 자기개방을 보류하고 내버려두고 있다. 이러한 미해결 과제는 상담의 효과성이 떨어지게 하고, 'Here and Now'로 진행되는 것을 방해하여 상담목표에 이르지 못하게 한다. 이런 경우 인간관계에서 타인을 다룬다는 것이 어떤 의미인지를 질문한 후에 상담자의 가치를 내담자에게 개방하도록 하여 상담자의 자기개방과 직면이 일어나도록 해야 할 필요가 있다).

상 41 : ○○ 씨랑 제가 이렇게 이야기를 하면서 늘 느끼는 건데 어떤, 뭐라 그럴까? 문제 삼아야 되는 부분에 대해서 건너뛰는 좋은 단어를 쓰자면, 극복해버린 부분이 많으시거든요. 내가 정말 상담자라고 상담을 하지만 ○○ 씨를 도울 수 있을까? 가끔 그런 생각을 하거든요. 그래서 깊이 질문하거나 그러지를 않았어요. 알아서 잘 하시겠거니, 그런 생각이 들고 혼자서 극복해낸 부분이 돋보여요. 제가 볼 때는 그래서 지켜봐드리는, 충분히 내 역할은 되겠지 이런 생각을 했어요. 사람을 다룬다든지, 마음을 떠본다든지, 그런 거를 잘하시는 것 같아요. 누구보다도(상담자와 내담자가 평등한 위치에서 나누는 것이 될 수도 있다. 그런 반면 상담자의 지나친 겸손은 전문성을 손상시킬 위험이 있다).

내 41 : 그런데 저는 생활이 원래 있는 그대로 생활하거든요. 어떤 상황이고 종업원들 있어도, 항상 내가 있는 그대로 생활해요. 그러니까 처음이고, 일년 열두 달까지 그대로예요. 변동이 없어요. 처음에 봤을 때는 제 손님들이 …… 이렇게 변동이 없으니까 좋다는 얘기를 듣거든요. 저 역시도 싫으면 싫다, 좋으면 좋다, 팩 하는 이런 걸 안 하거든요. 속으로는 그런 게 있어도 상대편이 싫어하는 행위를 안 할라고 하는 편이지요. 그게 생활습관에 배었어요. 내가 나라는 것을 내 자신을 한번도 찾지 못하고 생활한 게 습관이 되어버렸어요("자신을 찾지 못하고 산 것에 대해서 어떻게 생각하는가?", "어째서 그랬나?", "원가족에서는 어떠한 경험을 했는가?", "자신을 죽이고 주변을 통제하는 방식으로 사는 것이 결혼생활에서 얼마나 도움이 되었는지?", "언제부터 그런 방식을 선택했는지?" 등의 질문을 하는 것은 내담자에게 내적 통찰을 할 수 있는 기회를 제공한다).

상 42 : 남편하고의 관계에서도 나를 찾기보다는 남편 위주로 맞추시는 게 그런 것과도 연결이 되겠네요(직면을 시도하고 있다. 좀더 깊이 개입해서 남편하고만 그런가, 다른 대인관계에서도 그러한기를 성찰하도록 한다. 만일 다른 인간관계에서는 그렇지 않다면 분명 힘의 관계를 인식할 수 있는 여성이다. 여성주의 상담원리 I, "개인적인 것은 정치적인 것이다"에 해당된다).

내 42 : 그런 거 같아요. 그것도 너무 이러다 보니까.

상 43 : 남편만 위해주다 보니까, 남편이 또 그거에 더 의기양양해서 더 그랬을 수도 있겠네요.
내 43 : 이 마누라 혹시 바보 아닌가, 그렇게 생각하고 있지 않나? 하는 생각도 들어요. 남편이라고 잘해줬던 점이 이 마누라는 약간 좀 모자라는 마누라 아닌가? 왜냐하면 싫을 때는 팩 하고, 이런 게 우리는 그런 게 한번도 없었거든요. 성질을 한번도, 몰라 남한테는 내는지 모르겠지만 남편한테는 한번도 안 내봤어요.
상 44 : 남편한테 성질을 내면 어떻게 될 거 같아서 안 내셨어요?(구체화를 잘 하고 있다)
내 44 : 우리 남편한테 말대꾸 한마디 그냥 말을 한마디 해도 말대꾸 한다고 그래요. 내가 무슨 말을 하면 그러면 우리는 그냥 입 딱 다물고 있지요.
상 45 : 말대꾸를 한다 그러면 그 다음에는 안 좋은 뭐가 나오겠네요.
내 45 : 네. 나오죠.
상 46 : 그러면 뭐 ○○ 씨 성품이 그렇기도 하지만, 뭐 손해 볼 짓 안 하기 위해서 그럴 수도 있는 거 아니에요. 현실에 맞게 행동할 수 있는 거라고 볼 수 있겠는데.
내 46 : 예를 들어서 우리 남편이 화가 나면, 여보, 당신이 행동으로 하고 그래! 여보, 나도 당신이 얘기하면 말귀를 알아먹으니까 말로 조용히, 성질부리지 말고 이야기하라, 그러면 너 한마디만 하면 이거 날아가, 이거 날아가! 이래 버려. 그러니까 가만있는 거지("남편이 그럴 때 어떤 느낌이 드셨나요?"라고 반드시 질문하도록 하여 위기상황에서 경험한 내담자의 감정을 노출하도록 촉진할 필요가 있다).
상 47 : 그렇죠. 거기서 말하고 날라오게 할 필요는 없는 거죠. 사람이 근데 ○○ 씨가 사회활동도 많이 하시고, 사람 보는 눈도 폭이 넓으신데 (지나치게 내담자의 비위를 맞추고 있다) 14년을 참았다는 게 어떤 것 때문에 오래오래 참으셨는지, 그게 궁금해지거든요(구체화질문을 잘 하고 있다).
내 47 : 저는 성격이 있잖아요, 사람마다 성격이 틀리겠지만요. 제가 왜 참았는가를 생각도 하지만 그때 당시에는 첫 번째는 우리 남편이 나한테 이렇게 구박을 한다 그러면, 가게 나가서 어떤 지장을 받을까? 그런 생각이 제일 먼저 들더라고요(내담자는 타인과 가게영업을 우선시하고 있다. 내담자에게 중요한 것은 본인, 영업, 타인의 시선 순이다. 그런 방향으로 자기성찰을 할 수 있게 하는 것이 중요하다).

상 48 : 네. 영업에 지장이 있을까봐, 또 하나는 남이 어떻게 볼까봐(요약을 잘해줌).

내 48 : 그렇지요. 내가 안 까먹으라니까.

상 49 : 그거 중요한 거네요. 영업이 잘되어야 하잖아요? 가게를 열었으니까 주변 인식이 좋아야 손님도 올 텐데(그러나 본인의 마음의 상처는 어떠했는지 질문해볼 필요가 있다).

내 49 : 그게 내가 제일 생각을 먼저 하고 적은 돈에 가게문을 내 기분 나쁘다고, 하루 문을 닫거나 장사 안 하겠다고 문을 닫아버리면, 그게 다 날라가버리는 거니까. 또 우선 벌어먹고 살아야 되니까. 그걸 내가 제일 우선적으로 쳤고, 그리고 남편이 고정적으로 20만 원이고 30만 원이고 나를 주면 일요일에라도 하루 문 닫는 일이 있는데, 저는 일년 365일 동안 추석에 아침에 새벽에 시어머니한테 갔다가, 열 시쯤 되서 밥 먹고 오면 열두 시쯤 되거든요. 오후에 오면 또 가서 문 열어야 되요. 남편은 친구들하고 놀러간다고, 게임하러 간다고 나가버리니까. 집에서 뭐 해요. 가만히 혼자서 가게문이나 열고 있어야지. 일년 365일 매일 가게문 열었어요.

상 50 : 먹고사는 게 중요하니까. 나쁜 인식을 안 주기 위해서 오래오래 참으셨네요("하루도 쉬지 않고 365일 가게문을 열었던 어떤 특별한 이유가 있으신가요?" 하고 일에 매달려야만 하는 특별한 이유가 무엇인지를 질문할 필요가 있다).

내 50 : 그게 아주 내가 나라는 사람을 찾았으면 진짜 진작 그거 했을 건데, 이 먹고사는 거, 내 주위 사람들이 나를 그렇게 안 봤는데, 저 집 가정이 저러나 싶은 생각에 얼마나 그게 더 중요한 건지, 참고 또 참다 보니까 세월이 금방 지나갔지요.

상 51 : 그럼 지금 전단도 남편이 뿌려놓고, ○○ 씨는 집을 나와서 이삿짐도 옮기고, 그런 상황에서 주변에 다 알려진 상황이잖아요. 어쨌거나 잘못 알려졌든 간에 그런 감추었던 것들이 다 노출되어 버렸는데, 그리고 법적인 수속을 하시는 상태인데 지금 심정은 어떠세요?

내 51 : 오히려 제가 뭐 누굴 죽이고 도망오거나 무얼 훔쳐서 도망한 것은 아니니까요, 빨리빨리 그냥 알아도 상관없어요. 왜냐하면 제가 남편하고 항상 그랬어요. 그 사람이 살면서 어떤 지위가 됐든 가정이 먼저

잖아요. 가정이 편해야 밖에 나가도 어디 가서 놀든 게임을 하든 재미있는데, 여보, 당신 가정을 갖다가 망가트려 놓고 밖에 나가면 하루 일과가 기분 좋아? 그렇게 물어본 적도 있거든요.
상 52 : 그러면 뭐라 그래요?
내 52 : 우리 남자는 가만히 있어요. 집에 오면 우리 남자는 말을 안 해요.
상 53 : 가만히 있다는 게 무슨 의미예요?
내 53 : 본인이 뭐 알아도 못 들은 척, 모르겠어요. 말을 안 하니까.
상 54 : 알 수 없다……
내 54 : 우리는 서로 대화가 없어요. 우리 남편은 대화가 없어요.
상 55 : 남편 마음을 알 수가 없는 거네요.
내 55 : 아주 진짜, 남한테는 잘하고 얘기도 잘하는데, 이 놈의 거는 집에만 오면 말을 안 해요. 그리고 참 성격이 결혼 안 하고 나하고 얘기했으면 나한테 말은 잘할 거야, 아마. 이 남편은 호적에 올려서 가정이 있다 하면 무조건 짓밟아버리고 응차, 내 마누라니까 너는 내 발바닥 빨아 그러면 빨라는 걸로 되어 있는 걸로 인식이 되어 있어 갖고, 니는 내 마누라니까 돈 벌어와! 그러면 돈 벌어주는 것으로, 그 모든 생활인식이 박혀 있는 사람이라니까 …… (남편 내면의 모습을 들여다 볼 수 있는 시점이다. 남편이 어째서 그런기를 질문해볼 수 있다)
상 56 : 그러니까 아내를 자기 말 한마디에 헛바닥처럼 움직여지는 그런 사람으로 아는군요(상담자가 지나치게 빨리 개입하고 있어서 내담자의 이야기를 중단시키고 있다).
내 56 : 네. 그게 아주 박혀 있다니까. 그게 억울하다니까요. 이놈의 호적이 뭔지 내 호적에 되어 있는 죄로 죽으라면 죽는 시늉까지 해야지, 말대꾸 한마디 한다든가 하면 난리가 나니까, 그게 아주 어디서 태어나고, 어떻게 밖에 나가서 가정 있는 사람과 대화를 하고, 하루일과 지내는지 의심스럽다고 하잖아요. 어디 당신 노는 사람들은 가정이 없는 사람끼리 노는지, 이거는 가정이 뭔지도 모르고, 내가 이 가정을 안 버리려고, 굉장히 중요하게 생각을 했는데, 이 짐이 내가 중요한 게 아니었어요. 이 가정에 대해 어떤 생각이 들라고 짐을 옮겼는데, 몇 개월 동안 가정이라는, 자기가 잠자는 테두리가, 보금자리가 없어져서 한번 느껴보면, 그 사람이 느껴봐야 알아요. 아, 이게 이렇다는 것을. 나중에 다 줘도 상관없어. 나는 없어도 상관없고. 이담에 벌어서 장만하면 되니까. 그 살림을 애지중지하는 사람이 화내면 살림을 때려 부수는 이유가 뭔지도 모르고, 이 사람은 내일이라는 게 없어요. 오늘만 살면, 자포자기여. 화가 나면, 내가 무섭다는 게 우리는 싸우면 뭣 때문에 싸웠는지 풀 생각은 안 하고 싸우면 니하고 나하고 죽자, 이렇게 나가버리니까……(폭력의 속성이 적나라하게 드러나는 부분으로 폭력에 대한 교육을 효과적으로 할 수 있는 시점이다. 내담자로 하여금 분노를 표출할 수 있는 기회를 제공할 수도 있다. 폭력을 사용해서 당신을 두려움에 떨게 하여 판단력을 잃게 해서 조정하려는 것이 목적이라는 것을 내담자에게 알려줄 필요가 있다. 내담자가 생각하는 호적은 어떤 의미가 있는 것인지 질문할 필요가 있다)

상 57 : 순간에 파괴해버리는 거네요("굉장히 무서웠겠네요"라고 공감하거나 혹은 폭력 사이클과 분노폭발에 대한 설명과 함께 폭력남편의 특성을 내담자에게 교육할 필요가 있다).

내 57 : 내일이라는 게 없잖아요. 그러니까 내가 항상 겁나는 게 뭐냐, 이 사람은 대화를 해서 풀어나갈 생각은 안 하고, 니하고 나하고 오늘은 죽는 날이야! 이렇게 해버리니까.

상 58 : 무슨 영화제목 같네. 우리에게는 내일은 없다, 그런 거 있잖아요.

내 58 : 텔레비전에 부부싸움해서 가스불 터트리고 화가 나서 마누라 찌르고, 내가 살면서 항상 나는 막아왔다. 내가 막상 우리 남편이 나를 토막 살인 내서 쥐도 새도 모르게 어디 가서 묻어야 된다는 이야기는 수없이 들었거든요. 그런데 내가 죽어 가지고, 안 그러면 남편 화내듯이 내가 내버리면, 가스불 터트리고, 우리가 무슨 일이 벌어지거나, 이래서, 텔레비전 나와서, 이런 가정이 아! 이래서 이랬구나, 이거보다는 그런 일이 벌어지기 전에 감싸느라고 그걸 내가 막아온 거지요. 그러느라고, 내가 오늘날까지 여느 때 화가 지나치게 나면 허리 꽉 안고 여보, 왜 그래! 내가 잘못했어. 그럼, 사실은 내가 뭘 잘못했는지 모르지. 지가 잘못해 가지고 와서 화를 내는데, 나보고 너 뭐 잘못했는데, 그러면 나도 몰라. 그러면 나보고 뭐 반성문 쓰래. 그럼 뭐, 반성문 뭐 써야 되는지 몰라. 그럼 돈 벌어다가, 장사가 안 될 때도 있잖아요 장사가 잘될 때는 자기 돈을 많이 주는데, 안 될 때는 나도 못 주고, 공과금이고 세금이고 못 낼 때도 있을 때는 자기가 나를 보태줘야 하는데, 남편이 안 보태주면 난 어디서 십 원 한 장 들어올 데가 없어요. 내가 안 벌면, 그러니 사실 생활은 항상 쪼들리면서 살아요. 왜 오늘 많이 벌어도 내일 안 될 수가 있으니까. 집세 내고 공과금 내고 그러다 보면 사람이 짜게 돼. 안 쓰게 돼. 또 돈도 조리 있게 써야지 내가 쇼핑 간다 그래 갖고, 돈이 있어서 쓰는 게 아니라 장사하다가 보면, 삼만 원짜리 샀으면, 한달에 만 원씩 지출하게 하고 이렇게 내가 나누는 요령을 하지. 분수없게는 안 하지(사고가 나는 것을 온몸으로 막으려고 노력했던 내담자의 행동이 현재 아무 소용이 없게 되었다는 것을 알게 할 필요가 있고, 이러한 시점에서 어떤 생각을 하는지 질문해보는 것이 필요하다).

상 59 : 규모 있게 쓰셨군요(지지라기보다는 지나치게 가벼운 반응이다. 내담자의 적응적이고 자기 권리를 스스로 포기하는 부정적 행동을 강화시킬 수도 있다).

내 59 : 돈을 만지는 사람이기 때문에 규모 있게 쓰지. 수십 년 동안 집세 한 번 안 밀려보고, 주인한테 공과금 안 밀려보고 매사가 정확한 이런 거를 살아온 사람이기 때문에 오늘날까지도 동네에 십 원 한 장 안 빌려보고, 내 돈 안 빌려주고, 이렇게 산 사람인데.

상 60 : 철두철미하시군요("힘들었을 텐데, 너무나 애쓰며 살아오셨군요. 무엇이 당신을 그렇게 살도록 했다고 생각하나요?").

내 60 : 제가 항상 정확해요, 매사가. 돈은 없어도 남한테 신용으로 제가 사는 게, 그게 돈 번 거거든요. 그런 동네를 나를 갖다가 저렇게 해놨으니 사실은 내가 분해서 잠이 안 오지요. 내가 그 주위 사람, 인격으로 살았는데, 그 신용이 내가 돈 번 것보다 더 중요하게 여겼는데 ……

상 61 : 신용이 하루아침에 땅에 떨어지는 억울함이 있으시네요(공감을 잘해줌).

내 61 : 있지요. 그래서 내가 조금, 저 언니를 저렇게 안 봤는데 저랬구나, 참 사람 일은 알 수가 없어 하는 것은 이담에 세월이 흘러보면 알겠거니 하고 스스로 위로로 삼긴 해요. 지금 당장은 내가 해결이 안 되서 그렇지만, 사실은 나는 그런 게 아니니까, 또 담담은 하지요, 뭐. 내가 진짜 죄를 져 갖고 가슴이 두근두근하거나 이런 것은 없고 나중에 세월이 흐르면 언젠가는 알 거니까, 조금만 참아라!

상 62 : 지금은 억울하고 분하지만 시간이 흐르면 그것을 만회하는 기회도 올 것이고, 나는 워낙 성실하니까 걱정 없다. 이렇게 위로를 하시는군요(반영, 요약을 잘해줌).

내 62 : 내가 내 마음을 달래서, 내가 진짜 그런 죄가 없으니까, 이 해결만 보면 내가 찾아가서 누구누구 줬다는 사람 내가 다 만난다. 속으로 이제, 그거를 마음을 가다듬고 있는 거예요.

상 63 : 다 회복할 수 있다. 나는 그럴 수 있다. 이렇게 생각을 하고 긍정적으로 생각하고 계시네요(지지를 잘함).

내 63 : 제가 제 마음을 잘 다스려요.

상 64 : 그러니까 뭐 제가 들으면서 혼자서도 마음을 잘 다루고 계시는구나, 믿음이 생기네요. 잘 몰랐는데 오늘 얘기해보니까 어째서 저렇게 평화롭게 계실까? 힘드실 텐데. 전단지 가지고 온 날 이후에 ○○ 씨 잘 지내시나 궁금했어요. 마음속으로 그런 정리를 하시고 위로할 길도 찾으시고 그러고 계시네요(삶에 대한 기술이 뛰어난 내담자를 지지만 해줄 것이 아니다. 상담자는 내담자의 가치관이 변화될 수 있도록 여성주의적 가치관으로 보다 적극적으로 개입할 필요가 있으며, 자신을 위해서 에너지를 사용할 수 있도록 역량강화를 해주어야 한다).

내 64 : 사회생활을 오래 하다 보니까요 사실은 괴로운 일도 더 많고, 고민스러운 것도 더 많고, 종업원을 다루다 보면 하루일과가 속상한 게 많은데, 남한테 나는 요만한 걸 내색을 안 해요. 손님이 없어서 장사가 안 되는 날, 잘되는 날 잘된다고 헤 거리고, 안 된다고 짜고, 그런 거 없이 한 달 내내 …… 손님이 없을 때는 쉬어 …… 저도 제 자신이 말을 잘 안 하거든요.

상 65 : 선이 굵으시죠, 좀(내담자에게 지나치게 비위를 맞추고 있다. "네" 하는 정도의 반응만으로도 충분하다).

내 65 : 다른 사람이 내가 기분이 좋은지 나쁜지 절대 못 알아봐요. 기분 나쁜 것도 못 알아봐요 …… 앞으로 10년 동안의 계획을 지금 다 짜놓았어요. 그러면 거의 지금, 분명히 저 물건은 내 것이 아니다. 남편에게 줘야지 내가 편하다. 거기까지 내가 다 포기하고 …… (자기가 피해자인데 자신이 번 돈을 왜 주려고 하는지를 질문해서 내담자의 생각을 알아보도록 한다).

상 66 : 이삿짐을?

내 66 : 내가 너무 욕심을 부리면 이혼하고 다음에 끝마무리가 피곤하지 않느냐, 사실 그 물건이 안 아깝겠어요? 아깝지요. 그런데 남편이 원한다면 그쪽으로 줘야지. 원래는 물건은 여자가 가져야 하는데, 우리는 이상하게 여자 남자 성격이 바뀌었어. 이 사람은 돈을 벌어서 나를 갖다주면 내가 살림을 잘할 텐데, 본인은 돈을 안 벌면서 살림을 애지중지한단 말이야. 사람이 덩치는 커가지고. 그렇다고 남들한테 이야기하면, 똑같으니까 살지 할까봐 내가 어디 가서 남편 흉도 못 봤어요. 얘기한 것만큼 흉이에요. 여기 오면 편한 점은 똑같이 이렇게 당해서 온 사람들이라 얘기하지, 사실은 문 밖에 딱 나가서 얘기하면 그 사람이 이상하게 보는 거지. 사회에 나가면 더럽다는 거지. 없다 하면 나 돈 주는 것도 아니고, 있다 하면 나 뺏어가는 것도 아닌데, 구태여 남한테 찌들게 살 이유도 없고, 내가 남한테 도움도 안 받을 건데, 찌들게 살거나 막 과시하면서 살 이유도 없고, 그냥 평범하게 똑같은 돈 만지고, 똑같은 돈 갖고도 안 쓰고 안 입고 할 이유가 없잖아요. 사람이 적당한 선에서 참 멋있다, 지성 있다. 또 내가 돈은 없어서 이런 거는 했지만, 이런 거 하면서도, 나 여자로서 행위는 얼마나 똑바르게 살았어요. 나 진짜 그거는 자부심을 가져요. 똑바른 행위에 내가 똑바르게 산 것은 자부심을 갖고 …… (자신을 파괴하고 손해 보고 산 것에 대해서 긍정적 가치를 부여하고 있는 내담자의 생각을 직면시켜주어야 하는 중요한 부분이다. 똑바로 산다는 것이 어떻게 산다는 것인지를 질문한다. 그렇게 사는 것이 진정한 자신의 욕구에 맞는 삶인지 질문하여 직면시키도록 한다. 구체화할 필요가 있다)

상 67 : ○○ 씨가 현재에는 이삿짐을 가지고 옮겨놨지만 그것까지도 남편한테 다 주고, 이혼 후에는 평화로움을 오히려 선택하겠다 ……

내 67 : 지금 현재는 무조건 준다는 이야기는 하면 안 되니까, 변호사님이 나중에 저 짐이 내일까지요. 12일 날 변호사님이 전화를 해서, 저 짐을 치울 수는 없대요. 왜냐하면 짐이 도둑놈 짐이 아니니깐 날짜가 지나도 일을 해결 볼 때까지는 놔둔다 하더라고. 그러니까 이게 마무리될 때, 마지막까지는 못 준다 했지. 나를 만만히 보고, 이제 편안하고, 선생님 보호 아래 있고 좋아요. 일 다 해결 볼 때까지만, 일이 끝날지, 남편하고 끝나야, 이제 해결 볼 것 같아서 ……

상 68 : 그래요. 그건 형편 봐가면서, ○○ 씨가 필요한 시점까지 여기 계실 수 있으니까, 마음 편히 생각하시면 되고요. 오늘 이렇게 상담을 했는데, 마쳐야 할 시간이 되었는데 도움이 되었는지 궁금하네요.

내 68 : 선생님이 바라는 상담이 안 나왔다는 느낌이 들고요. 또 그냥 제가 그런 부분을 감당하게 했는데, 다음엔 또 생각이 나면 …… (어떤 상담이 상담자가 원하는 상담이라고 생각하는지를 내담자에게 되돌려서 질문할 필요가 있다)

상 69 : 상담이라는 것은 상담자가 바라는 대로 하는 게 아니고요, ○○ 씨가 원하는 쪽으로 가야 되거든요. 그래서 저는 지금, ○○ 씨가 여전히 자신보다는 타인을 더 생각하는 거 아닌가, 그런 부분이 느껴져요 사실 ○○ 씨를 위한 시간으로 만들려고 노력했거든요. 과연 ○○ 씨한테 어떤 도움이 되었을까 해서 질문한 거예요. 그래서 좀 후련하신지, 정리되는 생각이 있는지 궁금해요.

내 69 : 아직 시원한 생각은 없어요, 선생님께 몇 번 더 상담을 받으면 ……

제9장
의식향상집단

황경숙[*]

1. 배경과 발달

"이 세상 사람들은 여성에게는 아무 기술도 가르쳐주지 않고 여자가 하는 일은 가치가 없는 하찮은 것이다. 또 이 세상은 여성이 어떤 독자적인 의견을 갖는 것을 허락하지 않고 여자는 생각할 줄을 모른다. 여성이 대중 앞에서 말하는 것을 금지하고는 세상에 여성 웅변가는 없다. 여성에게는 학교교육을 금지시키고는 여자는 재능이 없다. 여성에게는 책임질 수 있는 어떤 일을 맡겨보지도 않고서는 여성은 책임감이 없다. 여성에게 모든 쾌락은 남성으로부터 하나의 은총으로서 나와야 한다고 가르치고는, 그 은총을 얻기 위해 가르침받은 대로 화장품과 멋진 깃털장식으로 치장하면 여자는 허영심이 강하다 …… 이런 식으로 세상은 말해왔다(Carrie Chapman Catt, 1902)."[1)]

1960년대 구미대륙에서의 여성해방운동이 활발해지면서 남녀관계에 변

---

[*] 서울여성의전화 회장.
1) P. Struhl & A. Jagger, *Feminist Frameworks Alternative Theoretical Accounts of the Relations between Women and Men*, 1978, 『여성해방의 이론체계』(신인령 옮김), 풀빛, 1983, 31쪽.

화가 필요하다는 것은 필연적인 사실이 되었고, 여성들은 자신들이 억압받는 집단이며 이 억압은 남성에 의한 것임을 깨닫게 되었다. 이것은 크게 사회적 행동표출(Social Action)과 의식향상집단(Consciousness Raising Group: CR) 활동이란 두 가지 방향으로 이어져나갔고, 이 집단활동 속에서 어떤 종류의 변화가 이루어져야 하는지에 대한 많은 논의와 의견들과 여성 특유의 경험들이 발설되기 시작하였다.

여성이 남성과는 생물학적으로 다르기 때문에 사회적 기능도 다르고 사회에서의 역할도 다르다는 주장을 배격하면서(여성성과 남성성에 대한 생물학적 근거는 전적으로 부인할 수는 없을지라도 많은 부분이 사회적으로 학습되고 획득된 것임을 간과해서는 안 될 것이다), 특별히 여성에게 가해지는 심리적인 억압이 여성들의 정체성에 미치는 부정적인 영향들을 여성들의 경험에서 나온 여성들의 언어로 말하기 시작하였다.

이러한 남녀에 대한 전통적인 견해로 입은 피해들에 대한 분석과 일깨움으로 여성의 정신건강에 대하여 여성의 시각으로 조망하게 된 강력한 동기가 형성되었다. 문화 속에 내재되어 있는 가치체계에 의문을 갖고 지배적 이데올로기에 따라 창조된 신화, 일상생활양식 등을 여성의 시각이나 관점에서 재해석하는 것으로, 여성이기 때문에 갖게 되는 부당한 경험을 인식하게 하는, 즉 여성주의 인식능력은 여성주의 상담이나 심리치료를 효율적으로 다루어내게 하므로 여성주의 상담가나 치료자가 되기 위하여 추구해야 하는 인식체계이기도 하다.[2]

위와 같은 여성주의 인식능력 함양의 장이 된 것은 소규모의 토의집단(rap group) 혹은 자조집단(self-help group)이었다. 그 장에서 여성들끼리 만나 대화하며 그들 특유의 경험을 서로 나눌(sharing) 필요가 있다고 생각하였고, 그런 과정을 통하여 서로가 도움을 주고받을 수 있다고 믿었다. 여성만의 작은 토의 내지 자조집단의 출현은 새로운 여권운동에서 가장 뚜

---

[2] 장연집, 「여성주의 상담과 심리치료」, 《여성연구논총 11》, 1996.

렷한 현상으로 부각되었다. 이들 집단은 그 목적이나 방향은 다양했으나 여성이 처한 문화적·심리적·사회적·법적·경제적·정치적 제 여건을 여러 가지 방법으로 변화시키기 위해 노력하는 데 공통점이 있었다. 그 중 두드러진 것이 CR집단이었다. 오늘날에 와서도 의식향상은 여권운동의 창조물이라 단언할 만큼 여권운동의 공헌 중 가장 중요한 것으로 꼽히고 있다. 모든 여성에게 영향을 주는 억압의 사회적 형태를 여성학적 시각으로 분석하는 것이 여성주의 상담의 특수한 기법이며, 이러한 분석의 가장 대표적인 예가 CR이기 때문이다. 기존 제도를 평가하고 개선해서 대안적인 것을 제공하기 위해서는 남녀차별사회에서 여성을 억압하는 본질을 바로 이해하는 것이 필수적인데, CR집단은 여성들의 의식을 향상시켜 그런 본질을 이해하는 데 기여하였다.[3]

의식향상집단의 초창기인 1960년대 말에서 1970년대 초까지의 CR집단은 주로 급진적인 여권운동가들의 모임이었고, 토의주제도 정치적 분석과 여권운동의 이념을 전개하고 교육하는 것에 집중되었다.

1970년대 중반에 이르면서 CR집단의 사회적 행동파들이 맡았던 정치적 교육의 기능은 점차 쇠퇴하기 시작했고, 반면 CR집단의 지지적 측면과 개인적 성장에 관한 것이 점차로 부각되었다. 따라서 CR집단은 여성들이 겪어온 사회화 내지 사회적 조건형성과 결부시켜 그들의 삶에서 제기되는 여러 가지 문제들을 탐색할 수 있는 하나의 새로운 방법으로 알려지기 시작했다. 여성 개인의 의식이 향상되어 자신에 대한 지각을 바꾸고 더 크게는 사회 전체에 대한 시각을 바꿈으로써 CR집단은 개인적 변화와 사회적 변화를 위한 유용한 기제로 등장한 것이다.[4]

---

3) 정소영, 「의식향상(CR)훈련: 여성상담의 집단적 접근」, 『신학과 선교』 21, 서울신학대학교, 1996.
4) 앞의 글.

2. 의식향상(CR)집단이란

1) 의식향상집단의 전 과정
: 정의, 목표, 특성, 토의주제, 참여자의 수칙, 기법, 과정, 단계

의식향상이란 개인의 의식을 변화시키는 것으로 무의식 상태에 있거나 스스로 숨겨진 상태를 유지하고자 하는 사실을 의식의 차원으로 끌어올리는 것이다.

CR훈련은 개인의 인식능력을 확장시켜 현재의 사회문화적인 상황에서 여성의 의미가 무엇인지 자각하게 하는 과정이다. 즉, 여성에게 무심코 행해지는 일상적 행위들에 대해서 느낌을 찾고, 그것을 여성 각자는 어떻게 느끼는가를 언어로든 몸으로든 표현해냈을 때, 각각의 여성들이 자신들의 삶의 맥락 속에서 공감하게 되고 그 일상적 행위들이 '무엇' 때문에 '왜' 일어나는지를 알게 되는 과정이다.

의식향상집단에 참여했던 40대 중반의 여성 이야기이다. 아들 둘이 있고 남편의 만성적 병에 오직 남편의 빠른 쾌차를 생각하며 날마다 변함없이 세 끼의 고단백식사를 정성껏 준비하고 아들들을 돌보면서 그 막간을 이용하여 밖에서 해결해야 할 집안의 볼일들을 보고, 자신의 친구들도 만나고 하면서 수년의 시간을 보냈다. 언제나 쫓기면서 바쁘게 시장을 보고 집에 들어가서 식사를 준비하면 남편과 두 아들들은 그녀의 허겁지겁에는 전혀 아랑곳없이 언제나처럼 무심하고 당연하게 식탁에 앉는다. 그녀는 그들의 식사하는 모습을 보면서 만족과 안도의 한숨을 쉬고 세 사람의 식사가 끝나면 치우면서 자신의 식사를 한다. 그러던 어느 날부터 그녀는 가슴속에 뭐라 표현할 수 없는 무언가가 가득 차오르고 그것이 자신을 짓누르는 것을 느끼기 시작한다. 그러나 무엇인지 집어낼 수는 없다. 때로는 짜증을 내다가도 곧 그것에 양심의 가책을 느끼고 덮어버리곤 하였다. 그러나 마음 깊은 곳에서 자꾸 '왜! 왜!' 하는 소리가 들린다……
그 이야기를 하면서 그녀는 운다. 그러나 자신이 무엇 때문에 왜 우는지에 대한 설명은 못한다. 그리고 그녀 자신도 그냥 자신이 여태까지 살아온 이야기를

할 뿐인데 왜 이렇게 눈물이 나는지 모르겠다고 한다. 같이 집단에 참여한 성원들도 운다. 아내와 엄마의 역할을 충실히 해온 그녀가 울고 있다. 왜일까? 설명이 필요 없이 참여한 우리 모두는 공감한다. 그 후로 그녀는 가벼워졌고 자신이 원하는 바를 표현하면서 살고 있다.

의식향상집단의 목표는 다음과 같다.

- 현재의 가부장적 체제로 내재화, 외현화된 의식을 여성주의 의식으로 대치하는 것이다.
- 여성으로서 자신에 대한 인식을 높이는 것이다.
- 성역할 고정관념의 부정적인 영향과 억압을 각성하게 한다.
- 드러나지 않는 억압들을 인식하여 말하게 하고 보이게 한다.

정소영은 의식향상집단의 목표를 변화된 행동 그 자체가 아니라 증가된 인식의 변화라고 하였다. 즉, CR집단의 경험을 통하여 사회변화를 위해 전과 다른 새로운 행동을 한다고 해도 CR집단의 목표는 행동 그 자체가 아니라 어디까지나 증가된 인식의 변화인 것이다.

아들 둘과 딸 넷 중 셋째로 태어난 30대 후반의 여성, 지금은 식당을 하고 있는 성공한(?) 여성이다. 남편도 결혼 초에는 설렁설렁 지내다가 부인이 하고 있는 식당이 잘되니까 운영을 도와주고 있다. 그녀는 친정도 있는 힘껏 보살핀다. 그러나 친정에 가면 언제나 그렇게 해왔듯이 오빠나 남동생에게 양보하고 그러는 자신이 비굴하게 느껴진다. 그러나 겉으로는 오히려 그것이 당연한양 다른 여자형제에게도 그런 행동을 은연중 기대한다. 또 한편으로는 부모나 여자형제가 자신에게 그런 행동을 당연한 듯 요구하면 화가 난다. 그러나 감히 표현하지는 못한다. 아들만 바랬던 친정부모에게 딸로서 셋째였던 그녀는 자라면서 항상 없는 듯이 살았다. 그러나 친정에 무슨 일이 생겼다 하면 제일 먼저 달려간다. 식당도 어렵게 자신이 꾸려오다가 이제 궤도에 오르자 남편이 관여하게 되면서 무슨 일이 생기게 되면 사람들은 남편만 찾는다. 편하기도 하지만 좀 이상하다

…… 참여한 성원들 모두가 고개를 끄덕끄덕한다. 없는 듯이 살아왔다는 그 대목에서는 모두가 눈시울이 발개졌다. 설명이 필요 없다. 공감해주고 지지해주면서 여성들은 깨닫는다. 항상 주변에서, 변두리에서 머물면서 자신의 욕구를 잠재워야 했던 그녀의 분노를 참여한 여성들은 자신들 속에서도 보게 되고, 유사한 자신들의 경험이 나오기 시작한다. 경험을 나누면서 여성들은 '나는 열등하지 않다. 나의 분노는 정상이다'를 느끼게 되고 자존감이 회복된다.

CR집단이란 여성이 심리적 고립감을 극복하고 비슷한 경험을 서로 나누어 성역할 행동에 동조하라는 사회적 압력을 찾아내게 하여 보다 새롭고 충분히 인간적인 목표를 유도해내는 기회를 제공해주는 토의집단이며, 집단재교육 내지 재사회화집단이다(Eisenstein, 1986).[5]

이런 소규모 자조집단에서는 회원간에 서로 경험을 나누어가지는 것을 매우 중요시하고, 이들은 집단토의를 통해 자신이 혼자가 아님을 알게 되면서 문제해결에 필요한 정보도 얻으며 새로운 행동을 학습하기도 한다. 점차적으로 회원 상호간에 신뢰, 자존감, 결심 등이 증가하면서 마지막에는 각자의 문제를 해결하기에 이른다. 의식향상집단은 대개 4~12명 내외의 여성들로 이루어진 소집단으로 인류평등이라는 여성주의운동의 이념에 따라 지도자가 없이 모든 회원들이 동등하게 각자의 문제에서 권위자가 된다(지금까지 여성은 수동적, 순종적 태도에 격려를 받아왔으나 CR집단에서 지도자가 없는 경험은 구성원끼리 일반적인 경험을 공유하는 과정에서 능동성, 여성의 지도력을 양성시킬 수 있다). 대체로 일주일에 한 번씩 2~5시간 정도 모이는데, 몇 주에서 일년 이상 지속되는 집단도 있었다. 처음에는 기존의 여성단체나 의식향상집단에 대해 알고 있거나 경험 있는 여성이 구두로 전해 조직되기도 하였다.

다시 말하면 여태까지 주변인으로 머물렀다면 의식향상의 결과 이제는 자신이 삶의 주인이 되어서 모든 상황에서 주체로서 행동하려는 의식이 생기게 된다. 모두가 지도자로서 적극성과 능동성, 그리고 자기를 표현해

---

[5] 김은주, 「여성을 위한 의식향상훈련이 양성성과 자기존중감에 미치는 효과」, 계명대학교 교육학과 석사학위논문, 1991.

도 별일이 없다는 것을 집단의 경험 속에서 체험하면서 자아인식의 확장을 경험한다.

토의주제는 다양해서 여성으로서의 개인적인 경험에서부터 시작하여 공동 여성집단의 경험으로 발전하고, 더 나아가 광범위한 사회문제, 제도분석까지 논의하며, 마지막에는 정치적인 행동의 단계까지 발전한다.[6]

주제의 예를 들면 어린 시절의 기대, 여성의 사회적 지위, 성적 정체성, 일터에서의 여성, 자신의 몸매에 대한 관심, 대인간의 폭력, 여성이 다른 여성을 이용하는 것, 여성의 삶에서의 여성주의의 영향 등이며,[7] 그 외에도 자녀양육의 경험, 남편과의 관계, 결혼으로 생긴 새로운 인간관계 속에서 빚어지는 기대, 갈등, 정체성의 흔들림, 성, 자신의 진로탐색, 완경기 후 여성의 심리상태, 남편과의 사별 후 겪게 되는 변화, 성장한 자녀들의 독립, 입시를 앞둔 자녀와의 관계, 우리나라 교육제도, 사회적 폭력의 일상화, 환경문제, 먹을거리, 여행에서의 경험, 여성의 경제, 성폭력, 가정폭력에 관한 법원의 반여성주의적 태도, 영화 속에서 다루어진 여성의 문제, 장애인여성의 주체성, 몸의 아픔, 여성의 우울함, 종교, 문학, 현재 사회적 이슈가 되고 있는 정치적 사안들에 대한 자신의 입장, 성폭력 무고죄, 성매매 속에 담겨 있는 강간·폭행·인권침해, 아내강간, 인권운동, 가정폭력, TV드라마에 나타난 성역할 고정관념, 세계 정세, 노후에 대한 계획 등 참으로 광범위하고 무궁무진하다.

여성의 몸에 관하여 이른바 말하는 여성의 '갱년기', '폐경기', 혹은 '퇴물'이라는 나이든 여성의 몸에 대한 표현을 우리는 많이 접한다. 그리고 그러한 표현들에 담긴 의미를 생각하기 이전에 그냥 같이 웃는다. 아무 생각 없이. 그러나 의식향상집단에서는 여성의 시각으로 여성의 몸에 대한

---

[6] 정소영, 「의식향상훈련이 여성의 양성공존성에 미친 효과에 관한 연구」, 연세대학교 교육학과 박사학위논문, 1985.
[7] 박애선, 「여성주의 집단상담이 여대생의 여성주의정체성 발달수준과 적응변인에 미치는 영향」, 숙명여자대학교 교육학과 박사학위논문, 1993.

이야기를 나누었다. 그리고 사회가 획일적으로 정의 내린 '아름다운 여성'과 우리의 경험 속에서 정의 내린 '아름다운 여성'과의 괴리를 발견하였다. 아무 생각 없이 사용하던 단어들이 여성의 경험을 어떻게 비하시키고 여성의 경험을 어떻게 별것 아닌 것으로 만들어버리는지를 분석해내었다. 그리고 무엇이 옳은가를 판단해보고 우리가 판단한 우리의 '옳음'을 자신 있게 선택하였다. 선택한다는 것은 차후에 우리의 행동까지도 그 옳음에 맞춰 산다는 것을 의미한다. 그래서 폐경기는 완경기라는 말로 대체하고, 20대의 아름다움과 50대의 아름다움이 다른 것을 알고 여성의 몸에 대한 사회의 획일적이고 남성중심적인 시각을 해체하게 되었다. 그리고 자신감과 자존감을 가지고 현재를 살 수 있게 되었다.

30대 중반의 기혼여성인데 결혼한 지 수년이 되도록 자녀가 없다. 임신 초기에 유산되어 버리는 경험을 여러 번 했다. 여태까지 자신의 몸을 있는 그대로 사랑해본 적이 없었다 …… 자신의 몸에 대해서 관심을 가질 때면 언제나 질병 중심의 관심이었다. 매월 생리기간 때마다 견디기 힘든 생리통으로 진통제를 복용하면서 어서 빨리 이 기간이 지나가버렸으면 하고 바랄 뿐이었다. 여성의 몸에 대해서 공부한 후 그동안 너무나 자신의 몸을 혹사시킨 것을 알게 되었다. 몸과의 대화가 시작되었고, 그동안 너무나 힘들었을 거라는 어루만짐을 하면서 자궁에게 용서를 빌었다. 그리고 진통제를 가급적 먹지 않으면서 생리통을 자궁과 함께 견뎌냈다. "자궁아, 그동안 너는 얼마나 힘들었니. 나는 너의 힘듦보다는 나의 고통만을 생각하고 거기서 벗어나기에 급급하였구나. 정말 미안하다." …… 그녀의 이야기는 구성원 모두에게 감동이었다. 모두가 그녀의 성공을 축하하였다. 그리고 모두가 몸이 보내는 신호에 귀를 기울이면서 자신의 몸에 깊은 애정을 가지고 돌아보게 되었다.

의식향상 집단활동에 참여하는 구성원들은 다음의 세 가지 원칙을 갖고 있다.

첫째, 여성의 경험을 집단적으로 확대하고 구성원들은 억압의 내·외적 요인으로부터 자유로워야 한다.

둘째, 평등하고 상호적인 관계여야 하고 솔직해야 하며 상호공감하여 통찰력을 제공받을 수 있어야 한다.

셋째, 편견이나 선입견을 지양하고 타인의 경험을 고려해서 간접경험을 얻을 수 있도록 한다.

즉, 의식향상 집단활동이란 남성주도적인 기존 사회에서 정형화된 여성의 환경에 대한 인식을 도와주고, 새로운 행동으로 여성이 삶의 직면을 실천화하도록 이끄는 모의 토의집단 활동으로, 여기서 사용하는 가장 주된 기법은 여성 자신이 서로의 경험을 나누는 토론이며, 그 외에 강의, 영화, 잘 짜여진 연습행위, 독서, 역할놀이, 집단토의, 혹은 여자이기 때문에 사회적으로 부정적인 평가를 받는 것이 두려워 하고 싶었지만 하지 못했던 표현, 행동 등을 집단원의 공감과 성원 속에서 표출해보는 경험 등 여러 가지가 있다(보통 때는 전혀 드러나지 않았던 그 여성의 숨겨진, 억압되었던 예술적 잠재력이 훌륭하게 표출되기도 한다). 대개의 경우는 토의에다 참여자들의 고유한 배경과 욕구를 감안하여 다양한 방법을 병합시켜 사용한다.

이 같은 의식향상 집단활동은 엄밀히 말해 전문적인 상담이나 심리치료 방법은 아니다. 왜냐하면 그 여건이 치료상황과는 전혀 다르고, 집단에는 지도자가 없기 때문이다. 게다가 성역할 문제에 대해 각자의 경우가 다르므로 이를 이야기하고 경험을 나누는 소규모 여성참가집단이다. 참가자들은 서로 지지해주며 특별한 충고를 한다거나 비판을 하지 않는다.[8]

또한 전통적 정신분석의 치료자가 개인분석을 받듯이, 여성주의 상담가가 사회변화를 위한 실천에 참여해야 하듯이, 여성주의 상담에서는 의식향상집단의 참여 경험이 중요하고(Kaschak, 1981),[9] 이 집단의 경험을 통하여 자기자각의 영역이 확장되며 정체성의 단계가 발달된다.

---

8) 정소영, 『여성을 위한 새로운 상담의 모형: 의식향상(CR)집단』, 한국여성개발원, 1988.
9) 장연집, 「여성주의상담과 심리치료」, ≪여성연구논총≫ 11, 서울여자대학교 여성연구소, 1996.

의식향상 집단과정에는 개방(opening up), 공유(sharing), 분석(analyzing), 요약(abstracting)의 네 단계가 있는데 각 단계를 살펴보면 다음과 같다.

첫째, 개방단계에서 각 구성원은 서로를 지지하고 수용하고, 그리고 판단하지 않는 분위기에서 개인적인 경험을 여성의 입장에서 이야기하므로 집단의 친밀성과 상호신뢰가 급격히 발달하게 된다.

둘째, 공유단계에서 감정, 욕구, 경험 등과 같은 심오한 표현을 다른 여성들과 함께 주고받음으로써 문제점을 서로 공유하게 된다. 따라서 그들의 문제가 개인적인 것을 넘어 사회문제에 근원을 이루고 있다는 사실을 인식하게 되므로 집단의 응집력은 더 강해진다.

셋째, 분석단계에서 집단구성원들은 그들의 문제를 개인적인 측면에서 바라보기보다는 사회에서 여성의 평가절하된 위치에 초점을 맞추어 이를 객관적인 입장에서 이해하고 분석하게 되는데, 이 단계에서 여성구성원들 간의 개인적인 경험들이 통합된다.

넷째, 요약단계에서 구성원들은 그들 내부에 잠재되어 있는 능력에 대해 새로운 통찰을 갖게 되며, 여성의 잠재력을 더 완전히 실현하기 위해 그 집단 자체를 사회적 제도를 변화시키기 위한 수단으로 보게 된다 (Kirch, 1974).[10]

이와 같이 의식향상집단은 지도자가 없는 집단으로, 비형식적인 것을 기초로 여성들의 일반적인 경험을 공유하는 능동적인 방법을 제시하고 있다.

모랜드(Moreland, 1976)는 또한 CR집단에서의 의식향상단계를 다음과 같이 설명하고 있다.[11]

1단계 : 전통적 성역할을 수용하는 단계

---

[10] 김영희, 「여성의 심리적 건강을 위한 의식향상훈련프로그램 개발 연구」, 《경기교육논총》 제8집, 경기대학교 교육대학원, 1999.
[11] 김은주, 앞의 글, 1991.

2단계 : 성역할에 대한 양면 가치가 남자와 여자에게 제한된다는 사실을
       인식하는 단계
3단계 : 성차별이 부정적인 정서의 결과로 나타날 때 분노가 발생하는 단계
4단계 : 덜 제한적이고 덜 갈등적인 성역할로 변화를 모색하는 단계
5단계 : 성역할 통합단계

워렐(Worell)은 여성주의 정체성 발달의 단계를 수용(acceptance)의 단계, 눈뜸(revelation)의 단계, 새겨둠(embeddness)의 단계, 참여(commitment)의 단계의 네 단계로 보았고(1991), 이 단계들에 근거하여 여성들은 자신의 단계를 스스로 평가할 수 있었고 의식발전의 지침으로서 참고하였다.

그러나 여성들이 계속적으로 모여서 이야기만 하고 여성운동과의 연계가 없을 때 침체되어 회의에 빠지는 경우도 있음을 주의해야 한다. 한 집단의 구성원이 됨으로써 소속감과 친밀감을 유지하면서 그것을 다른 모임과의 관계 혹은 목적 있는 일과 연계를 맺기 위해 창조적인 노력을 계속할 때(Payne, 1971),[12] 그리고 사회제도, 인식의 변화를 위하여 뜻을 같이 하는 동료의식을 나눌 수 있을 때 CR집단은 더욱 생명력을 지니고 지속될 것이다.

2) 의식향상집단의 효과

의식향상집단의 효과에 대한 검증이 우리나라에서는 정소영(1985)[13] 외에는 없고 대체적으로 프로그램 소개에만 그치고 있다.

김영희(1999)는 의식향상 훈련 프로그램에 대한 기대효과를 다음과 같이 말하고 있다.

첫째, 본 프로그램에서의 경험을 토대로 여성은 자신의 의미와 가치를 재평

---

12) 정소영, 앞의 책, 1988.
13) 우리나라에서는 정소영(1985년)이 15명의 여대생을 대상으로 자신이 개발한 프로그램으로 주 1회 2시간씩 8주 동안 단기 CR훈련을 실시하였다. 그 결과 CR집단 여성들의 남성성이 현저히 증가하여 양성공존성으로서의 변화가 뚜렷했다.

가하여 긍정적인 정체감을 확립하게 되며, 그들의 자존심과 힘을 회복시켜 자율적인 주체가 될 수 있게 된다. 그러므로 이 훈련에 참여한 개인은 여성의 왜곡되고 굴절된 여성상의 실상, 즉 여성이 받은 성차별 상황, 분노의 억압, 소극적 행동, 권위적 인물에 대한 굴종의 경험 등의 불합리성을 파악하여 여성에 대한 인간적 존엄성을 갖게 된다.

둘째, 여성은 친교적 특성과 행위주체적(수행적) 특성이 조화롭게 발달된 심리적으로 건강한 양성성 정체감의 개인으로 변화된다. 여성들은 본 훈련 프로그램의 전 과정을 통해 의식향상되고 성역할 고정관념에서 벗어나 성역할정체감이 재구성되며, 변화되는 사회적 요구에 융통성 있게 반응할 수 있는 유능한 개인이 될 수 있다. 의식향상이 된 그들이 가정, 학교, 사회생활로 돌아갔을 때 성차별이 재생산, 유지, 강화되는 기반을 불식시키는 역할을 수행하게 되며, 사회 각 부문에서 여성과 남성이 평등한 관계를 맺으며 건강한 성장을 함께할 수 있다.

셋째, 특히 가정에서의 성차별적 상황을 제거하여 성장하는 자녀들에게 평등한 사회화의 경험을 시킴으로써 여아는 여성답게, 남아는 남성답게 키우는 현실에서 벗어나 자녀의 각각의 적성, 능력 등을 고려하게 되는 성 평등적 자녀양육방법으로 변하게 될 것이다. 따라서 여성의 의식이 개혁됨으로써 앞으로 다가올 21세기의 주역이 될 새 세대의 개인들에게 심리적으로 건강한 친교적인 특성과 행위주체적인 특성을 균형 있게 발전시킬 수 있는 성 평등적 사회화의 결과를 유도할 수 있게 한다.

넷째, 여성들의 의식개혁으로 건강한 성장을 경험할 때 그들은 정치, 경제, 사회 참여활동을 보다 적극적으로 실천하게 된다.

외국의 연구결과[14])에서는 의식향상의 훈련의 효과를 자아인식, 자기존중감의 증가, 전통적인 성역할과 남녀차별주의의 영향에 대한 인식과 동료여성과의 공통성에 대한 인식 증가, 동료여성과의 관계 및 연대감 증가, 여성의 경험과 여성에 대한 억압을 사회정치적으로 분석하는 능력의 개발, 대인관계 및 역할의 변화, 여성에게 가능한 기회와 선택권을 변화시키기 위한 과업이나 지역사회활동에의 참여 등으로 요약했다.

서울여성의전화에서 의식향상훈련을 수행하면서 피드백받은 내용을 보

---

14) 정소영, 앞의 책, 1988.

면 다음과 같다.

늘상 해오던 역할과 일들에 대하여 '왜?'라는 문제의식을 갖게 되었다. 여성 역할에 대한 태도를 완화시켜 고정관념을 감소시켰다. 아내로서 엄마로서가 아닌 한 인간으로서 죄책감 없이 자신의 욕구를 늘 살펴보는 기본 자세가 형성되었다. 자기확신, 자기능력감, 감정이입의 능력이 증가되었다. 자기양육적이 되었다. 부모로서 아들과 딸에 대한 자신의 극복하지 못한 차별을 볼 수 있게 되었다. 대중매체의 성차별적인 행태와 표현에서의 남녀차별적인 것, 가부장적인 것에 대하여 민감해졌다. 상담에 임하면서 여성 내담자에 대한 자신의 고정관념을 객관적으로 볼 수 있게 되었다. 인간을 상품화시키는 것에 대한 강한 분노를 느낄 수 있게 되었다. "개인적인 것은 정치적인 것이다"라는 인식이 확고해졌다. 자기 자신은 물론 타인에게 발생하는 문제들에 대해서도 맥락적인 접근을 하게 되었다. 사회적, 정치적, 경제적인 분야로 눈을 돌리게 되었다. 변화를 위한 현실참여에 확실한 인식을 가지고 동참할 수 있게 되었다. 이상과 같이 긍정적인 효과가 있는 반면, 때로는 의식향상훈련의 결과 모르고 살아온 세월이 더 편하다고 견디기 힘들어 떠난 여성들도 있었다. 그러나 무엇보다도 귀중한 경험은 자매애, 친밀함의 경험이었고, 아무런 기대 없이 다른 이들을 배려해주고 또 편안하게 다른 이들의 배려를 받을 수 있다는 점이었다.

의식향상집단들은 이와 같이 여성에게 긍정적인 영향을 주었으나 전통적으로 실시되어온 심리상담치료를 변화시키려 하지는 않았다. 여성을 돕는 가장 효과적인 방법은 '전문적' 도움보다는 '자조적' 도움이라고 여겼다. '자조적 도움'은 여성이 스스로 초기 사회화로 인한 역할 제약과 태도에서 벗어나도록 해주는 것이었다. 여성심리상담/치료자들이 의식향상집단에 참여하여 스스로 바뀌면서 심리상담/치료에서의 변화가 일어났다. 이들은 비서열적 구조, 자원과 힘의 균등분배, 안전한 환경에서 새로운 능력과 존재방식을 연습함으로써 얻을 수 있는 여성의 권위획득 등을 포함하는 의식화집단의 여성주의 치료집단을 만들었다.[15]

---

15) Gerald Corey, *Theory and Practice of Counseling and Psychotherapy*, sixth edition, 2001, 『심리상담과 치료의 이론과 실제』(조현춘·조현재 옮김), 제6판, 시그마프레스, 2004.

롤링스와 카터(Rawlings & Carter, 1977)는 상담자 자신이 남녀차별의 억압적 사회에서 여성문제를 이해하기 위하여 반드시 CR훈련을 거칠 필요가 있기 때문에 CR집단의 참여 경험이 없으면 여성중심상담을 할 자격이 없다고 주장한다.16)

의식향상집단은 다수로 구성이 되므로 집단상담의 장점인 자신의 맹점 영역의 확대에 기여한다. 또한 전통상담에서는 피해자, 희생자로 남아 있을 수 있는 부분이 구성원들의 공통의 경험 속에서 치유되고, 자신감이 회복되는 과정에서 역량강화(empowerment)가 되어 생존자로서의 자존감을 갖게 되어 비슷한 경험을 한 다른 구성원에게 훌륭한 멘토가 되어준다.

이 과정을 거치면서 자매애가 생기고, 사회를 향상시키고 변화시키려는 여성들의 집단적 바람에 힘과 행동을 실을 수 있게 된다.

3. 서울여성의전화에서의 의식향상집단

1983년 설립된 여성의전화는 '매 맞는 아내'라는 이슈로 여성에 대한 모든 폭력을 가부장제하에서의 여성에 대한 인권침해로 보고 성차별, 성편견 등 '성'으로 빚어지는 모든 불편부당한 사항들을 여성주의적 관점으로 다루면서 성 평등한 사회를 만드는 변화에 앞장서왔다.

그 처음 과정은 상담원교육이었고, 이 교육 자체가 대중을 위한 의식변화의 장이었다. 의식변화는 4개월에 걸친 기간의 교육만으로는 부족하였고, 교육이 끝난 후 소규모모임(의식향상집단)들을 만들어 끊임없이 토론하고, 강의를 듣고, 책을 보고, 각자의 경험을 드러내고, 같이 나누고, 분석하고, 요약하는 과정을 거쳐 회원들은 의식화되었다.

1983년부터 현재까지 성원들은 바뀌었지만 지속되고 있는 면접상담원

---

16) 정소영, 「의식향상(CR)훈련: 여성상담의 집단적 접근」, 『신학과 선교』 21, 서울신학대학교, 1996, 293~315쪽.

모임을 비롯하여 서울여성의전화의 소모임들, 사업과 관련된 소위원회들도 이 의식향상집단의 대표적인 예이다.

여성의전화 소모임에 참여하면서 여성의전화 활동을 하는 회원들도 있고, 다른 분야의 직업에 종사하는 회원들도 있다. 언제나 목마르면 의식향상집단에 참여하여 적시고 갈 수 있고, 떠나 있어도 그리운 것이 이 모임이다. 의식향상집단에 오랫동안 참여하여 정체성발달의 '새겨둠의 단계'나 '참여의 단계'에 이른 회원들은 어느 곳에 있든지 변화의 리더가 된다.

의식향상집단에 참여하여 본인의 문제를 지각한 여성은 여성주의 집단상담에 참여하여 유사한 문제를 지닌 집단구성원들과 함께 보다 집중적인 치유의 과정을 갖거나 개인상담을 받을 수 있다. 여성주의 집단상담이나 개인상담을 받는 중에도 의식향상집단에 참여하여 자신의 변화되어가는 과정이나 힘든 점들을 성원들과 계속 나눈다.

의식향상집단의 대표적인 집단인 '면접상담원 모임'의 활동을 보면 초기에는 '나'를 중심으로 주제가 전개되어 나의 어머니, 아버지, 남편, 딸, 아들, 혹은 내게 의미 있는 사람들에 관한 자유로운 토론이 전개되면서 이야기를 나누는 중에 스스로의 문제를 자각하거나 극복하기도 한다. 그리고 무엇이 문제인가를 알게 되고 그 문제의 해결방식에 대해서도 생각해 보고, 실제 행동으로 실천해보고 실천했던 자신의 경험을 나눈다. 이때 자연스럽게 다른 성원들은 자신들의 유사한 경험을 나눈다. 의식향상집단의 대표적인 특징은 '나눈다'는 것이다. 나눔을 통해서 삶의 무게도 나누고 발상의 전환도 이루어지며, 의식의 변화뿐만 아니라 결과적으로 행동의 변화도 이루어진다. 구성원 누구라도 비판받지 않고 지지받으면서 자신의 이야기가 받아들여지는 경험을 통해서 리더십이 길러진다. 그리고 자유로워진다. 이야기 주제의 흐름이 자기 자신에서부터 가족, 사회로까지 확장되어 나누고 나면 꼭 정해놓지 않아도 지금, 여기에 충실한 이야기들을 나누게 된다. 또한 발전적으로 상담이론에 대한 공부와 여성학에 대한 공부도 하면서 전문성을 키우는 장이 되기도 하며, 이곳에서 동기가 유발되어 전공분야의 상급교육기관에 진학하기도 한다.

또한 자신이 상담한 내용으로 동료 슈퍼비전을 받으면서 여성주의 관점을 지닌 상담을 할 수 있는 훈련의 장이 되기도 한다.

4. 의식향상집단과 여성주의 집단상담의 차이

효과의 면에서 의식향상집단과 여성주의 집단상담이 치유나 교육, 인식의 변화와 행동의 변화를 공히 가져올 수도 있다. 의식향상훈련의 결과 자기에 대한 인식의 확장으로 개인적인 성장을 이루거나 자기 자신을 신뢰하게 되고 자율적인 한 인간이 된다면 그것 역시 상담의 기능이라 할 수 있다. 이와 같이 의식향상집단과 여성주의 집단상담 효과성의 면에서 유사한 점이 있으므로 엄밀하게 차이를 두기는 어렵지만 여성주의 집단상담이 의식향상집단보다 문제를 가진 각 개인에게 상담이론과 기법을 적용하여 보다 집중적으로 적극적인 개입을 한다는 점, 구성원들의 성숙, 치유, 행동변화를 목표로 하여 구조화한다는 점 등으로 그 차이를 둘 수 있을 것이다. 의식향상집단이 보다 융통성 있는 광의의 집단이라고 볼 때 여성주의 집단상담은 의식향상을 기반으로 상담원리에 입각한 밀도 있는 접근을 하는 의식향상집단의 한 부분이라고 볼 수 있다.

<표 9-1>

	의식향상집단	여성주의 집단상담
지도자	없음	있음
주제	제한이 없음	제한이 있음
회기	제한이 없음	정해져 있음
목표	의식향상훈련, 인식의 변화, 재사회화	행동의 변화 내지 수정, 치유, 재사회화
대상	제한이 없음	현재 문제를 느끼는 개인
장소	일정하지 않다.	일정하다.

제10장
여성주의 집단상담 어떻게 하나

황경숙*

1. 여성주의 집단상담의 정의

여성주의 상담과 기존의 다른 상담이론의 차이를 꼽아본다면 크게 두 가지로 볼 수 있다.

첫 번째는 한 인간이 문제상황에 빠졌을 때 그 문제발생의 원인을 바라보는 관점이, 개인 내적인 것을 전혀 배제하지는 않지만, 보다 더 사회적·정치적·문화적 등 외부적인 상황요인에 초점을 맞추고 내담자의 시각을 개인적 관점에서 사회적·정치적·문화적 관점으로 확산시키는 것이다. 이것은 개인 내적인 것에 사로잡혀 있던 내담자에게는 자신의 잘못으로 혹은 부족으로 문제에 빠질 수밖에 없었다는 심리적 하중을 줄이는 효과가 있고, 내면으로 향하던 시선을 외부로 돌리게 되어 시야를 넓혀주는 변화의 중요한 계기가 된다. 둘째는 한 개인에게 포괄적으로 발생하는 갈등을 다루어서 인간을 성장시키는 상담과정에 성의 관점, 즉 젠더를 포함시킨

---

* 서울여성의전화 회장.

다는 것이다. 이것은 성의 사회화로 인한 폐해를 내담자가 보게 하고, 성역할 고정관념이 인간을 남녀로 고정시키고 차별하면서 어떻게 각 개인의 삶을 왜곡시키는가에 대한 성찰을 하게 한다.

이 두 가지 차이가 "개인적인 것은 정치적인 것이다"라는 여성주의 상담 제1원리에 녹아 있다. 여성 특유의 문제들, 여성들만이 느꼈던 차별의 느낌들을 말할 수 있었던 의식향상집단에서 여성들은 뭐라 말할 수 없었던 것들, 그러나 그들의 삶을 스스로 통제할 수 없게 만들고 그것이 자신의 부족으로 발생된 잘못된 문제라고만 생각해왔던 것들을 언어화시키고 가시화시켰다. 즉, 그들의 느낌에 정당한 권력을 부여하기 시작했고, 그에 따라 자신이 여태까지 가지고 있던 사고방식, 가치관, 생활방식 등이 본인의 선택이라기보다는 가부장사회에서 여성에게 주어진 역할에 대한 기대였고, 자신이 그렇게 사회화되었다는 것을 인식하기 시작했다. 또한 의식향상집단에서 여성들은 그들 삶의 문제에 깔려 있는 공통된 사회적 조건을 서로 나누면서 여성들끼리의 연대가 형성되었다. 그래서 의식향상집단이나 구성원 모두가 여성인 상담집단은 개인상담을 대체하거나 증대시키는 매우 바람직한 대안으로 간주되었고, 이 집단들은 여성에게 자신을 치유하는 방식을 제공하였고, 그들의 개인적인 힘은 집단으로서 여성의 힘과 밀접한 관계에 있다는 것을 보게 했다.[1]

이렇게 의식향상집단의 참여로 증가된 인식의 변화 후에 혹은 개인상담 후에 행동의 변화까지 담보할 수 있는 치유를 위한 보다 촉진적인 과정으로 여성주의 집단상담의 역할이 있다.

"적은 수의 비교적 정상적인 한두 사람의 전문가의 지도 아래 집단 혹은 상호관계성의 역학을 토대로 하여 신뢰 있고 수용적인 분위기 속에서 개인의 태도와 행동의 변화, 혹은 한층 높은 수준의 개인의 성장발달 및 인간관계 발달의 능력을 촉진시키려는 의도에서 이루어지는 하나의 역동적인 대

---

1) Judith Worell & Pamela Remer, *Feminist Perspectives in Therapy: Empowering Diverse Women*, 1992, 『여성주의 상담의 이론과 실제』(김민예숙·강김문순 옮김), 한울, 2004, 127쪽.

인관계의 과정"[2]이라는 집단상담의 기본 정의를 보면, 집단의 장점들이 여성주의 집단상담의 원리를 어떻게 소화해낼 수 있는가를 볼 수 있다. 즉, 정보를 나눌 수 있고, 다른 사람도 문제를 가지고 있다는 것을 알게 되고, 대인관계의 과정 속에서 여성들에게 필요하지만 함양할 수 있는 기회를 갖지 못했던 사회적 기술을 익힐 수 있다. 이 외에도 다른 여성들을 통해서 그들 자신의 문제해결과정을 배울 수 있는 기회를 가지며, 집단의 응집성이 치유적인 힘을 발휘하며 무엇보다도 억압된 정서를 표현할 수 있는 기회를 가질 수 있고, 현실적인 존재로서 자기인식을 할 수 있다는 점[3]이 그것이다.

위와 같은 특성을 지닌 집단상담을 도구로 하여 여성주의 집단상담에서 적용되는 여성주의 상담원리와 학자들의 생각을 종합 정리한 집단상담의 장점[4]이 만나는 지점을 고찰해보면 다음의 표와 같다.

<표 10-1>

	집단상담의 장점	여성주의 상담원리[5]
1	개인상담에서는 상담자를 높은 위치에 있는 사람으로 보기 쉬운데, 집단상담에서는 성원 상호간에 동등한 느낌을 갖게 한다. 따라서 쉽사리 상호간에 마음의 문을 열고 수용할 수 있으며 편안한 마음으로 스스로의 문제를 내놓고 취급할 수 있게 된다.	원리 II: 상담자와 내담자는 평등하다. 상담관계와 내담자의 일상적인 삶에서 평등한 관계를 발전시킨다. 관계에서 독립과 상호의존의 균형을 이룬다. 대인관계와 삶의 기술을 발달시킨다.
2	집단상담 장면은 개인으로 하여금 어떤 외적인 비난이나 징벌에 대한 두려움 없이 새로운 행동에 대하여 현실검증을 해볼 수 있는 기회를 제공한다. 즉, 집단의 분위기가 위협적이지 않을 뿐만 아니라 오히려 새로운 행동을 실험해보도록 장려하기 때문에 개인이 마음 놓고 자신의 행동을 시험해볼 수 있고, 행동실행의 가능성에 대해 결정할 수 있게 된다.	원리 III: 역량강화 건설적인 변화를 수행하기 위해 분노를 표출하고, 그 에너지로 실제 행동을 해볼 수 있는 경험의 장을 제공한다.

---

2) 이형득 외, 『집단상담』, 중앙적성출판사, 2003, 19쪽.
3) Irvin D. Yalom, *The Theory and Practice of Group Psychotherapy*, 1985, 『집단정신치료의 이론과 실제』(최해림·장성숙 옮김), 하나의학사, 1993.
4) 이형득 외, 앞의 책, 2003, 28~29쪽.
5) 서울여성의전화에서 적용하는 여성주의 상담원리는 "I: 개인적인 것은 정치적인 것이다. II: 상담자와 내담자는 평등하다. III: 역량강화. IV: 여성의 시각으로 재조명한다"이다.

	집단상담의 장점	여성주의 상담원리
3	집단상담에서는 동료들간에 서로의 관심사나 감정을 터놓고 이야기할 수 있기 때문에 쉽사리 소속감과 동료의식을 발전시킬 수 있다. 그 결과 성원들은 자신만이 문제를 가진 유일한 존재가 아니라는 사실을 인식하게 되어 자신이나 타인을 보다 더 이해할 수 있게 된다.	원리 I: 개인적인 것은 정치적인 것이다. 개인적인 경험에 대한 사회적인 관점을 볼 수 있는 기회가 된다. 원리 II: 관계는 평등하다. 대인관계와 삶의 기술을 발달시킨다. 원리 IV: 여성의 시각으로 재조명한다. 다른 여성과의 결속 증가는 여성이 그들 삶의 문제에 깔려 있는 공통된 사회적 조건을 볼 수 있게 한다.
4	집단상담은 구성원들에게 다양한 성격의 소유자들과 접할 수 있는 기회를 부여해주므로 구성원들은 개인상담에서는 불가능한 여러 가지 학습경험을 풍부하게 할 수 있다.	원리 II: 상담자와 내담자는 평등하다. 대인관계와 삶의 기술, 적절한 자기주장의 능력, 의사소통의 기술을 발달시킨다.
5	개인상담에서는 단 한 사람의 상담자뿐이지만 집단상담에서는 성원의 수에다 지도자를 포함한 수만큼 상담자의 수가 많다. 집단성원들은 상호간에 경청하고 수용하고 지지하고 맞닥 뜨리고 해석해주는데, 이와 같은 행동을 통하여 성원들은 상호간에 상담자역할을 담당하게 되는 것이다.	원리 IV: 여성의 시각으로 재조명한다. 내담자는 자신에 관한 전문가로 대우되고 따라서 내담자 자신, 내담자의 내적 지혜, 직관에 대한 신뢰를 촉진한다. 피해자의 경험이 치유자의 경험으로 전환된다.
6	집단상담에서는 개인이 한편으로는 계속 참여하면서도 다른 한편으로는 물러서서 관망할 수도 있다. 즉, 어떤 성원이 특정한 대화의 내용을 취급하는 데 고통이나 위험을 느끼는 경우 침묵을 지키고 앉아 있을 수 있다. 그러면서도 그 성원은 다른 사람의 이야기나 행동을 경청하고 관찰하면서 함께 생각하고 느끼므로 집단활동에 참여할 수 있는 것이다.	원리 IV: 여성의 시각으로 재조명한다. 여성으로서 그들 자신의 경험을 신뢰한다. 물러서 있어도 집단의 역동을 느끼면서 자신의 요구를 찾고 돌보며, 자신을 양육한다. 여성으로서의 자신에게 가치를 둔다.
7	집단상담은 개인으로 하여금 개인상담에 응할 수 있도록 도와주기도 한다.	원리 III: 역량강화 여성이 경험하는 '억압'과 그것이 발달시킨 '증상' 사이의 관계를 이해한다.
8	집단상담은 문제해결적 행동을 보다 구체적으로 실천할 수 있게 해준다. 즉, 집단상담이 실제 생활에 근접한 사회장면을 제공하고, 집단 내에서 문제해결인 행동을 시도하여 다른 참여자들로부터 그 행동에 관한 여러 각도의 평가와 조언을 들을 수 있기 때문이다.	원리 III: 역량강화
9	집단상담에서는 상담자의 지시나 조언이 없이도 참여자들이 상호간의 깊은 사회적 교류경험을 가질 수 있다.	원리 IV: 여성의 시각으로 재조명한다. 사회적 교류경험 속에서 여성 공통의 문제를 볼 수 있다. 다른 여성 그리고 여성과의 관계에 가치를 둔다. 자매애를 경험한다. 여성의 문제는 심리 내적인 변화만으로 치유될 수 없다는 사실에 접근할 수 있다.

이와 같은 집단상담의 장점들을 최대한 살리면서 여성주의 상담의 원리를 적용한 것이 여성주의 집단상담이다. 폭력피해여성을 대상으로 한 여성주의 집단상담으로 피해여성들은 폭력의 본질을 인식하고 성차별적 사회구조를 인식하며, 선택대안을 확대하고 자아존중감이 향상된 효과성이 있었다는 연구결과6)가 있다. 집단상담을 도구로서 내용적으로 어떤 상담원리를 적용하느냐에 따라 내담자의 치유 방향은 달라질 것이다. 이상과 같이 집단상담은 구성원들과의 관계 속에서 지금, 여기를 경험하는 중에 자신의 문제를 극복하거나 다른 대안을 선택할 수 있는 용기를 갖거나 스스로가 변화된다. 집단상담의 이와 같은 장점들은 집단의 진행을 위한 기본 과제인 참여자들의 적극적인 자세라든지, 타인과의 관계형성을 위한 관심, 경청하는 자세, 지금 이 순간의 솔직한 자기표현, 신뢰 있고 허용적이며 자기가 받아들여지고 있다는 안전감 등이 형성되어야 그 효과가 극대화될 것이다.

이상에서 논의된 내용과 필자의 경험을 토대로 여성주의 집단상담의 정의를 내려보면 다음과 같다.

여성주의 집단상담은 "여성주의 상담의 원리 I: 개인적인 것은 정치적인 것이다, 원리 II: 상담자와 내담자는 평등하다, 원리 III: 역량강화, 원리 IV: 여성의 시각으로 재조명한다를 충분히 숙지하고 있는 의식화된 집단진행자7)가 내담자집단을 대상으로 여성주의상담의 제 기법, 집단상담의 제 기법을 적용하여 그들이 현재 처해 있는 갈등상황과 문제의 귀인을 정확히 하면서 의식화시키고, 문제를 극복하고, 개인의 성숙 및 사회변화에의 참여를 촉진하는 과정이다."

여성주의 집단상담은 여성주의 상담의 원리에 입각하여 상담을 하며, 인간을 이해하고 성장 발전시키는 유용한 틀인 다른 상담이론을 하나 또는

---

6) 정춘숙, 「매 맞는 아내에 대한 여성주의 집단상담의 효과에 관한 연구」, 중앙대학교 사회개발대학원 사회복지학과 석사학위논문, 1997.
7) 의식화된 집단진행자는 이 책의 2부 1장을 참조.

그 이상으로 절충하여 적용하면서 대안적 관점을 제시한다. 이때 어떤 이론이 여성주의 역량강화 상담원리에 부합하는지를 평가하기 위한 체제가 있다. 즉, 전통적 상담접근에서 그 이론은 남성중심적이고 성차별적이고 이성애적이고 심리 내적인 것에 초점을 맞추어 결정론적인 편견을 가진 데 반하여, 여성주의 평가체제는 젠더 균형적인가, 유연한 다문화적인가, 상호작용하는가, 전 생애적 관점인가의 네 가지 요구를 충족시킬 수 있어야 한다고 본다.8) 서울여성의전화에서의 여성주의 집단상담에서는 여성주의 상담이론과 여성주의 인식을 바탕으로 인지행동이론, 인본주의이론, 융의 이론, 현실요법, 교류분석이론을 여성주의 집단상담가가 적용하여 진행한다.

내담자에게 개인상담이 유용할 것인지 집단상담이 유용할 것인지에 대한 사정은 반드시 있어야 한다. 즉, 대인관계에 문제가 있거나, 신경증이나 심한 심리적 갈등을 가졌거나, 심한 정서적 문제가 있거나, 자기의 이야기를 개방하는 데 지나친 두려움이 있는 경우는 개인상담이나 집단치료9)가 적합할 것이다.

2. 서울여성의전화에서의 여성주의 집단상담

서울여성의전화에서 수행된 여성주의 집단상담은 대상에 따라 쉼터 피해여성 집단, 가정폭력 피해여성 집단, 상담원들을 대상으로 한 여성주의 집단, 가정폭력행위자 집단이 있다(상세한 프로그램은 본회 홈페이지 www.womanrights.org의 자료를 참조).

---

8) 주디스 워렐·파멜라 리머, 『여성주의 상담의 이론과 실제』(김민예숙·강김문순 옮김), 한울, 2004, 145~183쪽.
9) 이장호·김정희, 『집단상담의 원리와 실제』, 법문사, 1995, 16쪽.
집단치료와 집단상담은 인간의 심리적인 문제의 해결을 돕는 과정이라는 점에서 유사하다. 양자간의 주요한 차이는 치료과정(방법)에 있다기보다는 치료대상에 있다고 말할 수 있다. 즉, 집단치료가 임상적으로 비정상적인 내담자(환자)집단을 대상으로 하고 있는 반면에, 집단상담은 비교적 '정상적'인 내담자집단을 대상으로 한다. 집단치료는 교정적 접근방법이고, 집단상담은 대체로 예방적, 성장촉진적인 접근이다.

1) 여성주의 집단상담의 내용(가정폭력 피해여성 집단을 중심으로)

가부장사회에서 여성이 피해자로서 정의 내려질 수밖에 없는 여성 특유의 문제들인 우울증, 진로 선택하기, 근친강간, 성폭력, 아내강간, 가정폭력 등은 그러한 문제발생의 귀인을 개인의 무능력, 열등성, 개인 내적인 것으로 보는 연장선상에서 피해자의 폭력유발로 연결되는 고리로 인식하였기 때문에 폭력피해여성들은 자신이 처한 상황과 문제 드러내기를 수치스러워 한다. 필자가 진행했던 여성주의 집단상담의 대상은 대부분이 가정폭력 피해여성이었고, 아내구타는 남성지배적인 사회에서 여성의 종속적인 지위의 산물이며 아내구타 피해자인 여성은 가부장적인 남편의 폭력에 의한 희생자라는 관점으로 접근하였다.

구타당한 여성에 대한 인식에는 세 가지 관점이 있는데, 첫 번째는 이들이 남편의 폭력을 유발시키는 특성을 지닌 존재(Lynch & Norris, 1977~1978)라는 폭력유발자로서의 관점이다. 이것은 가정 내 폭력의 책임을 구타당한 여성에게 돌려 남편의 폭력을 정당화했고, 이러한 인식은 아내구타문제를 가정의 사적인 문제로 여기게 했다. 전통적인 정신건강분야의 임상가들은 아내구타 피해자의 문제를 심리 내적이고 병리적으로 정의하여, 피해여성의 행동을 폭력적인 생활환경의 결과로서 생긴 증상으로 보는 것이 아니라 그 여성 내면에 폭력을 유발시키는 불가피한 요소가 있다는 식으로 문제를 보고 적응을 강조했기 때문에 구타여성을 돕는 데 실패했다. 그 다음은 희생자로서의 관점으로, '학습된 무기력 이론'과 워커(Walker, 1984)의 '폭력의 주기' 이론은 아내구타 피해여성에 대한 인식의 변화에 큰 영향을 미쳤다. 이 관점은 기존의 아내구타 피해자의 기질적 특성, 즉 여성의 정신건강문제로부터 아내구타가 유발되는 것이 아니며, 정신건강문제는 오히려 아내구타 피해의 증상이라는 인식을 형성하였다. 세 번째는 능동적인 생존자 입장의 관점으로, 곤돌프(Gondolf, 1988)는 아내구타 피해여성은 구타에 대하여 무엇인가를 끊임없이 시도하는 존재이며,

도움을 찾을 수 있는 다양한 자원과 접촉하려고 노력한다고 하였다.[10]

대부분의 가정폭력 피해여성은 처음 상담실에 올 때 폭력유발자로서 자신을 보는 외부의 가부장적 시선이 내재화되어서 자책감에 빠져 있고, 구원자로서 가족들에게 최선의 역할을 못했다는 것에 대한 죄책감, 그리고 가해자의 폭력에 대한 두려움으로 인한 무기력과 좌절, 행동력 저하, 혼란스럽고 무가치하고 우울한 정서상태를 보인다.

따라서 가정폭력 피해여성을 대상으로 한 여성주의 집단상담의 도입부에서는 피해여성이 폭력유발자나 구원자가 아닌 폭력의 희생자라는 자각이 중요하다. 자기가 희생자였다는 자각에서 분노가 일어난다. 그러나 분노는 곧 두려움과 무력감으로 바뀐다. 집단상담과정 중 수시로 내담자들을 무기력하게 혹은 체념하게 만드는 가장 밑바탕에 깔린 정서는 두려움이다. 집단성원들과 자신들이 수치스럽다고 여겼던 폭력 경험을 나누면서 자신들의 폭력 경험을 노출시키는 것에 당당해진다. 서로 위로하고 조언하면서 공감한다. 그들의 태도는 그렇게 변화되지만 개인으로 돌아갈 때 여전히 그들을 사로잡는 것은 두려움이다. 필자는 집단과정 내내 그들의 마음속에 두텁게 자리 잡은 두려움을 늘 느꼈고, 그것의 극복이 항상 과제였다. 두렵지만 기존의 사고를 깨고 나와 조금씩 다른 행동을 해보고 성취감을 느껴보고 자신감을 갖고 변화하는 주체가 되게 해주는 것이 여성주의 역량강화상담의 핵심이다. 두려움을 깰 수 있는 가장 강력한 것이 분노이고 그것이 집단성원 공통의 분노로 자리 잡게 하여 개인적으로는 이미 힘을 갖고 있는 사람이었다는 것을 느끼게 하고, 집단적으로는 여성들의 모아진 힘으로 변화를 추동해낼 수 있다는 자신감을 느끼게 해주는 것이 의식화과정이다. 이 과정이 생존자 관점이다. 폭력의 피해자이기는 하지만 폭력의 순간에 가장 적절한 대처를 하려고 늘 노력했다는 내담자의 강점을 인정한다. 그래서 불안하고 무섭지만, 여태까지와는 다른 선택과 행동

---

[10] 이근영, 「아내구타 피해자를 위한 통합적 집단 프로그램의 효과성 연구」, 연세대학교 사회복지학과 미간행 석사학위논문, 1998.

을 해본다. 그 결과를 집단에 와서 확인받고 하는 과정 중에 집단성원들은 각각에게 의미 있는 타자들이 되어 연대의식이 생기고 건강하게 상호의존할 수 있는 관계가 된다. 즉, 자매애를 경험한다.

전 과정을 8회기로 운영하였는데, 이 과정 동안 앞의 내용들이 다 이루어졌다고 볼 수는 없다. 그러나 두려움이 분노로 변형되는 의식향상 없이는 대인관계훈련, 자기표현훈련, 의사소통 연습하기 등은, 필자의 경험 속에서는, 내담자들에게 준비된 내용만큼의 효과가 없었다.

그래서 집단상담이 횟수를 거듭할수록 집단의 프로그램은 '폭력의 주기'에 맞추어 내담자의 가장 심했던 폭력에 대하여 아주 상세하게 표현하여 폭력 당시 내담자의 느낌을 재경험하는 것에 초점이 맞추어졌다.

폭력 경험의 표현이 상세하면 할수록 분노는 커진다. 다른 집단성원의 경험에 동감하면서 분노를 느낄 때, 이와 같이 분노를 느끼는 횟수가 많아질수록 분노의 양과 두려움은 반비례한다. 그리고 분노는 정당한 에너지가 되어 행동의 변화를 추동하고 사회를 바꾸는 원동력이 된다.

2) 집단구성원의 선정

쉼터 내담자의 경우는 지속적인 개인상담을 받고 있다. 집단진행자와 개인상담자 간의 연계로 내담자의 배경과 성격에 대해서 상담자들은 사전 정보가 있다. 연령층은 다양하나 가까운 관계에서 폭력을 경험한 동질집단이고 자발적인 참여자가 대부분이므로 공감대 형성이 빠르다. 대부분이 여성이다.

3) 집단의 크기

6인에서 10인까지를 가장 적절한 집단으로 본다.

집단의 크기가 너무 작으면 내담자들의 상호관계 및 행동의 범위가 좁

아지고 각자가 받는 압력이 너무 커지므로 오히려 비효율적이다. 반대로 집단의 크기가 너무 커지면 내담자들이 일부는 전적으로 참여할 수 없게 되고 상담자가 각 개인에게 적절한 주의를 기울이지 못하게 된다. 경우에 따라서는 상담경험보다는 교육적인 경험만을 하게 될 수도 있다.

폭력피해집단 혹은 가해집단의 경우는 각 구성원이 자신의 폭력 경험을 개방하는 시간을 갖는 것이 필수적이므로 집단원의 수에 따라 집단의 횟수가 정해진다.

4) 집단의 빈도

일주일에 1회, 일주일에 2회, 일주일에 3회, 혹은 연속집단으로 할 수 있다. 대개의 경우 사전에 모임의 횟수를 정하고 접수상담시 알리거나, 접수상담 후 구성원과 상담자의 시간을 조율하여 다시 정할 수 있다.

5) 집단의 횟수 및 시간

6회에서 16회 정도까지 집단성원의 수에 따라 가감한다.
한 회의 시간은 2시간 15분이고 전반 한 시간, 휴식 15분, 후반 한 시간으로 운영한다.

6) 폐쇄집단인가 개방집단인가

폐쇄집단을 원칙으로 하나 전 과정이 8회 이상인 집단에서는 초기 3회까지 개방하는 절충집단이 될 수도 있다. 절충집단인 경우는 참석 못한 1, 2회의 보충을 필수적으로 받는 조건으로 참여할 수 있다. 그러나 반드시 다른 집단원의 동의를 받는 것을 원칙으로 한다.

7) 활용되는 기법

여성주의 상담의 기법과 집단상담에서 활용되는 기법을 기본으로, 집단 구성원들과의 응집력 형성 및 원활한 자기개방을 촉진하기 위하여 다른 상담이론의 기법들이 적절하게 적용된다.

(1) 여성주의 상담의 기법(8항목)[11]

① 문화분석
가부장문화가 여성, 남성의 삶에 어떤 영향을 미쳐왔으며, 사회 곳곳에서 우리의 사고방식과 심리에 어떻게 내재화되었고, 여성과 남성이 어떻게 달리 키워졌는가를 본다. 문화가 내담자의 문제에 부여하는 정의, 미치는 영향의 정도, 즉 지배문화는 어떻게 사회적으로 그 문제를 구성하는가, 이 정의로 인해 사회적 맥락의 어느 측면이 간과되는가, 다양한 인간집단들, 내담자의 사회적 위치 등을 본다.

② 성역할 분석(Sex-Role analysis)
- 1단계 : 내담자가 그들이 평생에 걸쳐 경험한 직접적이거나 간접적인 성역할 메시지(언어적, 비언어적)를 찾아본다.
- 2단계 : 자신들과 사회가 가지고 있는 메시지가 긍정적인가 부정적인가를 본다.
- 3단계 : 어떻게 이들 메시지를 의식적이거나 무의식적인 자기대화 형태로 내면화했는가를 알아본다.
- 4단계 : 내면화된 메시지 중에서 변화시키고자 하는 것이 무엇인가를 알아본다.
- 5단계 : 변화를 수행하기 위한 계획을 세운다.

---

11) 주디스 워렐·파멜라 리머, 앞의 책, 2004, 127~135쪽.

- 6단계 : 수행하기 위한 기술을 배운다. 변화를 수행한다.

③ 권력분석(Power analysis)
권력은 "개인적이거나 외적 변화에 영향을 주는 개인적·환경적 자원에 접근할 수 있는 능력"이다.

- 1단계 : 권력에 대한 정의를 검토하고 하나를 선택한다.
- 2단계 : 내담자는 다른 종류의 권력에 대해서 배운다(예: 역할, 자원, 법적·제도적·규범적인 면에서의).
- 3단계 : 내담자는 어떤 종류의 권력을 그들이 가지거나 그것에 접근할 수 있는지 알아보도록 격려된다.
- 4단계 : 존슨(P. B. Johnson, 1976)에 따르면 여성은 일반직으로 간섭(vs 직접)적이고 개인(vs 현실)적인 자원, 무력감(vs 유능함)의 수단을 통해 권력을 발휘한다고 한다. 그러므로 여성 내담자는 특히 그들이 권력을 발휘하는 데 사용하는 전형적인 양식을 알아볼 필요가 있으며 대안적인 전략에 대해 배울 필요가 있다.
- 5단계 : 내담자는 사회적 메시지(예: 내면화된 고정관념)와 환경적 장벽(제도화된 성차별, 인종차별, 자민족중심주의, 계층차별, 이성애주의 등)이 어떻게 그들의 권력사용에 영향을 미치는지 탐색할 것을 요구받는다. 그들의 내면화된 메시지에 도전하고 변화시키는 것은 내담자가 광범위한 종류의 권력과 광범위한 종류의 권력전략을 사용할 수 있게 하는 중요한 선행조건이다. 내담자는 또한 다른 유형의 권력을 사용하는 것이 그들에게 줄 위험, 손실, 이익을 평가한다.
- 6단계 : 내담자가 부가적 혹은 대안적 권력과 권력전략을 시도해보도록 격려하고 그들의 권력 역할 레퍼토리를 증가시킨다.

④ 주장훈련(Assertiveness training)

대체적으로 많은 문화집단에서 여성에 대한 전통적 성역할 사회화는 여성이 단호하고 직접적으로 행동하는 것을 금지한다. 따라서 여성이 무력한 피해자가 되지 않으려면 다른 이의 권력을 짓밟는 것이 아니라 자기 자신의 권리를 세우는 것과 단호함을 배우는 것이 핵심적이다. 표현행동과 의사소통을 배워서 실행하는 것을 통해서 내담자는 자신만의 권력을 증가시킬 수 있다. 사회변화를 위해 환경에 효과적으로 영향을 미치고자 한다면 주장기술이 중요하다(주의: 폭력이 있는 관계에서 자신을 단호하게 주장하는 기술은 폭력자와 협상할 수 있는 방법을 가르치는 개입이 될 수 있고, 그 결과 가해자는 폭력에 대한 책임을 회피하고 피해자가 오히려 문제해결의 표면에 나서야 되는 대상이 되며, 이것은 피해자에게는 마치 폭력을 통제할 수 있다는 메시지가 되어 가정폭력을 지속하게 될 우려도 있다).[12]

⑤ 의식향상(Consciousness raising) 훈련기법

여성운동의 창조물로서 여성들이 여성으로서 자신들의 삶을 토론하기 위해 정기적으로 만나는 CR집단을 통해 구성되었다. 강의, 영화 보기, 토의, 역할 연기 등의 기법을 통해 여성들로 하여금 그들의 개인적인 삶에 관한 정보를 나누면서 여성 경험의 공통성을 알게 하고, 억압적인 환경에서의 삶과 관련된 그들 경험의 사회적, 외적 근원을 보게 하여 사회변화에 참여할 수 있도록 여성들을 변화시킨다. 여성주의 상담에서 사용되는 각각의 기법들이 의식향상훈련의 내용이 될 수 있다.

⑥ 독서요법

내담자에게 독서거리를 주는 것은 내담자의 전문성을 증가시키고 상담자와의 권력불균형을 줄인다.

---

[12] 김명희, 『가정폭력 피해여성들을 위한 이해』, 『쉼터 매뉴얼』, 서울여성의전화, 2001.

⑦ 재구성(reframing)과 재명명(relabeling)

재구성(틀의 재형성) : '희생자를 비난하기'로부터 내담자 문제의 원인이 될 수 있는 환경의 사회적 요인을 고려하도록 생각을 이동하는 것이다.
개인 내적인 것에서 사회적이고 정치적인 것으로 향하는 것 : 젠더 관념의 재구성은 여성의 전형적인 특성들을 재평가하고 그것들을 여성과 남성 모두에게 중요하고 가치 있는 인간적인 특성으로 인정할 것을 요구한다. 여성이 자신의 사회화된, 평가절하된 측면들을 찾아내고 약함을 강함으로, 부정적 결점을 긍정적 장점으로 재개념화한다.
재명명 : 행동특징에 적용된 라벨이나 평가를 바꾸려는 중재이다.
부정적인 어휘에서 긍정적인 어휘로(예: "너무 감정적이야"에서 "감정표현을 잘하고 타인의 감정에 공감하는 능력이 있다"로).

⑧ 상담 탈신비화 전략(상담자의 자기 드러내기)

이론적 경향과 상담전략, 관련 있는 개인적·전문가적 가치, 상담자로서의 자신과 내담자에 대한 자신의 일반적인 기대, 그리고 상담의 소비자로서 내담자의 권리를 설명한다. 상담비용 또한 협상된다. 기술도 가르친다(예: 의사소통기술, 자각과 자기탐색기술). 이러한 내용은 여성주의 상담의 독점적인 것은 아니다. 탈신비화 전략은 내담자와 상담자의 권력 차이를 감소시켜 상담관계에서의 평등성을 증가시킨다.

(2) 집단상담의 기법[13]
① 온정 또는 관심 기울이기(warmth) : 경청, 반영, 격려, 지지
② 공감적 이해(empathic understanding) : 명료화와 질문, 요약하기, 맺어주기(Linking)

---

13) E. Jacobs, Robert L. Masson & Riley L. Harvill(eds.), *Group Counseling: Strategies And Skills*, Fourth Edition, 『집단상담: 전략과 기술』(김춘경 옮김), 제4판, 시그마프레스, 2003, 145~168쪽.

③ 모델링과 자기노출 : 집단원 상호간, 진행자와 집단원 간의 자기개방
이다.
④ 미니강의와 정보제공
⑤ 피드백(feedback)
⑥ 맞닥뜨림(confrontation)
⑦ 분위기 조성 : 비언어적 메시지(눈의 사용, 목소리의 변화, 진행자의 에너
지 사용)
⑧ 협력자 확인

8) 집단상담자의 자질과 태도

여성주의 집단상담에서는 여성주의 상담에서와 마찬가지로 상담자의 자질이 대단히 중요하다. 많은 기법과 이론을 적용하는 것이 상담자이므로 상담이론과 인간의 성격발달과정, 사회 속에서 여성과 남성의 위치에 대하여 끊임없이 공부하고 질문하는 태도를 가져야 한다. 집단원들이 내놓는 문제를 대상화시키지 말아야 한다. 상담자 자신의 문제로 대치해볼 줄 아는 태도를 가져야 하고, 정체성발달 4단계 중 적어도 3단계인 '새겨둠의 단계' 이상에 머물렀던 경험이 많아야 하며, 집단원의 정체성단계를 이해하고 맞출 수 있는 유연성이 있어야 한다. 남녀평등의식이 확립되어 있어야 하며, 집단원과 평등한 자매애를 가져야 하고, 집단원의 성장에 도움이 된다고 판단되면 자신의 경험을 개방하여 같이 나눌 수 있는 자질이 있어야 한다. 또한 사회의 불평등과 차별에 대한 인식과 기존의 가치관에 항상 문제를 제기할 수 있는 깊은 통찰력이 있어야 한다. 집단역동에 대한 전문적 지식을 갖추고 집단상담이 진행되는 동안 집단에 몰입할 수 있어야 한다. 가장 중요한 것은 상담자 자신을 있는 그대로 사랑하는 것이다.

3. 서울여성의전화에서의 여성주의 집단상담의 실제

도입, 전개, 진행, 마무리의 네 과정으로 나눈다. 집단의 긍정적 또는 부정적 역동이 발생, 해결되는 과정인 '진행'은 '전개'와 '마무리'와 긴밀히 연결된다.

전 회기는 도입 3회, 전개 3회(진행), 마무리 2회(진행)로 구성되며, 각 회기는 전반과 후반 두 과정으로 나뉘고, 전반 한 시간은 구조화되어 매회 집단으로의 몰입을 위한 과정과 이 집단의 목표실현을 위한 교육내용을 간단하게 교육한다. 후반 한 시간은 비구조화되어 모든 성원이 한 번씩 자신의 가장 폭력적인 경험을 말하고 성원들과 나누는 시간을 갖고 피드백을 주고받는다. 마지막에 마무리 교육과 당일 회기 전 과정에 대한 피드백을 받고 끝난다.

과정 중에 발생하는 모든 변수는 집단원에게 알리고 집단원들의 동의를 받고 다음 단계로 진행한다(예를 들면 집단성원의 변동, 프로그램의 변동 등).
― 이 과정은 필자가 2004년 9월에 진행했던 여성주의 집단상담의 실제 사례이고 참고로 구성원들의 피드백을 그대로 기록하였다.

■■■ 도입

|제1회|

① 집단상담 오리엔테이션
- 진행방법 및 여성주의 상담에 대한 간단한 소개
- 목표와 규칙
- 집단상담참여 동의서
- 리더 소개
→ 여성주의 집단상담의 이해, 보다 구체적으로 여성주의와 집단상담에

대한 이해의 시간을 갖는다. 이 집단의 목표를 서로 돌아가며 읽으면서 각각의 목표에 대하여 여성주의적 관점으로 설명을 하고 구성원들과 그들의 견해를 나눈다. 규칙을 정하고 규칙에 동의한다.

② 아내의 권리
'아내의 권리'를 읽으면서 의식향상시간을 갖는다. 이 사회에서 남편과 아내, 여성과 남성의 차별, 가부장적 사고들에 대하여 자유롭게 의견을 나눈다.

〈휴식〉

③ 피드백을 주고받는 방법에 대하여 설명
집단진행에서 응집력을 이루기 위하여 필수적인 피드백 주고받는 것에 대하여 유인물로 교육한다.

④ 피드백과 마무리
진행방법, 규칙, 동의서 등과 그 외에 이해할 수 없는 것, 받아들일 수 없는 것 등에 대한 질문, 답변, 동의과정을 나누면서 진행한다.
구성원들이 이러한 목표를 가지고 8회에 걸쳐서 집단에 참여하는 동의서를 작성하고 사인을 받아서 진행자가 보관한다.
마무리와 피드백에서는 이번 회기를 반복하여 정리하고 피드백을 주고받고 끝낸다.

■ 구성원들의 피드백
사회적인 도움을 받았으면 좋겠다. 아이가 마음에 걸렸는데 내가 한 행동을 잘 선택했다는 생각이 든다. 제도도 바뀌고 남녀 평등한 세상이 되었으면 좋겠다. 여자도 이런 권리가 있다는 것을 알았다. 자신감이 생겼으면

…… 쉼터에 머물 수 있는 9개월의 기간은 여성이 자립하기 위해서는 너무나 짧은 기간이다. 더 지원받을 수 있도록 제도가 바뀌었으면 좋겠다.

|제2회|

① 점검하기
- 함께 나누고 싶은 좋았던 일이 있었습니까?
- 신경 쓰이거나 걱정된 일이 있었습니까?
- 변화된 것이 있었습니까?
- 현재 상태는 어떠십니까?

→ 지난 회기가 끝난 이후부터 지금까지 있었던 일, 감정, 사고, 자신의 행동에 대해서 이야기를 나눈다. 그리고 현재의 상태를 이야기한다.

② 몸을 통한 긴장완화 연습(시간에 따라 성원의 상태에 따라 조용히 짧게)
- 15분 정도 시간을 내어 조용하고 평화로운 곳을 찾는다.
- 깊은 복식호흡을 한다.
- 다양한 근육을 긴장시킨다.
- '여덟'을 셀 때까지 긴장상태를 지속시킨다.
- 호흡의 꼭대기에서 잠깐 멈춘다.
- '여덟'을 세면서 천천히 긴장을 푼다.
- 몸의 모든 근육에서 힘을 뺀다.
- "자, 이제 눈을 감고 집단으로 들어오세요"라는 말과 함께 호흡을 정리한다.

→ 긴장완화는 구성원들에게 집단에 몰입할 수 있는 분위기를 만들어준다. 즉, 점검하기 시간에 털어놓았던 이야기들에 대한 복잡한 심경들을 비우는 과정이다.

③ 목표 읽기

지난번 회기 때 나누어준 '피드백'을 다시 돌아가며 읽는다.

목표 읽기를 깊이 음미하면서 천천히 읽는다(2회 이후로 이 세 가지는 마지막 회기까지 고정적이다).

④ 가정폭력이란
- 부부싸움과의 차이 질문
- 구성원들의 답을 요약해준다.
- 정의 : 가족구성원 사이에서 상대방을 통제하고 지배하기 위해 반복적으로 신체적·심리적·정서적·성적 학대를 하는 모든 행위를 말한다.

→ 가정폭력에 대한 구성원들의 사고를 점검한다. 가정폭력에 관한 각자의 생각을 나누면서 구성원들의 정체성단계를 파악할 수 있다. 그리고 각각의 성원들이 서로에 대한 이해와 수용과 개방에 대한 수위를 조절할 수 있는 관점을 갖게 되는 시간들이다. 성원들의 생각을 종합하여 가정폭력에 대한 정리를 한다.

〈휴식〉

⑤ 폭력의 종류

폭력의 종류에 대한 이야기를 나누면서 자신들의 폭력 경험을 이야기한다. 그리고 분노한다.

⑥ 자기소개 : 나는 어떠한 사람인가

나는 어떠한 사람인가에 대한 자기소개는 2회기나 3회기 정도에 진행하면 적절하다. 너무 초기에 하면 인지가 잘 안 된다.

⑦ 마무리와 피드백

■ 구성원들의 피드백

처음에는 어색했는데 후반에 와서는 공감이 된다. 거의 다가 내가 남편한테 받았던 폭력들이었다. 내가 만약 결심을 안 내리고 살았다면 참 불쌍했겠다. 결정을 잘했다는 생각이다. 다시는 안 맞고 살 것이다. 생각하고 싶지 않은데 자꾸 떠오르게 해서 마음이 무거웠다. 나 그대로의 가치를 인정받고 싶다. 폭력의 종류를 보니까 나한테 해당되는 것이 2/3는 되었다. 가해자도 자기들 죄 값을 알게 사회에서 해주었으면 좋겠다. 나는 애들을 집에 두고 나와서 나쁜 여자가 되고 남편은 집에서 애들하고 있으면서 나를 더 비난한다. 사회에서는 애를 놓고 나온 사연을 보지 않고 '애 버리고 나간 나쁜 년'이라고 낙인을 찍는다. 가해자들에게 가정파괴 책임을 지게끔 꼬리표를 달아주었으면 좋겠다.

|제3회|

① 점검하기
- 함께 나누고 싶었던 좋았던 일이 있었습니까?
- 신경 쓰이거나 걱정된 일이 있었습니까?
- 변화된 것이 있었습니까?
- 현재 상태는 어떠십니까?

→ 많이 웃는 것이 달라진 점이다. 쇼핑을 했다. 가을옷들을 보면서 즐겼다. 몸이 여기저기 아픈 것이 걱정이다. 애가 세 명이라 경제적인 문제가 걱정이다. 자꾸 좋은 것만 보려고 노력하는 자신이 달라진 것 같다. TV 드라마도 슬픈 것은 보고 싶지 않다. 오늘은 이 집단에서 어떤 프로그램이 진행될까 궁금하다.

② 긴장완화

③ 목표 읽기

④ 집단구성원의 자기소개 : 나는 어떠한 사람인가

자기소개가 끝나자 서로에게 자연스럽게 조언을 해주었다. 친밀한 관계를 맺기가 어렵다는 구성원에게 자신들의 경험을 이야기한다.

〈휴식〉

⑤ 지난 시간에 한 것 환기 : 가정폭력과 부부싸움, 폭력의 종류

이번 회기에는 신입성원이 있어서 지난 시간에 진행되었던 내용인 가정폭력과 부부싸움, 폭력의 종류에 대해서 기존 구성원들이 신입성원에게 자발적인 설명을 하도록 요청했고, 그 설명에서 빠진 부분에 대한 보충도 기존 구성원들이 해주었다(이 과정에서 구성원들은 자존감이 향상되고, 폭력에 대한 인식이 확실해지며, 구체적이고 분명하게 요점을 말하는 기술을 훈련한다).

⑥ 폭력의 주기

이 집단 프로그램의 목표를 이루기 위한 핵심과정이다. 폭력주기에 대한 설명은 간단하지만 그 주기에 맞춰 자신의 폭력 경험을 구조화하여 언어로 상세하게 표현할 수 있도록 다른 피해여성의 폭력 경험의 예를 폭력주기에 맞춰 상세히 묘사, 설명한다.

⑦ 마무리와 피드백

■ 구성원들의 피드백

서로 소개해서 알게 되서 프로그램이 전보다 재미도 있었고, 흥미도 있었다. 폭력의 주기 때 분노가 확 올라왔다. 애들의 이야기는 너무나 공감이 되었고, 나랑 흡사했다. 내가 구원자가 아니고 피해자라는 사실을 알게

되었다. 다 얘기하고 뱉어내면 낼수록 웃을 수 있다. 외롭다. 자기소개해서 다른 사람들의 성격파악이 되었고 자기를 되돌아보는 시간이 되어서 좋았다.

■■■ 전개

|제4회|

① 점검하기
- 함께 나누고 싶었던 좋았던 일이 있었습니까?
- 신경 쓰이거나 걱정된 일이 있었습니까?
- 변화된 것이 있었습니까?
- 현재 상태는 어떠십니까?

→ 교회에서 하는 음악회에 참석했는데 소리와 연주가 너무나 감동적이었다. 아름다운 소리를 여태까지 못 듣고 못 보고 했는데 문화적인 혜택을 누리니 감격스러웠다. 친정언니, 엄마를 만났는데 나의 선택을 격려해주셔서 힘이 났다. 외출했다 딱 여기 문 열고 들어오면 다들 반겨주는데 그게 너무 좋았어요. 날 반겨주는 사람이 있구나 하고.

② 긴장완화

③ 목표 읽기

④ 지난 시간에 한 것 환기 : 가정폭력, 부부싸움, 폭력의 종류, 폭력의 주기

지난 시간에 한 내용 중 폭력을 행사하는 그림을 보여주고 구성원들에게 보이는 대로 말해보라고 하였다.

"너는 내 손 안에 있어/엄마하고 아이의 주눅 든 모습/불안/겁먹은 표정/차라리 아빠 말을 듣고 이 위기에서 벗어나자/엄마는 나를 보호해줄 수 있을까/힘없는 엄마/아빠가 엄마한테 욕하고 때리니까 애들도 엄마한테 함부로 한다." 가해자집단에서 가해자들이 그 그림을 보고 말한 것을 이야기해준다(폭력을 바라보는 가해자의 관점에 대한 인식).

⑤ 성원의 '폭력의 주기'에 맞춰 자신의 폭력 경험 말하기
폭력의 주기에 맞춰서 한 구성원이 자원하여 자신의 경험을 이야기한다.

⑥ 마무리와 피드백

|제5회|

① 점검하기
- 함께 나누고 싶었던 좋았던 일이 있었습니까?
- 신경 쓰이거나 걱정된 일이 있었습니까?
- 변화된 것이 있었습니까?
- 현재 상태는 어떠십니까?

② 긴장완화

③ 목표 읽기

④ 지난 시간에 한 것 환기 : 가정폭력, 부부싸움, 폭력의 종류, 폭력의 주기

⑤ 성원의 '폭력의 주기'에 맞춰 자신의 폭력 경험 말하기

쇠파이프, 망치 등 엄청난 폭력의 경험을 들은 다른 성원들은 말을 잃었다. 그리고 생사를 넘나든 비인간적인 폭력의 경험을 들으면서 무력감을 느꼈다.

〈휴식〉

⑥ 통념
통념을 읽으면서 여성에 대한 왜곡된 통념들을 직면시키다(힘의 분석, 성역할 분석, 문화분석).

⑦ 마무리와 피드백

■ 구성원들의 피드백
답답하다고 무섭다고 숨어만 있지 말고, 세게 나가서 자신의 권리를 찾아라. 그것이 나중에 아이들한테도 떳떳하다. 애들 얘기만 나오면 애들 생각에 눈물이 난다. 처음 듣는 얘기도 아닌데 또 들어도 차가운 한기가 느껴진다. 살인미수가 아닌가. 힘내서 잘 살기를. 내 남편하고 너무나 흡사해서 그때의 공포와 두려움이 다 느껴진다. 너무나 공감이 된다. 너무나 분하다.

|제6회|

① 점검하기
- 함께 나누고 싶었던 좋았던 일이 있었습니까?
- 신경 쓰이거나 걱정된 일이 있었습니까?
- 변화된 것이 있었습니까?
- 현재 상태는 어떠십니까?

② 긴장완화

③ 목표 읽기

④ 지난 시간에 한 것 환기 : 가정폭력, 부부싸움, 폭력의 종류, 폭력의 주기, 통념

⑤ <도하의 꿈>(비디오 관람)
서울여성의전화에서 제작한 <도하의 꿈>(폭력가정의 자녀에 대하여 본회에서 만든 애니메이션)을 본다. 비디오에 대해서 내용을 읽고, 비디오를 본 후 피드백을 받고 폭력이 자녀에게 미치는 영향을 이야기한다.

〈휴식〉

⑥ 폭력이 자녀에게 미치는 영향
'폭력이 자녀에게 미치는 영향'에 대하여 나눈다.
<도하의 꿈>에 너무나 공감이 된다.

⑦ 성원의 '폭력의 주기'에 맞춰 자신의 폭력 경험 말하기

⑧ 마무리와 피드백

■ 구성원들의 피드백
전 앞으로 생각만 한다. 할 말 있으면 해봐 했을 때 말할 수 있도록 평소에 준비를 했으면 좋겠다. 잘했다고 느껴진다. 결정을 잘했다. 하고 싶은 얘기를 하고 살아라.
당당하게 들어가고 당당하게 살아라. 살 맘이 있으면 당당하게 자신감

있게 살아라. ○○ 씨는 애들이 어려서 금방 들어갈 것 같았는데 갈수록 자신감을 갖더라구요. 보기 좋아요. 항상 자신 있게 얘기하는 것이 보기 좋아요. 누가 뭐래도 뭐를 하든 꿋꿋하게 살면 성공할 것 같아요. 같이 있으면서 얘기도 하고. 여자들에게 얘기도 하지 못하게 하는 남자들의 그런 습성에 화가 나요.

■■■ 마무리

|제7회|

① 점검하기
- 함께 나누고 싶었던 좋았던 일이 있었습니까?
- 신경 쓰이거나 걱정된 일이 있었습니까?
- 변화된 것이 있었습니까?
- 현재 상태는 어떠십니까?

→ 점검시간 분위기가 무겁다.

② 긴장완화

긴장이완 시간에 좋았던 일, 물건, 경험 등을 생각해보기로 하였다(그동안 만든 자신의 작품을 자랑스럽게 보여주었다). 성원들이 칭찬해주고 격려해주었다.

③ 목표 읽기

④ 지난 시간에 한 것 환기 : 가정폭력, 부부싸움, 폭력의 종류, 폭력의 주기, 통념, 왜 떠나지 못하는가, 폭력이 자녀에게 미치는 영향

⑤ 관계의 유형

관계의 유형에서 구성원 모두가 자신이 보는 남편과의 관계는 '소원한 관계'라고 했다. '건강하지 못한 관계'를 읽을 때는 남편을 말하는 것 같았다. 남편은 아내를 항상 집에만 있으라고 했고, 7시만 되면 핸드폰으로 하지 않고 집으로 전화한다. 남편들한테도 이러한 내용을 가르쳐야 한다.

〈휴식〉

⑥ 분노에 대하여

여성주의 상담에서는 '분노'가 중요하다. 특히 피해자 상담의 경우 분노는 다루어져야 할 것이 아니라 오히려 잠자고 있는 분노를 일으켜야 하므로 집단진행자의 분노를 바라보는 관점이 대단히 중요하다.

⑦ 성원의 '폭력의 주기'에 맞춰 자신의 폭력 경험 말하기

⑧ 마무리와 피드백

■ 구성원들의 피드백

나오시기를 잘한 것 같다. 마음이 너무 여리시다. 이기려면 마음이 강해져야 한다. 소장준비를 한다고 들었다. 마음정리를 잘해서 소장내용을 잘 썼으면 좋겠다. 애들 생각은 다음 순위로 놓고, 울고 싶은 대로 울고 억눌린 것 다 뿜어내고 인간대접을 받고 살았으면 좋겠다. 앞으로 힘내서 열심히 살았으면. 제가 마음속에서는 버렸고, 머릿속에서는 누가 뭐래도 내가 하려는 방향으로 할 것이고, 눈물이 자꾸 나오는 것은 그때그때 풀지를 못해서 그런 것 같아요.

|제8회|

① 점검하기
- 함께 나누고 싶었던 좋았던 일이 있었습니까?
- 신경 쓰이거나 걱정된 일이 있었습니까?
- 변화된 것이 있었습니까?
- 현재 상태는 어떠십니까?

→ 일자리가 걱정이다. 날씨가 선선해지니까 애들이 걱정된다. 오늘이 아들 생일인데 애한테 한없이 미안하다. 애들 데리고 공원을 산책해서 좋았다. 몰랐던 것을 많이 알게 되어서 자신감이 생겼고, 자존감을 많이 키워야 애들한테도 좋겠다는 생각을 했다.

② 긴장완화

③ 목표 읽기

④ '권력과 통제'의 수레바퀴

⑤ 성원의 폭력 경험 이야기하기 : 피드백

성원의 폭력의 주기에 맞춰 자신의 폭력 경험 말하기에서 폭력 경험을 말한 구성원과 다른 구성원의 가치관 차이로 역동이 일어났다. 그 역동은 전 구성원들에게 파급되었고 아주 미묘하게 표현되었다. 즉, 남편이 폭력을 행사한 것은 나쁘다는 데 동의를 한다. 그러나 당신의 행동이 조금 달랐다면 그렇게까지 안 갈 수도 있었는데라는 의미로 폭력유발의 책임이 피해자에게 주어졌다. 마지막회였지만 그러한 메시지에 대해서 각 구성원의 수용상태를 확인해보고 수정할 수 있는 과정이 되어서 좋았다.

〈휴식〉

⑥ '평등'의 수레바퀴

⑦ 가장 큰 도움을 받은 내용 발표하기
진행자는 지금까지 집단에 참가한 것에 대한 노력을 칭찬해준다.

- 지난 시간에 한 것 환기
a. 우리는 가정폭력, 부부싸움, 폭력의 종류, 폭력의 주기를 하였습니다.
   → 여기까지에서 여러분에게 가장 중요한 배움은 무엇입니까?
b. 통념, 왜 떠나지 못하는가, 폭력이 자녀에게 미치는 영향을 하였습니다.
   → 여기까지에서 여러분에게 가장 중요한 배움은 무엇입니까?
c. 관계, 분노를 하였습니다.
   → 여기까지에서 여러분에게 가장 중요한 배움은 무엇입니까?
d. 현재 상태 알아보기
   → 처음에 시작했을 때와 지금을 비교하면 어떤 점이 달라진 것 같습니까?
e. 집단성원에게 차례로 돌아가면서 발표하게 한다.[14]

⑧ 서로에게 해주고 싶은 말 또는 장점을 한껏 써주기(백지 8장)

⑨ 시 낭독

⑩ 수료증 수여

---

14) 장희숙·명화숙·이서원, 『가정폭력 행위자 교정·치료 프로그램』, 여성부, 2003.

서울여성의전화 소개

여성인권운동단체로서 모든 폭력으로부터 여성의 인권을 보호하고, 복지증진과 나아가 가정, 직장, 사회에서 여남평등을 실현하며, 정치·경제·사회·문화 등 모든 영역에 여성이 주체적으로 참여함으로써 민주사회 실현에 기여함을 목적으로 활동하고 있습니다.

주요활동

■ 여성인권활동

가정폭력, 성폭력, 성매매를 비롯한 제반 여성인권문제를 해결하기 위한 사회여론화, 법과 제도 장치 마련 등 정치·경제·사회 전반적인 부분에서 여성이 권리를 찾을 수 있는 활동을 펼칩니다.
- 여성평화를 위한 변호사모임
  : 여성인권향상을 위해 노력하는 변호사들로 구성되어 있으며, 무료법률상담 및 법률구조활동, 여성인권 관련 법률 검토 활동을 하고 있

습니다.
- 법정평등모임(발족 예정)

■ **여성폭력 예방활동**

여성에 대한 모든 폭력으로부터 여성을 보호하기 위하여 예방활동에 주력하고 있습니다.
- 각종 교육활동
- 여성폭력 예방을 위한 시청각자료(영화, 애니메이션, 사진, 만화 등) 개발
- 시청각자료 판매, 대여
- 여성폭력추방주간 행사
- 가정폭력 피해자녀 Daum 자조카페 "그대여 이제 그만 마음아파해라" 운영

■ **상담활동**

가정폭력, 성폭력, 성매매 등 여성인권문제를 상담하며, 보호가 필요한 내담자(가정폭력 피해여성)를 위한 쉼터를 운영하고 있습니다.
서울지방법원의 위탁을 받아 가정폭력 가해자 상담 프로그램을 운영합니다.

■ **지역활동**

송파·강남·서초 모임(송강초), 영등포·구로 모임(영구), 서대문·마포·은평 모임(서마은), 도봉·노원 모임 등 각 지역에서 여성의전화 회원들의 모임이 구성되어 있습니다.
- "유후(you who)~ 여자세상!" 대중강좌
- 지자체 여성정책 모니터링 사업, 구의회 감시활동

- 지역 여성 리더십의 훈련

■ 경제세력화 활동

여성들의 재산권과 경제적 독립성을 확보하기 위해 다양한 활동을 펼칩니다.
- 재산권 관련 법제화운동
- 부부재산 공동명의 운동
- 경제 관련 각종 교육 및 프로그램 개발(청소년 대상 '분홍왕자 파랑공주')
- 재산권 등 경제문제 상담
- 경제권 확보를 위한 각종 행사 및 캠페인('나와 돈', '이름표를 달자')

■ 교육활동

- 여성상담 전문교육
- 성폭력상담원 교육
- 성교육 출강(직장 내 성희롱 예방교육, 청소년 성교육)
- 정회원 리더십 훈련
  : 이 외에도 딸들을 위한 캠프, 싱글여성 캠프, 여성인권교육, 학교 내 가정폭력 예방교육, 의정 모니터링 교육 등 다양한 프로그램과 토론회, 공청회를 개최합니다.

■ 문화홍보활동

- 상담, 인권 관련 자료집 기획출판
- 회원소식지 발행

- 일일호프 등 재정수익사업
- 5월 가정폭력 없는 평화의 달 행사
- 아내 성학대 예방 캠페인
- 여성의 정당한 재산권 확보 캠페인

강서양천지회 활동

강서양천지회는 여성들의 삶의 현장인 지역에서, 여성을 더욱 가깝게 만나기 위해 1998년 6월 창립되었습니다. 강서, 양천 지역에 살고 있는 여성들과 함께 여성의 지위를 향상시키고 지역사회를 살찌우고자 합니다. 함께할 뜻이 있으신 분은 누구나 다양한 방식으로 참여하실 수 있습니다.
- 교육활동/여성인권활동/지역사회활동/소모임활동

> - 서울여성의전화
> www.womanrights.org
> 전화) 2272-2161, 상담 : 2263-6464/2263-6465
>
> - 강서양천지회
> www.womengo.org
> 전화) 2605-8455, 상담 : 2605-8466

■■■ 연혁

1983년 : 여성의전화 창립
1984년 : 25세 여성 조기정년제 철폐를 위한 여성단체연합회 발족 및 참가
1986년 : 직장 내 여성차별 문제 및 성폭력상담을 위한 '여성문제 고발창구' 개설
1987년 : 구타당하는 여성들을 위한 피신처 '쉼터' 개설
　　　　가정폭력영화 <굴레를 벗고서> 제작
1989년 : 성폭력관련법 입법을 위한 공청회
1991년 : 제1회 성폭력추방주간 문화행사 '넋은 살아 연꽃으로 피거라'
1992년 : 아내구타공개토론회 '매 맞는 아내, 깨어진 삶'
　　　　'여성이여 벽을 밀자' 문화행사 개최
1993년 : 성폭력교육용 비디오 <성폭력, 그 사슬을 끊고> 제작
　　　　단행본『그는 때리지 않았다고 한다』발간
　　　　성폭력특별법 제정을 위한 특별위원회 참가, 특별법 제정
1994년 : 쉼터이용자 문집『쉼터이야기』출판
1995년 : 여성평화를 위한 변호사모임/평등문화를 가꾸는 남성모임/법정 성평등
　　　　실현을 위한 모임 발족
1996년 : 제1회 딸들을 위한캠프(성교육캠프)
　　　　가정폭력방지법 제정 추진, 범국민운동본부 발족
　　　　'가정폭력방지법 제정 촉구를 위한 시민한마당' 개최
1997년 : 한국여성의전화가 '서울여성의전화'와 '한국여성의전화연합'으로 분리
　　　　'가정폭력범죄처벌등에관한특례법' 및 '가정폭력방지와피해자보호에
　　　　관한법률' 제정
1998년 : '여성폭력 긴급전화 1366' 운영시작
　　　　서울강서양천지회 개소
1999년 : 경제위기 속의 가족문제와 지역사회의 대응에 관한 워크숍
　　　　쉼터여성의 자립과 사회통합을 위한 토론회
2000년 : 아내구타 가정 내 자녀폭력 실태 및 대안마련을 위한 토론회
　　　　제1회 성폭력·가정폭력 피해자 지원을 위한 경찰·의료진 워크숍 및 매
　　　　뉴얼 제작, 배포
　　　　평등한 가족, 민주적인 지역공동체 사례발표회
　　　　'싱글여성탐구' 발표회
2001년 : 사이버 성폭력 추방을 위한 상담원 교육

학교 내 가정폭력 예방교육 정착을 위한 공청회
가정폭력 예방 어린이 애니메이션 <도하의 꿈> 제작 및 배포
가정폭력, 성폭력 쉼터 매뉴얼 제작
마당극을 통한 청소년 성매매 예방사업
2002년: 교사와 함께하는 가정폭력 예방을 위한 워크숍
여성의 정당한 재산권 확보를 위한 운동
아내 성학대 예방 캠페인
가정폭력 예방을 위한 청소년 영상제
'지역을 사랑하는 자매들의 모임' 결성
2003년: 구별 지역모임 결성
폭력가정 피해자녀 온라인 카페 오픈
사회복지사와 함께하는 가정폭력 워크숍
사이버 여성의정지기단 교육
가정폭력방지법 시행 5주년 기념토론회
서울여성의전화 20주년 회원한마당
SBS 피해자신변노출사건 고소
성매매 근절을 위한 의식변화사업 — 영등포 지역을 중심으로
3기 성강사 교육
홈페이지 개편
청소년 이성간 폭력 대안마련을 위한 토론회
가정폭력 피해여성을 위한 비나리
2003 사이버 여성의정지기단 활동보고회
청소년 이성간 폭력예방 사이트 "대화가 짱이야" 오픈
2004년: 중구 영등포구 여성정책 모니터링
여성 대중교육 "유후 여자세상" 개최
"룰루랄라 평화세상" 가정폭력 예방 문화캠페인
가정폭력 피해여성 살인 VS 정당방위 토론회
『소녀 마술경제학교에 가다』 10대 소녀 경제교육 워크북 발간
"여자 경제와 만나다" 웹사이트 제작
성폭력 범죄의 재구성 '무고' 토론회

■ 지은이

김민예숙(yeawoo@choonhae.ac.kr)

이화여자대학교 철학과와 철학과, 심리학과 대학원을 졸업(석사)하였고 세이브룩 (Saybrook) 대학원에서 심리학과 박사과정을 수료하였다. 이화여대 재학 중인 1977년 한국 최초의 여성학 강좌를 듣고 여성주의 관점을 가지게 되었다. 철학과 대학원 졸업 후 미국에서 철학을 공부하는 과정에서 『성의 변증법』(1983)과 『여성의 예속』(1986)을 번역하였다. 1983년 여성의전화 1기 상담원교육을 받고 6개월간 자원봉사를 하였고, 1994년부터 5년간 인천여성의전화 초대회장을 역임하였고, 2012년부터 3년간 한국여성심리학회 산하 여성주의상담연구회 회장을 역임하였다. 여성의전화에서 활동가 상담자로 상담하며 저서 『외도, 결혼제도의 그림자인가』(1995)와 『한국여성철학』(1995, 공저)을 출판하였다. 1998년 상담교수가 되어 여성주의 상담을 교육하며 『여성주의상담: 구조화 모델 워크북』(2013)을 출판하고 『나는 이혼한다』(2001)와 『여성주의 상담의 이론과 실제』(2004, 공역)를 번역하였다. 1997년부터 전문가 상담자로 개인상담과 집단상담을 하고 있으며, 2002년부터 김민예숙 여성주의 상담 연구실을 운영하고 있다. 여성주의 상담에 관한 논문으로 「여성주의 상담에 관한 소고」(1998), 「여성주의이론과 여성주의상담」(1999), 「여성주의 수퍼비전에 관한 소고」(2000), 「여성주의상담자 교육 모델에 관한 고찰」(2004, 공저)이 있다. 현재 춘해보건대학교 교수이며 여성주의 상담가로 활동하고 있다.

김혜경(janfor@hanmail.net)

1980년대 중반에 성균관대학교 철학과를 졸업하고 3년여를 사회운동판에서 일했다. 결혼하고 여성문제에 눈을 떴고, 아이를 낳고 키우며 이 땅의 교육현실에 관심을 갖게 되었다. 직장과 육아를 병행하며 힘겹게 생활하다 뒤늦게 한일장신대학교 기독교사회복지대학원에서 공부하였고 석사학위와 사회복지사 자격을 받았다. 여성문제에 대한 관심으로 1999년 서울여성의전화 회원으로 가입하여 활동하였고, 교육문제에 대한 관심으로 청소년 상담, 탈학교 청소년 상담 등을 하였다. 2002년 8월부터 서울여성의전화 상담부에서 상근하였다. 2005년 2월 현재, 더 넓은 세계를 경험하고 견문을 넓히기 위해 유학을 준비하고 있다.

배인숙(isb50@hanmail.net)

1973년 이화여자대학교 문리대 생물학과를 졸업하였다. 1988년 가을 여성의전화에 처음으로 발을 들여놓고 상담원교육을 받은 후 자원봉사활동을 시작하였다. 전화상담원을 거쳐서 면접상담, 쉼터에서의 집단상담, 상담원 슈퍼바이저 등으로 10여 년 정도 활동하였다. 좀더 전문성 있는 상담을 하고자 하여 뒤늦게 1999년 숭실대학교 사회사업학과 대학원에 입학해서 임상사회사업방법론을 전공하였다.「아내구타 피해여성의 이혼, 별거 결정에 영향을 미친 특성에 관한 연구」라는 제목으로 논문을 쓰고 2001년 봄에 졸업하였다. 석사과정을 밟으며 교류분석을 함께 공부하여 현재 한국교류분석연구소 연구원으로 활동하고 있다. 한국여성의전화연합과 관련해서는 2001년부터 2002년까지는 가정폭력추방센터장으로, 2004년에는 쉼터정책위원회 팀장으로 활동하였으며, 2001년부터 현재까지 서울여성의전화 부설 중부쉼터관장으로 활동 중이다.

이문자(moonl9743@hanmail.net)

이화여자대학교 문리과대학 도서관학과(1967년), 동 대학 사회복지대학원 사회복지학과(2000년)를 졸업했다. 1988년 여성의전화 상담원교육을 통하여 자원상담자로 출발했고, 1990년부터 여성의전화 상근활동가로 시작했다. 상담부서에서부터 1998년까지 쉼터관장으로 활동했으며, 2002년까지 서울여성의전화 회장을 역임했다. 10여 년간 쉼터를 운영하면서 "개인적인 것은 정치적인 것이다"를 절실하게 체험하는 계기가 되었다. 현재는 여성인권상담소장으로서 생존자를 위한 활동을 계속하고 있다.

이미혜(windy114@hanmail.net)

서강대학교 사회학과(1987년), 동 대학 교육대학원 상담심리학과(1997년)를 졸업했다. 1996년 서울여성의전화에서 자원상담자로 출발, 전화상담, 면접상담, 쉼터 내담자 집단상담, 가해자상담, 상담 슈퍼바이저를 했고 현재 인권운동센터장을 맡고 있다. 대학졸업 후 10여 년간 직장생활을 통해 취업주부가 겪는 가사, 육아, 직장, 진로 문제 등 다양한 여성문제를 체험했으며, 여성의전화를 만나면서 여성의 시각에서 자신의 삶을 재해석하기 시작했다. 상담심리사, 현실요법 기초실습 슈퍼바이저, MBTI 강사이며 상담과 여성운동을 아우르는 여성상담에 많은 관심을 갖고 있다.

정춘숙(jchounsook@hanmail.net)

중앙대학교 사회개발대학원 사회복지학과를 졸업했다. 단국대학교에서 국문학을 전공했고, 전통예술연구회(탈패) 회장과 언더서클(한울) 회장으로 학생운동을 했으며, 구로와 안산의 노동현장과 노동교육연구소에서 노동운동을 했다. 1992년에 한국여성의전화에서 여성운동을 시작, 한국여성의전화연합 사무처장, 서울성폭력상담소 소장으로 활동했으며 현재 서울여성의전화 부회장으로 일하고 있다. 1994년부터 1998년까지 가정폭력방지법 제정운동 전 과정의 실무 총책임자로 활동하였고, 보건복지부 '여성 1366' 초기 공동대표로 '여성 1366'의 성격과 운영에 대해 지속적으로 정책제안을 했다. 조선대학교 겸임교수로 학생들에게 '여성주의 상담'과 '가족치료'를 가르치기도 했다. 저서 및 논문으로「여성주의 집단상담의 효과에 관한 연구」(1998, 중앙대학교 석사학위논문),「아내구타 추방운동사」,『한국여성인권운동사』(1999),「학교 성폭력」,『일상의 억압과 소수자의 인권』(2000),「아내폭력 피해여성의 정당방위」,『성폭력을 다시 쓴다』(2003)가 있다. 여성주의 상담, 여성 폭력과 인권, 여성의 경제세력화, 여성 정보화 등에 관심이 많다.

황경숙(y2hks@netian.com)

이화여자대학교 국어국문학과를 졸업하고, 여고에서 3년간 교직생활을 했다. 1985년 여성의전화 5기 상담원교육을 받았고 전화상담, 면접상담, 쉼터 내담자 집단상담, 가해자 집단상담, 상담 슈퍼바이저를 해오고 있다. 1998년 한국여성의전화연합 상담사업위원장을 역임했고, 서울여성의전화 가정폭력센터 소장으로 활동했으며, 현재 서울여성의전화 회장이다.
여성의전화, 그리고 지금 서울여성의전화에서 15년간 상담을 하다가 1998년 늦은 공부를 시작하여 서강대학교 교육대학원에서 상담심리를 전공하여 교육학석사학위를 받았다. 논문으로「매맞는 아내의 완벽주의 성향과 성역할 태도와의 관계」(1998, 서강대학교 석사학위논문)가 있다.

한울아카데미 725
왜 여성주의 상담인가
역사, 실제, 방법론

ⓒ 서울여성의전화, 2005

기　획 ｜ 서울여성의전화
지은이 ｜ 김민예숙·김혜경·배인숙·이문자·이미혜·정춘숙·황경숙
펴낸이 ｜ 김종수
펴낸곳 ｜ 한울엠플러스(주)

초판 1쇄 발행 ｜ 2005년 3월 31일
초판 9쇄 발행 ｜ 2023년 10월 30일

주소 ｜ 10881 경기도 파주시 광인사길 153 한울시소빌딩 3층
전화 ｜ 031-955-0655
팩스 ｜ 031-955-0656
홈페이지 ｜ www.hanulmplus.kr
등록번호 ｜ 제406-2015-000143호

Printed in Korea.
ISBN 978-89-460-4217-9　93180

* 가격은 겉표지에 표시되어 있습니다.